原初の、学校

夜間定時制、湊川高校の九十年

登尾明彦

みずのわ出版

まえがき

須磨浦（すまのうら）に夕陽が沈むころ、新湊川（しんみなとがわ）の向かいの、なだらかな坂の上に建っている鉄筋コンクリイト造りの旧い校舎の校門ふきんに、毎夕、どこからともなく中学生が現れ、走り回る。小学生も、無職の青年も引き連れて、校内を徘徊する。すると、

――何しに来たのだ。無断で入って来るな。

見回りの教師が誰何し、決まってひと悶着がおきる。中学校の進学体制から弾き出された生徒たち。下校後も居場所はなく、どの家も夏場は蒸し風呂のようだ。冬は凍てつくような寒さの住宅事情に耐えかねて、自ずと戸外へ走り出る。小遣い銭もなく、行く当てとてない。狭い露地を通り抜けると、そこは湊川高校。同一校舎なのに、午後五時までは兵庫高校の管理下だ。

――お前らは、どこから来たのか。ここは遊び場と違う。

兵庫高校の教員の威圧感は、生徒たちに敵愾心をあおる。

――俺らは、近所のもんや。おっさん、何もんや。ポリ公と違うか。

兵庫高校の教師だと聴いて、

――湊川の先生やと思うたから、おとなしい聞いとったけど、兵庫の先公なら承知でけへん。何どう、おっさん。

――それはどこの言葉か。

――番町（ばんちょう）や。

――番町いうて、どこか。

――やかましい。

中学生たちは、臆することはない。ほとんどが部落出身、在日韓国朝鮮人の生徒だ。校外に追い出そうとする教師に負けまいと、精一杯の強がりを放つ。いかにも大人びた口ぶり。

出典は、番町地区戦後解放運動資料。ざら紙にガリ版

刷りのビラ。部落解放同盟番町支部が兵庫高校長に宛てた抗議文（一九六七年六月）。このくだりを私は何度も読み返す。そしてそのつど吹き出す。だが、この「生意気な」部外者を取り締まる教員には、昨晩も、今夜も、この光景は腹立たしい限りだろう。警察に通報して、決着をつけようと懸命だ。小中学生たちは公共物侵入の現行犯として長田署に連行されるが、教育問題が警察問題にすり替わるだけで、問題はいっこうに解決されない。

ところが湊川高校だけは、対応が違った。

そして、一九七〇年代。高校進学率が高まり、定時制高校は困難な生活歴を有する生徒が多数を占める。大方は粗暴、低学力と受け取られがちだが、実際はまったくこれに反し、知性の高い生徒も少なくない。しかし定時制高校のこの実情は、正しく伝えられていない。私に言わすれば、定時制高校こそ学校であり、定時制には、そこでしか取り出されることのない生徒像が満載だ。実質はまさしく学校の、原初の姿を留めている。同和対策事業特別措置法の施行とともに、部落を初めとする、底辺層の生徒に寄り添った教育が展開された。

だが八〇年代には部落解放同盟に敵対する兵庫県高等学校教職員組合（兵高教組）との抗争に翻弄され、行政の反撃も熾烈を極めた。九〇年代には同和対策の法切れに裏打ちされるようにして、生徒に焦点を当てた教育活動も翳りを見せる。世紀が変わり、二〇一〇年代になると、教育効率が優先され、管理教育が強化される。兵庫でおこった解放教育実践は、もはや跡形もない。湊川高校でさえそうなのだから、他は推して知るべしだ。

七〇年代、湊川高校を起点にいっせいに取り組まれた教育運動。あれはいったい何であったか。今となれば、壮大な実験であったというしかない。あの烈しい闘い、茹だるようなあの夏の日を、書き残しておかなければならない。あったことを、なかったことにはできない。

そのため、湊川高校を訪ねて、その軌跡を追ってみよう。むろんその中には私も登場するが、私については、案内人として顔を出す程度に留めるつもりだ。なお、できるだけ客観的な記述となるよう心掛けるが、引用を多用し、読み手の煩わしさを避けるため、私の地の文に繋げて記した箇所も少なくない。そのことを予め、了解を得ておきたい。

原初の、学校——夜間定時制、湊川高校の九十年◉目次

まえがき —— 1

序章　私の、原点 —— 11
神戸、長田という町／アジアとの接点／決断を迫られる

第一章　教学の、根本を問う
1　湊川事件 —— 23
育友会事件とは／県教委、全生徒に謝罪
2　一斉糾弾の嵐 —— 28
積年の怨念がほとばしる／三次入試／学校とは何か、教育とは何か
3　差別と向き合う —— 35
撃ち続ける生徒／験される教師／糾され、糾す／生徒を守る教師集団であること／親の話を聴く、職場を訪ねる／管理職人事拒否闘争
4　授業の中身が問われる —— 44
教室に入る、机の前に座る／生活経験に即した授業／期末考査ボイコット事件
基礎授業の開始／自主教材の編成
5　〈朝鮮人〉として生きる —— 53
朝問研活動の始まり／本名を名乗って生きる／日本の中の朝鮮文化を訪ねる
6　朝鮮語授業の開講 —— 57
なぜ朝鮮語か／朝鮮語授業が根づいていくためには

プロムナアド1　湊川の正と負　62

第二章　就学条件の、保障

1　就学条件の整備　67
定時制の授業料が全廃／各種奨学金の受給と国籍条項の撤廃
2　就職差別反対闘争に係わる　71
就職指導から進路保障へ／国と自治体と企業の就職差別事件
3　通就学保障闘争の展開　76
定時制通学可の虚偽を問う／看護婦生徒の通学保障を求める／闘いは神戸、阪神間の定通高校を横断
4　卒業と、進学と　81
神戸市外大二部推薦入学制度をめぐって／湊川を卒業するということは
5　入学の門戸を広く開く　85
湊川は最後の学校／年配者の入学／聾者の受け入れ／手話研究部の活動
6　存続の条件　92
米飯給食の実施／熱い心の教師集団であること
プロムナアド2　定時制高校の授業（時間帯）　97

第三章　授業が変わる、生徒が変わる

1　林竹二との出会い　101
「奇跡がおきた」／林竹二が突きつけたもの

2　授業創造の営み　104
教学体制の刷新／進度別授業から一斉授業へ
3　授業と自主活動の結びつき　109
進級留保生学級／劇「川向う」
4　竹内スタジオの来演　113
授業と劇と／一夜だけの芝居空間／湊川は、多くの人たちに助けられてきた
5　湊川における授業とは　118
公開授業研究の季節／授業で生徒を組織する
6　鍛え、鍛えられる生徒集団を作る　121
自主活動の営み／部活動・総合表現活動
7　学校が全体として押し上がっていくこと　125
生活体験を語る／公開討論集会
プロムナアド3　湊川、定時制高校の実験　129
第四章　停滞の季節を、超える
1　解放教育運動を先導する　133
兵高教組が切り拓いてきたもの／他団体、周りの教育機関との関係
2　内外からの包囲にさらされる　137
県政の右傾化／兵高教組の変節／教育荒廃を招いたのはだれか
3　定時制生徒への締めつけが始まる　143
管理体制の強化／学級減・統廃合、授業料再徴収

4　危機を迎え撃つ　147
生徒を呼び集める／訪問指導部活動／のじぎく学級の開設／創立五十周年記念祭
5　孤高をつらぬく　153
後退を迫られる／湊川高校の評価
6　辛うじて、生き残る　158
負の清算／持ちこたえてきたもの
プロムナアド4　定時制、その初期のころ　162

第五章　夜学の、開設

1　湊川創立　167
夜間中学講習所の開設／夜間中学と改称
2　戦時下の夜学　170
灯火管制／二中夜間の選良意識
プロムナアド5　部落研の創部はいつか　174

第六章　自由自治の、時代

1　定時制高校の発足　179
学制改革／勤労青少年の教育機関
2　自由自治の学校　183
定時制高校の推移／自由自治の学校

3　働く青年たちの群れ　187
名ばかりの定時制／生徒の安全と健康
4　施設設備の要求　191
完全給食の実現／暖房設備の獲得
5　部落研活動の始まり　195
出自を明らかにして生きる／番町地区改善運動との係わり
6　生徒の声、地域の願いに応える　199
落第生教室／校外生教室
プロムナアド6　兵夜高連について　205

第七章　湊川高校は、今

1　湊川高校と兵庫高校　209
兵庫高校との確執／校舎改築問題
2　隣国理解を深める　212
中国語・ハングル講座／韓国修学旅行
3　生涯学習の場として　216
いきいき識字教室／地域に開かれた学校
4　阪神・淡路大震災と湊川高校　220
三千人の避難所となる／震災から学んだこと
5　夢を、夢のままにしない　224
「故郷の家・神戸」の誕生／外国人教員の任用の問題／差別は、無知から

プロムナアド7　福地幸造の仕事 228

終章　定時制の、あるべき姿

1　湊川の、これから 233
定時制のあるべき姿を模索する／なくてはならない学校
2　原初の学校 237
教師の資質／生徒の条件

付録
湊川高校年表 245
参考文献 258

あとがき 262

序章——私の、原点

神戸、長田という町

神戸市長田区寺池町一丁目四の一。

　これが湊川高校の所在地だ。しかし地図を見ると、兵庫県立兵庫高校としか表示されていない。神戸市内でタクシイを拾って、

　——湊川高校。

　と告げても知らない運転手が多い。そこで慌てて兵庫高校と言い直すのだが、土地の人でも、その程度の知名度でしかない。それもそのはず、兵庫高校は県立第二神戸中学校（旧制二中）の流れを汲む、名だたる進学校だ。だがその同じ校舎に、夜間高校が開設されているなどとは、思いもよらない。

　長田区はむろん、近辺の兵庫区や須磨区の、両校を多少とも知っているという人たちにしても、昼間の兵庫高校に対し、湊川高校は柄の悪い定時制だという印象だ。同和教育、解放教育の先進的な取り組みを続けてきた学校であるといっても、知っている人はほとんどいない。

これから湊川高校の歴史を見ていくのだが、したがって、あるいはしかしその前に、神戸長田という町について、そのおおよそを見渡すことから始めよう。

　湊川高校の前を新湊川が流れている。会下山（えげやま）のトンネルを抜け出て、房王寺橋（ぼうおうじばし）から室内橋（むろうちばし）、さらには卅六橋（さいろくばし）、長田橋と西進し、苅藻川（かるもがわ）と合流して長田港に注ぐ、神戸でもっとも長い川である。河口は駒ヶ林（こまがばやし）という名のとおり、古くは朝鮮半島から渡来した人たちが、この浜に舟をつけたようだ。やがてこの地に住み着いた人々が、苅藻川ぞいに開いた田圃が長く続いていたようで、長田という地名もそこから生まれたという。長田神社の創建も、神功皇后が実在の人物ではないにしても、その名とともに由来が伝えられている真意は、朝鮮半島との結びつきをうかがわせる。

　さて、日清、日露の両戦争にはさまれた時期、一八九六年（明治二十九年）から一九〇一年（明治三十四年）にかけて、旧湊川を付け替えて出来たのが新湊川である。その結果、埋め立てられた旧湊川のあとは新開地本通りとして繁栄し、川尻に作られた川崎造船所や三菱造船所では、巨大な軍艦や商船が次つぎ建造される。神戸は軍港として、また貿易港として発展し、日本の大陸進出も本格化するが、その陰で何がおこったかということは、どこにも書かれていない。

　神戸の地図をもう一度、開いてみよう。

　すると地形は平地が少なく、山地のすぐ近くまで海岸

が迫っている。六甲山系から流れ出た川は、いずれも急流となって真っすぐ神戸港に注いでいる。六甲山の地質は花崗岩が風化した真砂土で、もともと水に弱い。ひとたび大雨が降り続くと山崩れがおこり、雨水は鉄砲水となって、幾度となく町中が水浸しにあっている。しかも、新湊川だけが自然の流れに反して海岸線に平行に流路をとっているし、そればかりか天井川となって、番町地区の頭上を流れている。そのため湊川高校の南側一帯は、少なくとも新湊川を付け替える百年前まではなかった水害をこうむるようになった。

　旧湊川の埋め立ては、明治の国家や資本のためには、欠くことのできないものであったかも知れないが、そのために、元からこの地区に居住していた人々にとっては、町が水に浸かり、家が押し流されるなど、何一つよいことはなかった。水害がおこると伝染病が発生するし、死者も出る。したがって番町地区の人たちがこの川のことを、部落を犠牲にして付け替えた川だ、差別の川だと言ったのもうなずけよう。一九六〇年代になると部落解放同盟番町支部が誕生し、伝染病予防、住宅改善要求などを訴えて、解放運動が展開される。そしてその中心となったのが湊川高校の部落問題研究部（部落研）で育った青年たちだったのである。

　番町地区は神戸市でも最大の被差別部落である。人口密度も高く、生活水準も長年低いままに置かれてきた。就学率や進学率も高くはなく、これらの悪条件が、差別や貧困をより深刻にしたし、差別選別の受験体制のために、長田、兵庫両区の中学校を中心に暴力事件が頻発するということもあった。番町地区に隣接した公立高校と

特別大演習記念地図　1919年11月11日　神戸新聞附録

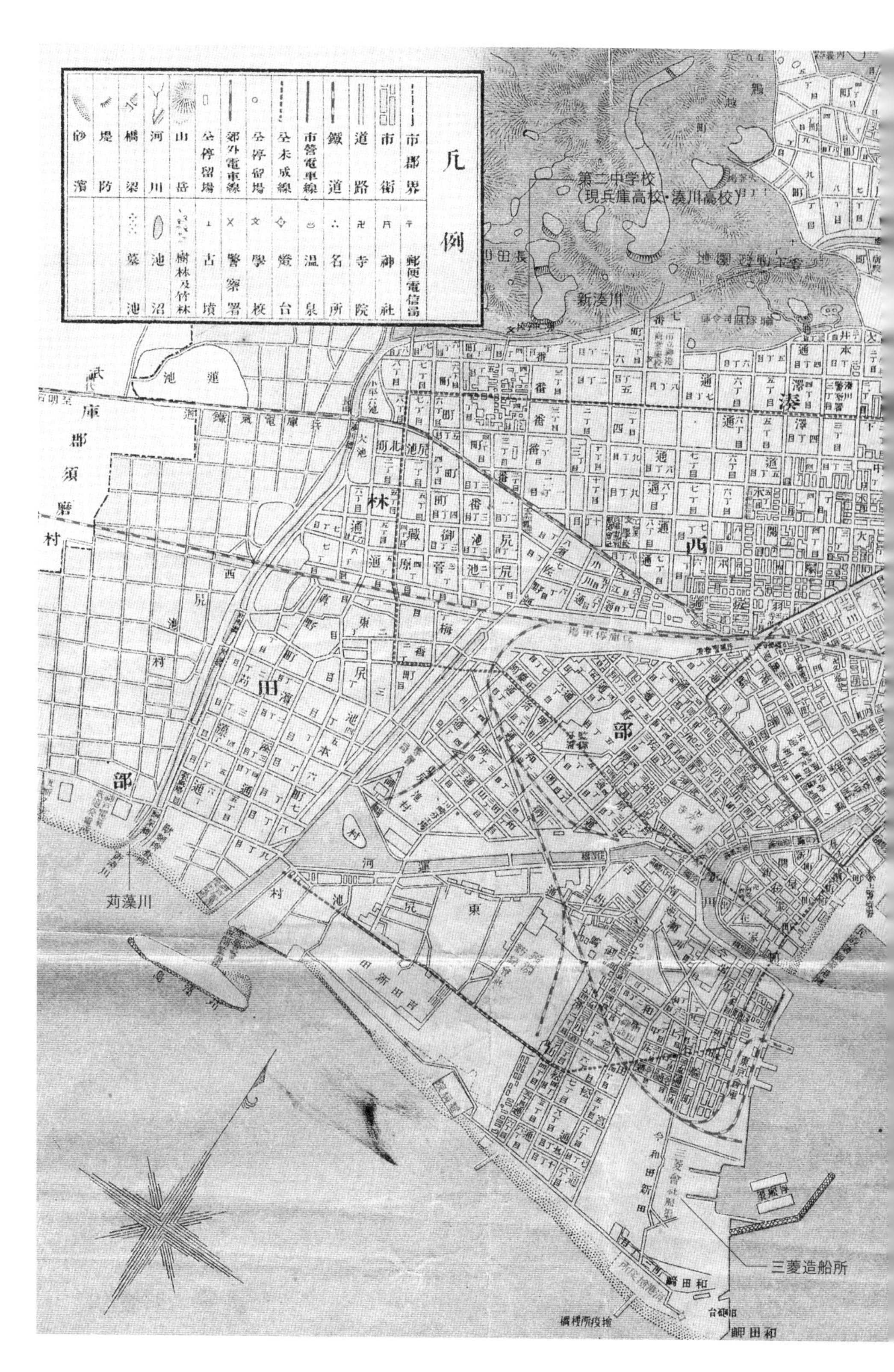

凡例
市郡界
郵便電信局
市街
神社
道路
寺院
鐵道
名所
市營電車線
温泉
仝未成線
燈台
仝停留場
學校
郊外電車線
警察署
仝停留場
古墳
山岳
樹林及竹林
河川
池沼
橋梁
墓池
堤防
砂濱
第二中学校
(現兵庫高校・湊川高校)
新湊川
苅藻川
三菱造船所
蓮池
兵庫電氣鐵道
須磨村
湊
西
林
田
部

して、湊川高校が地域に門戸を開き、部落の教育要求に応える実践にいちはやく取り組んできたのも、ゆえなしとはしなかったのである。

アジアとの接点

長田区はまた、在日韓国朝鮮人の居住率のもっとも高い地域である。関西でも、大阪市生野区、東大阪市、尼崎市と並んで多数を占めており、在日朝鮮人の生活と民族的権益を守る闘いも熾烈だった。新湊川は部落にとって差別の川だったと前に述べたが、この川の付け替えがなければ、日本がアジアを侵略することもなかったし、朝鮮人が強制連行されるということも、なかったかも知れない。とするならば、長田に居住する在日韓国朝鮮人にとっても、新湊川は怨嗟の川であったといえよう。

長田の地場産業は戦前はマッチだったが、戦後は靴が取って代わる。ケミカルシュウズは、その名とともに全国に行き渡っている。生産高も全国一を占めてきた。そして靴産業のほとんどを部落や、在日韓国朝鮮人が従事することになるが、中小零細または家内工業が実情で、収益も、労働条件も苛酷だった。湊川の生徒も、おおかたがゴム関係の仕事に就いており、長欠休学に追い込まれる者も少なくなかった。こうしたことから湊川高校では、生徒の就学保障の問題が早くから教育活動の重点課題におかれた。

長田の地名が全国的に知られるようになったのは、一九九五年一月十七日未明に突如としておこった、マグニチュウド七・二、震度七の都市直下型の阪神・淡路大震災によってであった。新長田駅周辺のゴム工場から燃え出した火は、たちまちのうちに町中に拡がり、黒煙は西神戸いったいの空をおおった。長田区の被害は全壊一万二千五百十五棟、半壊九百九十四棟、全焼三千九百三十棟。死者も九百七人を数えるという、空前絶後の大災害だった（数値は、震災直後の報道による）。湊川高校はたちまち、三千人にも達する避難所に早変わりする。その後、市内に仮設住宅が建てられても、たやすく移り住むことのできる人は多くなかった。一人暮らしの老人など、生活困窮者が多く、住み慣れたこの地を離れにくくする条件の人が少なくなかったからだ。

また近年は、ヴェトナム難民、中国からの帰国子女とその家族、さらにはフィリピンなどアジア各国から渡日する人たちや、南米諸国からの出稼ぎ労働者などの居住率も高い。そのため震災後、長田は外国人支援センタアを中心として、共生の町づくり、新しいナガタタウンが構想されている。アジアとの接点を基底に、地域に根差した隣国理解教育、識字教室も取り組まれているが、震災からの復興の先端を湊川高校が切り開いてきたことも、特筆しなければならない。

湊川高校は早くに落第生教室や、校外生教室の実践が取り組まれた。朝鮮語授業の開講や、通就学保障闘争を見ても、湊川高校から始まったものはいくつもある。同和加配教員も湊川で始まっているが、それ以前に、訪問教師は丸山中学校で始まった。古くは室内小学校で、愛護教育が推進されている。夜間中学校が神戸で最初に始まったのも長田でのことだった。駒ヶ林、丸山両中学校に開設された長欠・不就学対策学級を嚆矢とするが、朝鮮人学校の閉鎖に抗した四・二四阪神教育闘争が展開されたのも長田においてであったことを振り返ってみると、湊川高校の役割は決して小さいものではなかった。

湊川高校は地域の願い、生徒や親の教育要求に真摯に向き合ってきた学校であったし、教育の最前線を今後とも走っていかなければならない大事な使命を担っている。そしてその起点に部落問題研究部の創設があり、在日韓国朝鮮人生徒の活動があった。

だが、むろん部落、朝鮮に限らない。高校教育がこれまで排除してきた、いわゆるごんたの生徒や、不登校や登校拒否を続けてきた生徒、障害を抱えた生徒や年配者、総じて社会的に弱者とされてきた人たち、少数者に依拠した教育実践を行なっていくことは、湊川高校の根幹に今後も置かれねばならないであろう。

決断を迫られる

六〇年代は、壊さなければ前に進めない時代だった。壊した後に何を創るか、ということまでは考えられない。今を脱するのが、差し当たっての課題で、そうでもしないと道が見えなかった。

――我を、人間として認めよ。

――差別するものは、許さない。

という学校改革、教師糾弾、教育要求の闘いが湊川高校でおこり、湊川が起点となって、瀬戸内ぞいの高校に一斉に、解放教育を求める運動が拡がった。一九六九年のことである。核になっていたのは被差別部落出身生徒、在日韓国朝鮮人生徒たちであった。

しかし湊川における生徒の糾弾は、決して組織されたものではなかった。言葉でうまく表現する方法を持たない者も多く、時には手も出たし、椅子も飛んだ。中学校時代から一様に、学校で勉強する仕来たりから外されてきていた。彼らの前に立ちはだかり、内面まで押し潰そうとする差別の壁の大きさ。出自、国籍、学歴、就職、結婚、住居、病気、貧困その他。対抗しようとすれば、力で倒すしかないという神話に彼らが駆り立てられたとしても、だれも非難できなかったろう。

積年の怨みが、それだけ大きかったということでもある。

――わいらの悔しさが、わかるか。

――腹を割って、話せや。

立場と言おうか。境遇と言おうか。被差別の側に一度でも身をおいて、その辛さ、その苦しさを体感してみよ、と教師たちに迫る。

しかし湊川が暴力学校と違ったのは、生徒の発言の中に、確とした主張があったことだ。教師が聞き過ごすことのできない何か、真実がそこにあった。暴れていても、物を壊すとか、人を怪我させるという物理的なことだけではない。解ってほしいという必死の叫びが秘められていた。それを聴くか、聞かないかで決定的に分かれる。教師は生徒の心の奥底にあるものを、感じ取る精神を持っていなければならない。

生徒の心情を推し量ることのできる力量、教師に備わっていなければならない質が、湊川の教師集団には求められた。生徒を封じるのではなく、彼らの悔しさ、彼女らの熱い想いを正しく受けとめるしか、学校の再生をはかっていくことはできない。

私は思うが、暴れざるを得ずにはおかないぎりぎりのところで、生徒の要求を真摯に受けとめた湊川の、あの頃の教師も凄かったと思う。ある者は倒れ、ある者は傷つき、ある者は自力で突っ立った。逃げないことも一つの選択だった。

私は残ったが、しかし立ち去った教師も教師自身を生き抜いた。そのことは、生徒を訴えた教師が一人もいなかったことが証しだてている。教師一人一人が、差別者として過ごしてきたそれまでの在り様を自らに問い、自分が変わっていくしか、部落と係わることはできないし、朝鮮と向き合うこともできない。その意味で、生き方の決断を迫られたのである。

一九六九年。いうまでもなく私が湊川高校に着任した年だ。生徒たちの糾弾は、私が湊川に居続ける原点となった。私にとっては、人生の方向が決まった年でもある。

以前から湊川高校は全国有数の同和教育実践校だったが、全教師が一丸となって解放教育と取り組む決意をし、歩み始めたのは、六九年以降である。とすれば、湊川を書くというのはしたがって、六九年から起筆するのが至当と思われる。ただしかし、この年の糾弾闘争は、その前年の育友会事件と連動し、深く係わっている。そのため、湊川事件と呼ばれたこの出来事から、湊川高校の軌跡をたどることにしよう。

第一章——教学の、根本を問う

1　湊川事件

育友会事件とは

一九六八年（昭和四十三年）、世にいう湊川事件、育友会費不正流用糾弾闘争がおこった。

夏休みに入ってすぐ、生徒会の予算会議が行われた時のことである。三十余のクラブから出された予算要求百万円の配分が協議題だったが、生徒数が減少したこともあって、使える額は四十万円余りしかない。そのため、不足分六十万円を育友会費から補塡するよう求めて、学校側と交渉することが決まった。それというのも前年度からクラブが単位制になり、週一時間は正課に組み入れられていたので、予算がなくてクラブ活動ができなければ、進級が難しくなるからだった。

育友会といっても、生徒たちが自分の働いたわずかな給料の中から、月百三十円の会費を支払っているのが実情だ。地方から単身、神戸に出て来ている生徒の保護者が、育友会活動をすることはない。したがってその支出を生徒が要求するのは、当然のことだった。直ちに予算要求特別委員会が設置され、育友会費の使途と残額を事務長に問い質すことになった。

しかし帳簿は見せられないと拒絶され、公開を求めて激しい押し問答となり、ようやく六六年度と六七年度の帳簿を生徒が点検すると、育友会費の中から県教委への接待、校長の電話料金、タクシイ代、デパアトから発送した盆暮れの贈り物、果ては知事選挙の陣中見舞いとして購入した酒の代金、等々が支出されている事実が判明したのである。生徒たちの怒りは、ただちに糾弾闘争として組織されていく。

小学生だった頃、月謝が払えず、皆なの前で、払っていないのはあんただけだといわれ、はずかしさにたえられなかった時、空腹のため、やむなく学校を休んだ時、新しい服も買ってもらえず、いつも同じ服を着ていて、友人からさげすまされ、仲間はずれにされていた。……全日制にはいけないので、定時制を選んだ……お金があれば、と思いつづけながらすごしてきた私にとって、百三十円といえば大金である。そのお金が遊興費に使われていたとなると、おこっても当然ではないか。……

（「私には百三十円は大金です」『部落研の仲間たち』一九六八年。引用は原文のまま。以下、同じ）

事態が急展開する中で、坂本行一校長は入院。八月中に職員生徒の連絡会が六回、職員会議は八回も開かれたが、教員も校内で処理しようとする空気が強かった。また不正流用に直接的な係わりがないとしても、荷担しているとの思いは拭えず、問題の解決はいっこうに進まなかった。

ところが二学期が始まると、それまで一部の生徒の動きであったものが、一気に全校生徒の問題に拡がっていく。生徒総会やホオムルウム討議が連日開かれ、学校は騒然とした空気に包まれる。そればかりか、九月四日に『毎日新聞』が報じたことによって、一大事件として世間の注目を集めることとなり、もはや学校内の問題に留められるものではなくなってしまった。そのうえ報道陣が連日、学校に詰め掛けるようになる。

この日、生徒の有志五十名が教員全員と話し合い、席上、生徒会の予算要求特別委員会より、育友会を廃止し、九月からの会費は徴収しないこと、諸会費の監査権を生徒に与えること、校長に辞表を書かせること、不正使用の金を返済させ、教師は一丸となって県教委と交渉すること、早急に校長と話し合う場を設けること、の七項目の要求が出される。

湊川の教師集団は、吉田弘を窓口として県教委交渉を持ち、この日以降、生徒と一丸となって事態の究明と解決に奔走することとなった。九月六日には県教育長に対して、生徒の要求にそった以下の七項目からなる要請書を、教職員一同の名において送付することにしたのである。

1. 生徒たちの願いである育友会の廃止は、必然的に校務運営に支障をきたします。この不足経費を県費で補塡すること。
2. 坂本校長をもはや教育者として信頼できないという生徒の真意に正しく対処すること。
3. 不正に使われた育友会費を生徒の手に返済すること。
4. 不正使用に連座した教育委員会職員を処分すること。
5. 人事や施設設備の交渉が、時に宴席で行なわれていること、また監査の際に酒食の接待や手みやげを供する慣習がある。これに対する見解と今後の対処方を明確にすること。
6. 今後、諸会計を監査したいという生徒の願いを正当と認めること。
7. 校費雇いの名目により、生徒から雇用されている職員を県職員として採用すること。とりわけ岩崎さんについては治療費を全額支払い、見舞金を交付すること。

給食担当者は育友会雇いのため、勤務中に怪我をしても正職員ではないという理由で、治療費が出ない。そこで調理員二名の身分を県費扱いとせよという項目が入れられ、このうち岩崎絹子の治療費を県が全額支払うよう要求したものであった。湊川の生徒の多くは不安定な労働条件におかれているので、調理員の身分保障が不充分であるのを、他人事として見過ごすことはできなかったのである。

県教委、全生徒に謝罪

父親は年をとっていて、人なみに働けなかった。そして、私もなかなか自分にあう仕事がなかった。そして、会社も転々と変わった。……職安で、ある証券会社を世話してもらった。面接で履歴書を見せると、会社の人が「エライええ場所に住んでいるんですな」……結局、ジンワリ皮肉をいわれて採用はしてくれなかった。……神戸市清掃局の試験に通り、採用されることになった。……この仕事をしているのが、ほとんど部落の人達であったのにはおどろいた。仕事は、ゴミを車の中につみこむのだ。……始めの頃は恥しく、イヤだった。……部落出身の私の場合だけでなく、定時制高校生として、本校の生徒みんなも、同じようないろんな形でイヤな思いをして働いている。そういう血のにじみ出る仕事のなかでかせいだ金を、県教委の役人らは、なんとも思わず使い果した。それも酒や女に。
(「死ぬような思いで稼いだ金やぞ」『部落研の仲間たち』一九六八年)

対県交渉は教職員とは別個に、生徒代表によっても進められた。九月五日は八名が、九日には二十名が県教委に出向き、直接交渉。生徒会の要求を提出し、責任者が来校して謝罪することを求めたが、県教委が約束を反故にしたり、代表生徒の捜査を長田署が始めたりして、生徒の怒りは頂点に達した。十二日には、生徒の有志百名が県教委に押しかけ、抗議するが、県教委の幹部は行方をくらましてしまった。十三日には、乱脈経理の疑いで長田署の取り調べを受けていた奥野義正事務長が自殺をはかって未遂に終わるという事件がおこる。

ところが十四日、県教委は突如、坂本校長を参事とし、小野田俊夫（明石錦城高校長）を新校長とする人事を発令したのである。教職員、生徒会とも、問題が解決されていない段階で、この人事を受け入れることはできないと抗議し、十六日になってようやく三名の課長が来校、総数五百名の生徒総会に出席し、謝罪した。

回答は、会計監査を生徒が求めていることについて、要望の趣旨はわかるが、それぞれの団体の規約や規定に従うべきだ、とした外は、湊川の生徒と教師の要求を全面的に受け入れたものであった。なお回答書も初めは、出席した三名の課長が連署捺印するもので了承してほしいというものだったが、学校側はそれを拒否し、教育長が学校長に回答する形式とするよう求める。そのため先の七項目についての教育長からの文書回答が、二十日付けでなされることとなった。回答書は、

1．今後、校務運営に支障がないよう、県費で考慮することとし、その具体的な金額については、早急に両者で協議して決める。なお急ぐものからできるだけ早く令達する。

2．坂本氏は校長の職責に耐えられないので校長の職務を解いた。また本人からも辞表が提出されている。しかし、現時点では、刑事上、また行政上の責任が明らかでないので待命の形をとっているが、責任が明らかになりしだい厳正な処置をする。

3．弁済すべきものは弁済させることとし、具体的な方法については両者で協議して決める。

4．県立湊川高等学校等から資料の提出を求め、じゅうぶん調査をして責任を明らかにし、厳正な処置をする。

5．このたびのことは遺憾なことであるので、今後このようなことのないよう、綱紀粛正を期する通達を出して、厳に戒めている。

6．要望の趣旨はわかるが、監査については、それぞれの団体に規約や規定があり、これに従うべきである。

7．給食職員の一名は十月から県職員として採用し、

のこり一名は十一月から県費で支払えるようにする。岩崎氏の治療費については、早急に善処するものとし、なお見舞金も出す。

その後、奥野事務長が業務上横領で逮捕されたり、新校長の受け入れをめぐっても、紆余曲折があったが、九月末までには、湊川事件はいちおうの決着を見た。学校運営費を全額、県費負担とする成果を勝ち取ったことも大きかった。育友会費は九月以降は徴収しないこととなったし、学習指導費、クラブ活動助成費、学校行事費は四月にさかのぼって返金され、給食費は十月分より減額された。秋の体育祭は県費より十万円が支出され、盛大に実施された。また、十一月に行われた第五回全国高校生部落問題研究集会（岡山市）の参加費と旅費も、県費から支出されたのである。部落研はこの集会で、育友会事件の顛末を報告した。

翌六九年三月二十二日、県教委事務局が不正流用分、十万六千百九十一円、外に湊川高校の校長以下の流用分を合わせ、総額八十六万円を返済し、育友会事件は終わった。

なお、奥野事務長が刑事処分を受けたのに対し、坂本校長は依願退職が認められて戒告のみ、県教委関係者はいずれも訓告。しかしこの処分は、奥野事務長に責任をすべて押し付けたものであり、教職員二十三名（脱落者二名を除く）は「ばかげた処分」であるとして、抗議を続けた。

育友会費不正流用糾弾闘争はその後、父母負担の解消をめぐる闘いとして県下の各高校に波及する。十三校が育友会費を凍結するなどし、翌六九年の一斉糾弾闘争に引き継がれた。

ところでこの湊川事件については、湊川高校教師集団著『壁に挑む教師たち』が詳しいが、次の一斉糾弾については、全体を見渡したものはまだない。

この時代の高校生の叛乱については、小林哲夫著『高校紛争１９６９－１９７０』があり、全容を丹念に追っているが、兵庫の動きは伝えられていない。その点、兵庫県教育委員会編『兵庫県教育史』と変わるところがない。県行政は一斉糾弾を認めたくないのだろうし、小林氏も兵庫の部落出身生徒や在日朝鮮人生徒たちによる差別教育反対の学校糾弾を紛争としても捉えなかったから外したのか、または無視したのか、記述がないのは解せない。いずれにしても、労作であるだけに惜しい。

今だいじなことは、私たち係わった者が当時の資料を整理し、残しておくことだろう。そうしないと、七〇年前後の湊川の動きも、兵庫の解放教育運動も、なかったことになってしまう。

2　一斉糾弾の嵐

積年の怨念がほとばしる

一九六九年（昭和四十四年）。この年、湊川高校を皮切りに、兵庫の解放教育運動の新しい時代が始まる。県立尼崎工業高校が続き、神戸市立御影工業、県立兵庫工業、兵庫、神戸商業、姫路市立飾磨、尼崎市立城内、芦屋市立芦屋高校など、瀬戸内沿いの高校の部落出身生徒、在日韓国朝鮮人生徒を中心とした差別教育反対、学校改革要求の運動が次々に拡がっていった。これら各校の動きを総称して、一斉糾弾と呼んでいる。

この前後の日本の動向は、ヴェトナム戦争に反対する市民運動や、七〇年安保をめぐる学生運動の昂揚があげられる。しかし兵庫県下のそれは、「同時期に多発した〈高校紛争〉とは一般的に区別され」、「兵庫県立湊川高校〈育友会費不正流用事件〉などを発端として、連続した行政追及の声は、行政をして〈私費負担〉の〈公費負担〉への切り換え、〈同和加配教職員〉の設置、定時制・通信制高校の〈授業料全廃〉などへ踏み切らせていく力となった。以上の要求行動を通じ、各地各校で部落問題研究部・朝鮮文化研究部などの組織化が加速され、兵庫における解放教育運動の実践的基盤を形成し、〈奨学金〉〈自主編成〉〈進路保障〉〈通就学保障〉などの闘いへと引き継がれていった」（部落解放研究所編『部落問題事典』）。

湊川高校の動きだが、発端は四月、新入生に対するオリエンテイション中のことだった。一学年主任のI教諭が、

――本校の近くで恐喝事件がありました。この辺は物騒ですから、学校が終わったらなるべく一人で帰らないようにしなさい。特に暗い所は連れだって帰るように。

と話すのを聴いていた生徒が、今のこの発言を取り消すよう強く求めたのである。しかしI学年主任がこれを無視したため、被差別部落出身の母と黒人兵とのあいだに生まれた、Mというこの生徒が学年主任の胸倉につかみかかっていく事態に発展する。

湊川高校は被差別部落に隣接しており、番町地区を通らなければ生徒は登下校できない。学年主任のこの発言が放置されれば、番町地区は物騒で怖い所だとの印象を、入学したばかりの生徒に強く植えつけることになる。彼の抗議は当然のことだった。Mは校長、教頭の同席を求めてI学年主任と話し合うため、校長室に入っていく。

――おんどれ、あやまらんかい、だぼくれ。地下(ジゲ)の中を歩くのに、何でわざわざ団体で帰らなあかんねや。

――物がなくなったら、番町のもんが盗った、盗ったんはあいつらや、といつでも白い眼で見られてきたんや。その気持ち、わかるか。

この時、たまたま学校に出入りしていた十数名の青年たちも、頬を引きつらしたMの顔を心配しながら、もつれ込むようにして校長室に入り、抗議に加わる。I学年主任に発言の撤回を求め、湊川の教師たちが正しい部落認識を持つよう、強く要求するのである。

しかし学年主任は問われていることが解らないばかりか、居直る答弁の繰り返しで、話し合いは深夜まで続いた。

前年の育友会事件が終息し、学校の環境はよくなったはずだのに、まだこのような差別的な教師がいるのか。湊川の教師がこのようであっては困るとして、I主任に続いて、U教諭の日ごろの言動も槍玉に挙げられ、追及は校長、教頭の監督責任にしぼられていく。部落出身生徒の苦悩に寄り添うことが一度もなかった両教諭に対する追及に当たっては、加えて日教組の非組合員として、ストライキに参加することもせず、給与やその他の恩恵だけをこうむってきた不誠実さも糾された。

藤原勇一校長、上田平雄教頭とも四月着任だったため、前任校で差別教育したことはないのか、育友会費の使い込みをした事実はないのか、次つぎ質される。いずれも「忘れた」ととぼけたり、「勘弁してくれ」と逃げを打つのに終始したので、生徒たちの怒りは頂点に達した。

……「こら、おんどら人のぜに使いこんで、ようそんなことが言えるな」「おんどれの指二、三本つめたろか。それがいらんかったら学校やめ」と大声でどなり出す。また校長はあわれな顔で「ほんまに忘れてしもうた。かんべんしてくれ」と答える。また皆んなが怒り出す。「わからなんだらわかるようにしてやる」と灰皿が校長めがけて飛び散る。机や椅子が大きくゆれ動く。「おんどれ殺して、わいも刑務所へいくんや」とほえながら、校長の胸ぐらをつかみかける。そういうやりとりのなかで、やっと校長は育友会費で飲み喰いした場所、金額、誰と飲み喰いしたかを白状した。そうした中で、前の学校の全生徒に謝罪し、金額を計算して、生徒達に返済することを約束させた。

（『部落研の仲間たち』別冊、一九六九年）

組織だった糾弾会というより、湊川に出入りする番町地区青年たちの積年の怨念が噴き出した、告発の様相の強い突発的な叛乱だった。教師の受け答えのいかんによっては、手が出る場面もなくはなかったが、時には泣きながら訴える青年たちの主張はまともで、学校教育や教師個々の差別性を撃つ鋭さに充ちていた。それほどに、差別の実態が次々と突き出された。生徒たちの糾弾を暴力といって取り合おうとしないことこそ差別であり、教師たちが真摯に向き合うことをしないでおれば、部落出身生徒や在日韓国朝鮮人生徒たちの胸の内は、どこへも持って行きようのない絶望の縁に立たされたまま、取り残されてしまう。そして無念の想いも、かき消されてしまう。

ここで湊川の教師集団が選んだ途は、生徒の願いにすぐは答えられないにしても、追及されたことがらから逃げずに、問題を受けとめようとしたことであった。規則で一方的に生徒を縛り、暴力だとして生徒に敵対する関係からは、生み出されるものは何もない。

三次入試

部落研と番町地区の青年たちによる学校糾弾はその後、校長以下、全教師を対象に連日、続けられていった。しかし荒々しい発言、怒声の続く中にも、わずかな変化が見られるようになる。

——俺、勉強したいんや。

——俺みたいなもんでも、この学校に入れるやろか。

というつぶやきがそれで、これらの声はすぐさま部落研の要求として集約されていく。

公立高校の入学検査は、定時制も全日制と同じ日程、同じ問題で三月中旬に行われる。定時制は面接が加わる点が異なるが、定員に満たない場合、各校とも四月上旬に二次試験（再募集）が行われる。このあと県外の中学卒業生で、就職先を神戸近辺に決めて引っ越してきたものの、二次試験に間に合わなかった者を対象に、四月末までに三次試験を行うことができるが、たいていの高校では、定員の枠があっても実施した例はない。湊川高校はこれを県内の中学卒業生の場合にも適用することとし、新入生オリエンテイション以来、学校に出入りしていた青年たちに呼びかけ、この年初めて、四月下旬に三次入試を実施。二十人が受験し、彼らは五月一日から新入生となるのである。

初めのうちは彼らも高校に入学できたことがうれしく、今度は部外者としてではなく、正式の湊川の生徒として登校するのだが、そうした生活は一週間も持たないのだった。教室から抜け出してしまう、廊下を走り回る、他の生徒と喧嘩になる、注意する教師と揉み合いになる。

——俺、頭にきた。あの先公、しばいてもたる。

——こんな学校、火つけて燃やしたる。

——俺が勉強しよう思て教室に入って行ったら、生徒らは俺を白い目で見るんや。先公も俺を煙たがるんや。せやから暴れたる。

小学校、中学校とまともな学校生活を送ることができなかったことから、彼らは一様に、学力がつけられておらず、勉強ができないことで人間扱いされなかった経験を、持っていた。そのため、晴れて湊川高校に入学できたとはいえ、教科書も読めないし、授業が解らないのは苦痛でしかない。しかもその大半が部落出身生徒であり、在日朝鮮人生徒であってみれば、廊下を走り回る三次入試入学生に対する偏見は、否が応でも増幅される。三次入学生たちを教室に座らせられない教師に対する不満が、彼ら以外の生徒たちに高まっていくのは自然の成り行きだった。一般の生徒たちの部落への偏見を野放しにしているとして、教師を追及する声も、収まることはなかった。

校内の平穏が取り戻せない中で開かれた生徒総会も同様で、議題は風紀問題に終始し、部落出身生徒に対する注文ばかりが続出した。その結果、なぜこのような差別集会になったのか、部落問題や在日朝鮮人問題と教師はどう取り組むのか、部落研の追及は一段と厳しさを増す。

——わいは、字がまともに読み書きでけへん。どないしてくれるんや。

——せめて新聞読めて、手紙ぐらいは書けるようにしてくれんかい。

しかしまともに答えられず、教師たちの沈黙が続く中で、生徒たちから、

——こら先公、お前ら、俺らを人間扱いしたことがあるのか。しとう先公は返事してみい。

と問われて、「はい」と返事する教師に、

――おんどれ、嘘いうな。

と机をたたき、またしてもつかみ合いになる。

――お前、わいにまともな口きいてくれたことないやないか。

――俺はゴミの仕事しとんや。この仕事しとるだけで、どんだけ馬鹿にされるか、わかるか。この辛さ、わかれへんやろが。

――わいが中学の時にな、学校の先公が、わいの仲のええ友だちに、番町の者と遊んだらあかんと言うたんや。その時のわいの気持ちわかるか。

――わいはくやしいんや。わいの家は親子三代朝鮮人として番町に住んどる。そのことで、どんだけいやな差別を受けてきたか、知っとるか。その差別をつくったのは、先公、お前らハクやないか、だぼくれ。


……「わいらと一回でええから腹わって話し合おうや」と、教師の弱さをえぐるように追及する。その胸をさらけだした激しい怒りに、教師達全員はつまってしまい、誰もまともに受け入れられなかった。そういう状態に、生徒等は「先公、なんでわいらの質問、まともに答えることができんねんや」「部落に生まれた人間のしんどさわからんと、なんで部落の生徒、教えていくことができんねや」と泣きながらほえる。また、うつむきながらだまりこくる教師達。とうとう頭にきた生徒が、「おんどれ、しばいたる」と、大声をはり上げて教師の胸ぐらをつかみかける。灰皿が何枚も空中をとび乱れる。……　（同上）

しかしその場に居並ぶ湊川高校の教師は、だれ一人として警察に逃げ込んだ者はなかった。このことは誇ってよいことだった。

学校とは何か、教育とは何か

部落出身生徒たちの要求は、

――俺たちを、人間扱いしろ。

――教師は、生徒のことをどれだけ知っているのか。

――本気で、生徒の面倒を見よ。

――解る授業を、せよ。

などというものだった。しかし生徒のこれらの問いに真摯に向き合おうとすれば、教師自身の差別性を開示しなければならない。生徒の要求に誠実に応えようとすれば、教師としての在り方、人間としての生き方が問われる。

生徒が家庭や職場の問題で悩み、長欠、休学はもとより、学校を中退せざるを得ない事情が絶えないのに、そうした事実を知らないばかりか、気づいていながら放置している教師の姿勢が糾される。のうのうと昼間、全日制高校や私学の講師を兼職している問題も暴き出され、金儲けに余念がないのは定時制の教師としてふさわしいといえるか、それぞれが見解を求められる。こうして、時間講師をしている教師は全員が、明日から講師を辞めると答え、昼間の空いた時間を家庭訪問や職場訪問に充て、生徒の就学条件の整備のために動くことを約束した。

ところで、解放教育をする、と生徒に決意を述べても、湊川の教師が一丸となって取り組むのでなければ、綻びも生まれるし、生徒も納得しない。このことを追及された非組合員の教師は日教組加入を即答し、こうして一夜にして全教職員が兵高教組湊川分会の組合員として組織されるに到った。これ以降は分会が学校運営の中心となり、校長、教頭を頭に戴く、管理職の指示系統とは一線を画することとなる。

部落出身生徒たちが繰り返し主張したように、生徒にとって、教師は差別者でしかなく、中学時代から敵視すべき対象だった。しかしそのことを糾そうとしても、教師が自らの差別性を認めることがなければ、両者の溝はいつまでも遠のいたままだ。それほどに教師と生徒の間には、権力者とそうではない者という、容易に連帯することのできない裂れ目があった。

こうしておおかた一学期間は、教師に突っ掛かってい く事件が絶えることがなかった。まともに授業ができない日も連続し、学校中が混乱した。静かに授業をうけたいといって学校を批判し、休退学、転校を申し出て去っていく生徒もいた。しかしそれら一般の生徒もまた差別と貧困に抗する底辺層の子女であり、すべての生徒の教育要求に答えるのは易しいことではないが、教師と生徒のそれぞれが越えていかなければならない、避けて通ることのできない途だった。

ただしかし、教育を根底から問い直すとすれば、教師個々の、内面の問題としてのみ留めおくことはできない。学校ぐるみ、変わっていくことが要求される。そのためには貧弱な学校予算では足りないし、教員増も図らねばならない。連日の徹夜の糾弾のさなか、全組合員教師は夜明けとともに県教委事務局に向かい、充血した眼もそ

のままに県教委交渉を持ち、一谷定之烝教育長から即決で、

1．湊川に同和加配教員を五名配当する。
2．湊川教職員に一号俸の昇給を認める。

との回答を引き出したのである。

同和加配教員は、部落解放運動が要求してきたものであり、兵庫県では、湊川で初めて実現した成果だった。しかも、加配教員は湊川分会の推薦する人物を充てるとし、すぐさま特別選考（特選）が行われ、採用された西田秀秋、真田幸隆、池川英勝、頼田稔、畝本常宏の五名が、六月十九日から出勤することとなった。

四月以降の予想外の事態に、長年勤めてきた教師の休職があいつぎ、その都度、管理職によって新任教員が補充されたが、県教委の発令人事で着任した教員では、校内がいっそう混乱する事態も予測された。部落の実態、生徒の事情がよく解っている教員でなければ、実りのある教育活動はできないからであった。この特選人事はのち、解放教育に対する攻撃の争点ともなるが、人選が兵高教組と湊川分会に任されたのは、この実際上の理由が大きかった。湊川分会は兵高教組と連携して、これらと取り組んできたのであった。

また七〇年度からは時間講師を全廃し、音楽、商業、家庭を初め、全教科に専任の教諭が配当されることとなった。これも担当する時間しか受け持たない時間講師では、担任もできないし、生徒に責任を持った指導ができないからだ。以後、湊川は時間講師を一人も置かない時期が長期にわたって続く。そのほか、前年度の給食員に続いて警備員も、県費負担の正規職員として採用されることとなった。

これにともない、湊川高校専用の特別教室が設置され、家庭科教室、理科室、美術室、就職指導室が整備され、県下初の冷暖房完備の図書室、視聴覚室を併設する別棟三階建ての生徒集会所が、七〇年四月に新築新設された。図書室が別棟に移ったため、事務室が移動して印刷室が設けられるなどの教室配置も替わり、それまでは校長室といっても名ばかりで、会議室の片隅に校長の机と椅子があるだけだったが、新しく専用の校長室も設けられた。

私は先に一斉糾弾を総合的に見渡したものはまだないと書いたが、むろんそれは兵庫県教育史上に位置づけたものはない、という意味であって、湊川に関するものは、日教組第十九次教育研究（教研）全国集会（岐阜教研）報

告書『湊川高校事件そのあと――』があり、教師集団と部落研生徒のそれぞれの、その時点での報告と総括がなされている。また各校の情況は、兵庫県高等学校教職員組合解放教育専門委員会編著『問われているもの』（兵高教組刊、のち明治図書から新訂版）が伝えており、これが唯一のものである。

なお、これらの動きの真っただ中、六九年七月十日に同和対策事業特別措置法が公布されたが、湊川の部落出身生徒たちによる糾弾は、これとは直接的な係わりを持たないところからおこったものであった。

3　差別と向き合う

撃ち続ける生徒

職員室で生徒が教師を捉まえ、教室で吠え、差別の不当を訴えている光景は、六九年度中、続いた。事件は次々おこった。

ある日、無人の教室から金がなくなった。体育の時間に鞄が荒らされ、財布が散乱していた。盗ったと疑われた部落出身生徒が、

――俺らは中学時代からいつでも白い目で見られてきた。

と怒りをぶつける。周りの生徒の偏見がなくならなければ、差別はなくならない。しかしそのためには、まずは教師が変わらなければならない。

これもある日、授業が解らず生徒が廊下へ飛び出す。出て行くのは授業を放棄したことだとし、追いかけもせず、教室の戸を閉めて授業を続けようとした教師に抗議が集まる。

――生徒が教室の外に飛び出さなくてもよい授業をなぜしないのか。お前はプロではないのか。

当の教師との話し合いが持たれる。部落研の上級生たちは、教師を撃つだけではない。入学したばかりの部員も同時に鍛える。

――字を覚えたら、その分だけ怨みつらみが消えていくような授業は、差別と違うか。

――学校へ行き、出世すれば、部落を隠すようになる。そんな勉強なら、せん方がましや。

――せやけど勉強せんかったら、俺らはいつまでも差別をうけんならん。差別者に勝とう思たら、俺らの方が賢うならなあかん。そのためには、俺らがもっと勉強し

とかんならんのや。

――部落を隠してても、差別される。名乗っても差別される。どっちみち差別をうけるんなら、隠したままで、いつばれるか、びくびくしとってもしゃあないやないか。

――足踏まれても、踏んどうお前は痛うない。せやけど踏まれとうわいは痛いねん。そしたらどないしたらえぇ？ 教えてくれんかい。教師やったら、答えてくれんかい。

――わいの足踏んどうお前が、自分でその足どけんかえ。お前が足をどけへんのなら、わいが力づくでどけなしゃあないやろ。差別をなくすいうたら、わいの足を踏んでるもんの足をわいがどけることや。

部落出身生徒や在日韓国朝鮮人生徒たちから指摘されて、教師自身が差別者であることを認めることからしか、生徒との対話は始まらない。被差別者の側が問題なのではない。差別する者がいるから差別はあるのだ。それなのに教師は自らを差別者だとは認めたがらない。この点が、しかし決定的な違いだ。何が差別か、だれが差別者であるか、の認識の溝が埋まらないことには、両者が交わるなどということはない。

ところがたいていの教師は無神経で、部落や韓国朝鮮の味方づらして接近したり、生徒の仲間内として振る舞おうとする。糾弾を逃れようとして、生徒に擦り寄ろうとすらする。糾弾の場で、教師は自身も貧乏で、差別されたり苦労しながら育ったことを生徒の前に差し出そうとする。しかし生徒は、

――俺らと一緒やと言いたいんか。そんなら俺といっぺん代わってみるか。

――貧乏較べしとんやないねん。

瞬時に拒絶する。部落出身生徒も、在日韓国朝鮮人生徒も、親の代、祖父母の代にまでさかのぼって、受けてきた差別の事実を差し出す。戸籍を換えても、帰化をしても、逃れられない差別の不条理を訴える。部落と部落でない者、朝鮮人と日本人、そして教師と生徒の間には、強固な線が引かれている。その事実に蓋をしたまま、湊川の教師と生徒であることはできない。生徒たちが撃ち続けていたものは、このことだったのである。

教科についての知識は持っていても、差別の辛さや傷みについては、当該の生徒から教えられないと、教師は解らない。教師然と立ちはだかっていることは罪でもあった。生徒や親、地域から学ぶことによってしか、増しな教師にはなれないということにも、気づかされていった

のである。

　またある日、金を貸してくれと生徒に凄まれて、言いなりになっている教師がおるやないか、といって糾弾されるという出来事があった。父親は病気だ、母親も内職の仕事が滞っている。下の子もまだ小さいし、自分も仕事がない。職場が見つかったら返すから、今晩食べる分、金貸してくれと頼まれて、三千円くらいならと貸してしまう。すると次の日、別の生徒が来て、俺にも金貸してほしいという。断ると、あいつに貸して俺には貸されへんのか。これ、差別ちがうんか。教師が差別してもええんか、と畳み掛けられてまたぞろ貸してしまい、後日、このことが追及されるのである。

　──金がないなら働け、となぜ言えないのか。あいつらがあの金持って新開地へ遊びに行ったん知ってるか。人に集れば金が借りられることを教えたったようなもんやないか。それが教師のする仕事か！

　こうして職安に日参する教師が生まれる。

　さらにまたある日、シンナアを吸っている生徒がいるが、教師は注意せえへんのか、といって糾弾されるということがおこった。シンナアを吸っている現場を見ていないので、否定すると、

　──ダボか、我れ！

　と叫んだかと思うと、シンナアを吸引したあとのビニイル袋を、学校中からたちまちバケツ一杯ほども集めてきて、これでも吸うてへんと言うのか、見過ごしてたら、こいつら狂うてしまうやないか、と追及が始まる。

　──俺らはな、眼を見たら、こいつはシンナアを吸うてるか、吸うてないか、判るんや。先公もそうや。こいつは信用できる先公か、でけへん先公か、眼を見ただけで判断するんや。

　敵か味方か、一瞬のうちに判断しなければ、自分が殺されてしまうかも知れない。教師のように、じっくり話し合いをして人を見分けよう、などという悠長なことをしていては、生きていけないのだという。

験される教師

　糾弾は徹夜で、連日続いた。教師を糾さなければならない出来事がおこると、
　──皆な、並べや！
　授業後、教師が会議室に呼び集められる。事件の報告があり、教師一人一人の意見を求める。先に答えた教師と自分も同じ意見だ、とでも返答すると、意見が同じで

も自分の口で言わんかえ！　と迫り、応答に容赦はなかった。また教師の対応に生徒が苛立って、手が出たり、灰皿が飛ぶという場面もないではなかった。しかしそのような情況を作らせてしまっているのが教師だということも、認めないわけにはいかなかった。だから校内が騒然としていても、その原因を掘り下げて見なければ、単なる荒れた学校、無法がまかり通っている高校ということにしかならない。

中には、糾弾をうけた教師の自信のなさ、または弱腰に付け込むようにして、無理難題を吹きかけるような出来事も見られた。聴くべき真っ当な生徒の要求なのか、身勝手な生徒の言動なのかを見分ける眼が、教師にはなければならない。しかしその見分けが難しく、生徒を低い次元に貶めてしまうのもまた、教師だったのである。

糾弾が夜を徹し、明け方になると生徒たちは口々に、

――さあ、仕事に行こう。俺らは休まれへん。

といって、一斉に学校から帰っていく。神戸市の清掃局（現環境局）か、その下請け会社で働いている者がほとんどで、朝が早い。あとに残った教師たちは、善後策を講じ、家路に就く。

ところで毎晩このような糾弾を続けている生徒と、一般の生徒の間には、受けとめにどうしてもずれが生じる。しかも休職する教師があり、自習授業が続くと、部落の生徒が暴れていて、学校が学校でない状態が続いていると難ずる。

確かに糾弾の中心にいる生徒にとっては、湊川高校は一種の解放区であったといえるが、それ以外の多くの生徒の反部落研の動きも加速されたし、学校正常化の勢力も組織された。しかし学校としては、規則だけで生徒を縛ったり、自宅待機や謹慎、停退学などの処分をすることは、しようにもできなかった。また処分しても根本的な解決にはならなかった。むろん警察に売り渡してすむというものでもなかった。つまるところ、最後まで面倒を見るのが教師の仕事であり、それしか生徒に責任を取ることができなかったのである。

こうして湊川の教師が生徒たちの糾弾から学んだものは、日本の学校教育史の中で、教師が初めて人民と出会う体験をしているとの自覚であった。七〇年前夜は、全国的には大学闘争が盛んで、いずれも機動隊導入が断行されたが、同じ時期、圧倒せんばかりの生徒の力を、暴力だと受けとめる地平からは湊川の教師集団は隔絶していたのである。

しかしこのような中で、毎日の対応がしんどく、体調不良を訴えたり、休職する教員も現れた。管理職は県教委とはからって、学年途中の他校への転出人事を決め、一人また一人と教師が去り、新たに転入する教員が着任した。しかし二時間授業しただけで辞めてしまう新任教員もいたりして、授業に穴が空いたまま一学期が終了する始末だった。夏休みまでに、半数以上の教員が入れ替わった。

残った教員たちにその後の湊川が託されたが、残ることになったからとて、鉄の意志を有していたというのではない。糾弾の行われている今、この場からは立ち去らないと決意したのではあったが、いつ潰れるかも知れないふつうの教員でしかなかった。逃げるのはいつでもできる。しかし、逃げれば差別に荷担することになる。逃げないでいることを自身に課そう。教師を信用できるか、ぎりぎりのところで生徒が迫っているのを、空手形で返すようなことはできないというのが少数の、これら教師集団の心情だった。

――我々は一蓮托生や。辞めるときはみな一緒やで。抜け駆けはすんなや。

と半ば冗談、半ば本音で日を送り、生徒にも対していった。教師集団は、したがって運命共同体的な性格を色濃くするようになっていく。この情況を、当時私は湊川コンミュウンと呼んだことを覚えている。

糾され、糾す

一斉糾弾後の数年間は、出口の見えない暗闇に閉じ込められたまま、何日も日が過ぎ去っていったといってよい。事態が改善されたという感触はなく、前に進んでいるという見通しもなかった。湊川の動きを阻むものがあれば、敢然と立ち向かっていくことしかなかった。

しかも事件は、校内のみに留まらない。六九年の一学期も終わりに近づいた頃のことである。『朝日新聞』が、本人への取材をしないまま掲載した記事（七月八日付け）に事実誤認があるが、教師はそれを知っているのか、と部落研の生徒から指摘された。一斉糾弾にふれた講演要旨が掲載されており、その中に、「ことし四月、兵庫県立湊川高校（定時制）で生徒があばれた」「あの程度の学力で合格できるんなら……」「最近、二度にわたって腕時計を盗まれた教師……」などとある。これは読者に差別意識を拡げると訴えた。しかも、当の本人は、

――わいは字が読まれへん。わいのことが新聞に載っ

て、わいが差別されていても、人から教えてもらわれなんだら、知らへんままや。

という。教員の代表が大阪本社に赴き、さっそく抗議したが、記者の認識とその対応に、教師は自身の姿が映し出されている思いだった。差別問題を相手に糾しながら、同時に自らが糾されていたのである。

また二学期の初め、「パトカーの校内立ち入り、県湊川高が拒否、兵庫県警が善処を要望」と『神戸新聞』が報じた（九月二十日付け）。ちょうど、糾弾の中心にいた生徒が六月、長田署に別件逮捕され、完全黙秘を貫いて出て来た事件があった。県警本部から県教委への要請がなされたのもこの線上のことで、糾弾活動の弱体化をはかってのものと受け取られた。そのため、教師集団はすぐさま行動し、事実にもとづいた報道をするよう、神戸新聞社に抗議するとともに、長田署にも赴いて担当刑事課と面談した。

面談で、湊川高校では教員が一丸となって教育活動に従事していること、非行や暴力などと世間では騒がしいが、背景に部落差別や在日韓国朝鮮人に対する差別が横たわっており、その根っこの部分に迫っていかなければ問題は解決しないことを諄々と説いた。こうして、「パトカーが校門で立ち入りを拒否されたと報じたが、これは誤りで、二度とも校内で先生との話し合いのうえで引き揚げたのが事実だった」（神戸新聞社会部編『差別の壁の前で』）ことも明らかにされた。

生徒を守る教師集団であること

生徒が逮捕され、審判が行われると、担任を初め、時には全教師が家庭裁判所に赴き、調査官に面会を求めて、湊川高校の教育方針を説き、生徒を少年院に送致するのではなく、学校に戻してほしい旨を請願した。生徒を守るためには、相手が警察であろうと裁判所であろうと、新聞社であろうと県教委であろうと、出向いて抗議し、また理解を求めた。

こうして、学校でおこった出来事は教師が責任を持って当たるという原則が、出来上がっていった。外部の力で生徒を押さえ付けることはできても、根本的な解決にはならない。むしろ問題が複雑になり、教師と生徒との信頼関係が作り出されることはない。

教師が生徒の側に立ち切るのは容易ではなかった。鉾先を県行政に向けねばならないことも多々あったし、同僚や他校の教師、教職員組合の仲間の教員にも、手加減することはできなかった。糾弾直後は、生徒から指摘されて動き回るのがふつうだったが、一学期が終わるころには、生徒に指摘される前に動く教師集団にまでなっていた。

するとこのような湊川の動きに対し、教師が先走ればするどい生徒が育たない、生徒の牙を抜いてしまいかねないとする批判も寄せられた。しかし湊川の教師集団は、形振り(なりふ)りかまっておれなかったのである。

これらからやがて、生徒に手をあげない(=暴力をふるわない)、生徒を切らない(=退学処分にはしない)、生徒を売らない(=警察に渡さない)という、生徒指導の三原則が確立される。のち、湊川は何をしても許される(=処分されない)自由な学校という軽い次元の受けとめをする生徒も現れ、自堕落なふるまいも見られるようになったので、放棄せざるを得なくなったが、十年以上、この原則に立った生徒指導がなされたのは、湊川ならではのことだった。

親の話を聴く、職場を訪ねる

学校現場は統計調査に熱心だが、数表化することにのみとらわれ、生徒一人ひとりと向き合う、本来の行ないが疎かにされることがままある。湊川はしたがって、喜怒哀楽の具体的な表情を読み取ることを本筋とした。また生徒たちによる糾弾と、それ以後の慌ただしさの中で、統計資料を眺め回している余裕がなかったということもいえた。

生徒の実態は、だから家庭訪問や職場訪問を通じて生徒やその親、保護者または職場の同僚や責任者とじかに出会って話を聴くしか、ほんとうのところはつかめない。というのも、学校での様子は快活で、何も問題がないように見えても、生活条件が苛酷だという生徒は珍しくない。逆に学校では荒れていても、家では親きょうだいの面倒をよく見るなど、違った面を見せている生徒も少なくない。

名簿に氏名は記載されているものの、一度も登校したことのない、いわゆる長欠生がどのクラスにもずいぶんいた。手続きが前年度にすまされていて、休学中の生徒もいたが、新年度の担任としては、実態を追跡して、可能ならば学校に呼び戻して学業を促し、進級卒業を見届けたいというのが当然の心情だ。中には行方不明の生徒もいて、記載された住所を尋ねても判らず、在籍整理をしなければならない場合もなくはなかった。これが、七

○年前後の定時制高校の実態だった。とりわけ湊川高校は、置かれている情況の厳しい生徒が集中していた。
出身中学校に連絡し、郷里の実家にも手紙を書く。情報をあらゆる手段を講じてつかもうとする。生徒も、行方が知れなくなった同級生の存在は、他人事ではなかった。今日は出席していても、明日は自分も学校を辞めているかも知れない、そういう極限のところにいる生徒が珍しくなかった。学校から突然姿を消してもだれも気がつかないし、気にもとめないような級友関係は、寂しい。そのため、欠席者の消息を担任が知らないなどということがあると、

――教師の仕事をまともにしないで、お前は給料をもらっているのか、この月給泥棒！

と教師に怒りをぶつけた。

退職して寮からも追い出され、知人宅を転々としている生徒。借金だけが残っている。親からは勘当寸前だという。また十日も二十日も家に帰っていない生徒。親からは勘当寸前だという。結婚して子供も生まれ、学校生活を続けられなくなったという生徒。郷里に帰ってしまった生徒。警察に捕まって、すでに鑑別所へ送られてしまっている生徒。弁護士と相談して、貰い下げなければならない。あるいはやくざの子分になって、使い走りをさせられているという噂だけが漏れ聞こえてくる生徒。真相を知れば、すぐに手を打たなければならないが、結果が好転する見通しの立たない事例が山積していた。

本人もさることながら、父親の働き口を見つけないと、家庭が崩壊してしまう寸前の生徒。職場から解雇され、母親も持病があって働けず、生活保護の申請を急がなければならない生徒。両親が蒸発して、幼い弟妹の面倒を見なければならない生徒。社会保険がなく、入院費が支払えなくて、すぐさま退院してしまう生徒。事業主と交渉して、社会保険加入を要請しなければならない。

どこまでが教師の仕事か分からないということも、ずいぶんあった。家庭の揉め事や両親の不和の執り成し、借金の相談、サラ金返済への対処などなど。

むろんすべての生徒が家庭訪問を望んでいるわけではなかった。

――何しに来たんや。

とあからさまに拒絶する生徒。我が子が何かしでかしたのか、と不審がる親。生徒が不都合なこと、悪いことをした時だけ家庭訪問する教師が大半だったからだ。

湊川高校はのちに、家庭訪問週間を学校行事として設

け、五月の連休明けに、担任がいっせいに各家庭を訪ねることとした。教師の転退職が続き、担任の業務として家庭訪問を義務づけなければ、全教師が一列に並ぶことができない事情が生じたためでもあった。担任のでこぼこが大きいと、被害はそのまま生徒に及ぶからである。全日制高校は保護者を学校に呼びつけるのが習わしだが、校舎から一歩も外に出ないで生徒指導ができるという感覚は、棄てなければならなかった。

管理職人事拒否闘争

教職員の意向に反する通知通達が県教委から下された場合、湊川では徹底して抗戦した。この気風が噴出し、分会を中心とする学校経営がもっとも激しく打ち出されたのが、管理職人事拒否闘争だった。

七一年(昭和四十六年)四月一日、県教委は新年度の人事異動を発表し、藤原勇一校長を姫路東高校長に転出させ、後任に上田平雄教頭を昇格させた。しかしこの人事が発令されるや、湊川の全教職員はこれを拒否。一学期末まで、長期のいわゆる管理職人事拒否闘争に入ったのである。管理職がいなくても学校は回るとして、分会がすべてを取り仕切ったので、県教委も困り果て、夏季休暇中に人事を撤回し、外部から新たに高田清敏校長、後藤忠義教頭が発令され、管理職人事拒否闘争は終息した。

六九年に着任した校長、教頭は前年の育友会事件後の混乱を収束する任務を負わされていた。ところが着任直後、生徒の糾弾に直面する。倒れる教員もいたし、途中で去っていく教員もいたが、後任の片もつけ、いちおう二年間で紛争を収拾。湊川に秩序を取り戻したのは両職の功績である、というのが県教委の評価だった。藤原校長を姫路学区の進学校に栄転させたのも、上田教頭を湊川での二年間の教頭経験だけで、しかも同一校の校長に抜擢したのも、いずれも異例だった。

管理職人事拒否闘争期間中、湊川分会に対する妨害も激しく、『兵庫教育新聞』には、中傷記事が掲載されるなどしたが(第二十四号)、県教委人事への不服従は、湊川一校で貫いた。果たして学校に校長は必要なのかを私は考えたし、全教職員が使命を担い切れば、県教委や管理職がなくても教育活動は務まるとも思ったのだった。

4　授業の中身が問われる

教室に入る、机の前に座る

これも、一九六九年のことだ。

夏休みに入ると、担任団は家庭訪問や職場訪問に明け暮れ、長欠休学中の生徒を、学校へ呼び戻すことに注力した。その目まぐるしさの中で、三次入試で入学してきた生徒の勉強会を、夏季休暇中に実施することを部落研顧問が提案した。これらの生徒を教室に繋ぎ止め、机の前に座らせることは、喫緊の課題だった。そうしないと授業が解らないから廊下へ飛び出す、それを白い眼で見ている彼ら以外の生徒の偏見は増すばかり、という悪循環から抜け出すことはできない。

勉強会は七月から八月にかけての九日間、六時から八時までの二時間が充てられた。国語科と社会科の教師が中心となって、差別や人権の問題を考える教材を生徒と一緒に読み、あわせて生徒に基礎学力をつけることにしたのである。漢字の読み書きの時間も毎回設け、勉強の面白さを味わわせる工夫を凝らした。

ここにその日程があるので、写してみよう。

- 七月二十三日（水）「無法松の一生」（岩下俊作）。
- 七月二十八日（月）「走れメロス」（太宰治）。
- 七月三十日（水）「アリランの歌」（ニム・ウェルズ）。
- 八月四日（月）「地の底の笑い話」（上野英信）。
- 八月六日（水）「朝鮮奨学会」李殷直先生の話。
- 八月十一日（月）「松本治一郎伝」及び番町の歴史。
- 八月十八日（月）「富士の見える村で」（金達寿）。
- 八月二十日（水）「仁平原の仁平墓」（山代巴『民話を生む人々』より）。
- 八月二十七日（水）「金史良作品集」より。

勉強会はしかし難航をきわめた。教師の意気込みとは裏腹に、生徒が集まらないのだ。それもそのはずで、他の生徒は夏休みで休んでいるのに、なぜ自分らだけが登校しなければならないのか、というのが生徒たちの偽らざる心境だった。また実際、鉛筆とノオトを持つのは慣れていないし、勉強するのはしんどいというのが本音でもあった。

差別に打ち克とうとすれば、差別する者よりも賢く、精神的にも高い人間にならなければならない。そのためには、差別する者以上に勉強しておかなければならない、と顧問が説いても、

――我れ、眠たいんか。

――能書きばかり、垂れるな。

――出席したら、銭くれるんか。

などと教師を験す始末。このような返答で、生徒たちは、俺らと本気でつきあうつもりがあるのか、を問うているのだった。三次入試でせっかく学校へ繋いだ生徒をまたぞろ手放してしまえば、その責任は教師が負わねばならない。夏季勉強会に係わった教師は、いずれも必死の覚悟で生徒たちに迫った。効果はすぐには上がらなかったが、生徒との絆が少しずつではあるが、結ばれていった。またその手がかりがつけられたのは大きかった。このようにして、授業で何をどう教えるかの試行錯誤が重ねられていったのである。

生活経験に即した授業

湊川高校では前年度までに入学者が定員を割り、六八年には全員入学が実現していた。しかし一斉授業が成り立たず、生徒にどのようにして学力をつけるか、が切実な課題になるのは、六九年度のこの三次入試合格生によって要求が一挙に火を吹いて以降のことであった。

日本教職員組合（日教組）はその教育目標に、「わかる授業」の追求を掲げていた。したがってこの課題に応えるのは、民主的な教職員の責務でもあって、湊川高校だけが突出していたのではなかった。しかし生徒に学力をつける、解る授業をするといっても、方法論や技術的な改善だけでは解決できない。学力の保障は、差別をなくする課題と同時に取り組んでいかねばならない。とはいいながら、教科書を開いても理解できない生徒のために、進度を下げるか、表現を易しくするくらいしか思い浮かばない。各教科とも教科書を噛み砕いたプリント教材を毎日作って授業にのぞむ。ガリ版、謄写ファックス、輪転機と、機材も次つぎ買い求められ、印刷機が休まない日はなかった。幻灯機、十六ミリ映画など、視聴覚機器を多用する教科も続出した。

しかし授業改革の試みは、初めのうちは教師個々の作業でしかなかった。そのうえ教師が次々と辞め、入れ替わる情況のもとでは、学校が、全体として授業改革を行なっていく態勢を作り出すことは、できなかったのである。

この苦闘の中で、理科担当の藤本和男の授業は抜きん出ていた。

生物の授業でのことだ。生活経験の中でよく知っている話題を取り上げて進めている間は、生徒も興味を持って聴いているが、化学反応式を示して説明し始めると、途端に後ろへ引き、雑談がおきる。中にはうつぶせになって眠ってしまう者など、だれ一人として聴いている生徒がいない。愕然とした、と藤本は振り返っている。

——わしらがなんで勉強でけんようになったか、考えたことあるんか。

——成績の悪いもんこそ、ほんまに教えていかなあかんのと違うんか。

——一人でも解らん生徒を放ったらかしにして、授業を進めてもええのか。

と生徒たちから次つぎ問われ、藤本は教科書準拠の方式をやめると決意する。ではどうするか。自身を縛った藤本は、これからは生徒が日常生活の中で疑問に思っていることを中心にした授業をする、と宣言するのである。

しかしそうはいっても、生徒は何を質問すればよいかが解らず、長い沈黙が続くが、まさにその時、生徒から予期しない質問が飛んでくる。

——先生、ミズムシ治す薬知らんか。

教室はにわかに活気づく。これまでだったら、授業に関係のない質問だとして無視するか、無駄話の続きとして応対するのがふつうだが、藤本はこれを取り上げる。しかし即座に答えられず、看護婦生徒に助けを求めて薬剤名を述べる始末だったが、このようにしてようやく息を継いだ藤本は、ミズムシは動物か、植物かを問うのである。生徒たちは大方が動物だと答えるが、ここからが藤本の本領発揮だ。ムシと名がついているが、実は植物で、カビがヒトを食うと説明すると、生徒は食らいついてくる。次に、動物が植物を食うのは当たり前だが、その逆に植物が動物を食う例もある、と話を繋いで食虫植物の話をし、世界中の生物の食べ物と、その取り方を説明していく。次の時間は、

——先生、酒飲んだら何で酔うんや。

藤本は、アルコオルが胃や腸で分解されて脳細胞を溶解するが、なぜ脳神経を刺激するのかといえば、胃腸からアルコオルが血液に溶けて大脳に回っていくからだ、と血液とその循環について話を進める。生徒がさらに、なぜアル中になるのか、と質問すると、酒の話からシンナアの話に移る。その次の時間は、タバコについての質

問に答えながら、ガンの話にしぼっていくというような展開がなされ、こうして三学期が終わる頃には、生物の教科書で取り上げられた内容を、漏れなく学習させていたのだった（「生徒〈授業〉教師」『解放教育』一九七三年十月号）。

この経験は大きかった。生徒は、自分たちの生活に近い事柄、日ごろ疑問に感じていることを教えてほしいと思っている。それを授業として組み立てていくのが教師の仕事だということを、藤本は証しだてた。

期末考査ボイコット事件

解る授業をせよ、という生徒の要求はもっともだが、以上みたように、すぐ叶えられるものではない。教師たちはいずれも、昼間は家庭訪問や職場訪問に走り回り、ようようにして夕刻、学校にたどり着く。すると準備もそこそこに授業が始まるという毎日で、生徒の期待に答える授業は容易ではないというのが実情だった。

ただはっきりしていることは、授業が満足にできなければ、生徒は廊下に飛び出してしまう。それを、教室に入らないのは生徒が悪い、規則に従わない生徒は処分せよ、ともっともらしく言っても、生徒を教室に踏み留められない授業をしていたのでは、生徒を責められない。

自信をなくして、途中で辞める教員も絶えなかったし、替わって着任した教員もすぐまた退職し、毎日がその繰り返しで、一学期が終わるころには、六九年度の場合、四月に在籍していた教員の半数以上が入れ替わっていた。教員不在の期間は、生徒は自習を余儀なくされる。生徒の不満は、二学期になっても解消されなかった。

まさにこのような暗中模索が続いていた六九年の二学期末考査期間中に、三年一組の生徒全員が、化学の試験をボイコットするという事件がおきる。

九月から休職した化学の後任教員が着任したのが十一月で、そのかん満足な授業がなされないまま、期末考査が行われた。しかもこの教員は化学が専門外だったため、不慣れな授業しかできなかったのが不信感を増幅させたのでもあったが、当の教師が歩行に障害があったことも重なって、不満が爆発したのである。教師の非を突く形で全員が考査を受けずに帰ってしまった。

しかし問題はそれだけに止まらなかった。その翌日、このクラスとは関係のない三名の、三次入学組の生徒が三年一組の教室に入り込んで、

——足の悪い新任教員に授業中、批判や意見もせずに

突如、ボイコットするとは何ごとか。このようなやり方は差別に繋がる。試験を受けるのがいやなら、受けられないようにしてやる。

とばかりに考査監督の制止も聴かず、数人の答案を破るという事件が引き起こされたのである。

これらの出来事をどのように受けとめるかをめぐって、職員会議が前後四回、延べ十四時間にわたって行われた。湊川高校では、猶予ならない事態に直面した時は徹底して議論を尽くし、全教職員が一致できるまで文案も練り、声明文を廊下に貼り出して学校側の決意を示し、局面を凌いだ。また貼り出すだけではなく、緊急の全校一斉ホオムルウムを開いて、各担任から教師集団の意志を伝えた。この場合は、学校のありかたを批判する生徒の心情は理解できるが、試験をボイコットする手段を用いた三年一組は卑怯であること、対するに、答案を破り捨てた三名の行為も許せない、とした上で、

……差別の所産とはいえ、（われわれは――引用者註）傍若無人に振舞う一部の生徒に本気で注意をしたか。

もの言わぬ生徒の要求を真剣にくみ上げようと取り組んできたか。理由もつげずいつとはなしに姿を消していった生徒に親身になって語りかけていったか。授業を魅力ある、わかりやすいものとする努力を怠らなかったか。カリキュラム（教育計画）をつくりかえる提案はその後どうなったのか。等々、数えあげればきりがないほどその不十分さに気づく。われわれは今回のこの事件を契機として十分反省し、今後これらの問題のひとつひとつに教師集団は一致して対処していくことをここに決意する。

（「二学期末試験中のできごとについて」）

と締めくくったのである。

学校の方針を示す時も、生徒に要求を突き付ける場合でも、湊川は徹底した自己批判、内部討議を自らに課さずに行なうことはなかった。こうして授業改革を生徒に約束し、後戻りしない決意を示したのである。これを踏まえて、年度末には基礎学力の充実をはかる取り組みが、とっ始めは数学科から提案されることとなった。

基礎授業の開始

一斉授業が成り立たず、授業についていけない生徒を結果的に野放しにしている、という悩みをとりわけ抱い

ていた教科が、数学科だった。正負の数の扱いの基礎や四則計算が叩き込まれていない生徒は、次の段階に進んでいけないというのが数学科の受けとめで、そのためには生徒の理解度に合わせたキメ細かな指導を、個別にするほかないと訴えた。

こうして数学科では七〇年度から基礎クラスを作り、進度別の「補習」を始める、と全職員に提案した。「ねらいは、一人ひとりが精一ぱい数学ととり組める状況を作り出し、湊川で数学を学んだという実感を持てるようにすることにある。また、あわせていろいろな条件のため、国語・英語の学習の遅れているものにも、その遅れをとりもどす手だてを実施したい」(一九七〇年度「数学科の授業形態の改革について」)というものだった。

具体的には学年、学級の枠を外し、数学からの時間とは別に他の科目から一時間を取り出し、これとは別に放課後に一時間を新しく設けて、計二時間を補習に当てるもので、基礎学力の補充を要する生徒はしたがって正規の二時間と、補習二時間の計四時間の授業を受けることになる。

ところが、数学科のこの授業改革案と軌を一にしたような、能力別編成を旨とした改訂指導要領が、文部省(現文部科学省)から発表され、日教組は、差別選別教育反対の運動方針を掲げて、これとの闘いを繰り広げることになった。湊川高校の基礎授業はあくまで遅れている生徒に焦点をあてたものであり、文部省のそれと発想は百八十度違うが、導かれた形態は似通っており、一歩間違えば差別教育に転落しかねない。

何度も職員会議が開かれ、最終的に、差別教育の危険性があることを認めた上で、しかし今の湊川の教師には、この方式しか基礎学力をつける力がないことを生徒に正直に差し出すことにしたのである。差別教育にするか、しないかは補習の取り組み如何にかかっていることも、確認した。しかしもはや、後戻りはできない。教師集団はこれ以上、何もしないで新年度を迎えることはできないという極限まで、追い詰められていたのである。

数学科のこの授業改革案が提示されると、しかし当然のごとく、進度別授業は差別ではないのか、とする批判が生徒からおこる。

——基礎クラスに入れられるんはどんな生徒か、教えてくれんかえ。ハクの生徒らから、あの子らやっぱりダボでな、いう発言が出るに決まっとう。部落の子は、これから先までずっと白い眼で見られ続けるんやぞ。

――この補習授業の案に賛成した理由を聞かせてくれ。職員会議の決定が正しいとほんまに思てんか。

部落研、朝問研の部室に教師が次つぎ呼び込まれ、各個撃破される。差別授業ではないのか、との指摘に答えられない教師も次つぎ現れ、最終のはずの前回の会議のあと、再度の職員会議が開かれて、数学科のこの授業改革案はけっきょく撤回されることが決まる。

その結果、七〇年度は正規の授業に教師が二名入って学力を補充する態勢だけが残り、放課後に新設された補習も試行されることになった。したがって初年度は補習の語を嫌って、選択授業と呼ばれた。

なおここで留意したいのは、数学科のこの授業改革案に部落研の生徒たちが反対したのは当然として、七〇年とその前後におこった全国的な高校、大学の学園闘争とは様相が違っていたことだ。その真意は、湊川の教師が差別に抗って本気で部落の生徒に基礎学力をつけようとしているのか、その肚を確かめたいというものだったのである。

日本中でいちばん先進的だと思っている湊川の教師がこの方法しかないというのなら、この授業改革案に柔軟に対処すべきとした。基礎学力をつけるのは悲願だが、一斉授業が続けられる限り、出身生徒は授業からますます取り残されていく。補習は最善のものではないが、反対しているだけでは前に進まない。湊川の教師がようやく重い腰を上げて、差別をなくするために一歩を踏み出すというのなら、では教師の取り組みの程を見させてもらおうではないか。そのためには、全教師が一丸となって始めるのでなければ、安心して自分たちを湊川に預けることはできない、というものだった。

基礎授業はこうした試行錯誤を重ね、数学のほか、英語、国語も加え、生徒が補習を選択する授業として始められた。しかし選択としたことは、受けなくてもよく、生徒がサボる時間にもなってしまったので、七一年度からは補習の呼び名も「特別授業」と変え、数学と英語の二教科を一、二年生組と三、四年生組に分け、それぞれの組をさらに三つに分けて、一クラスに三名の教員が入ることにした。また年間の授業を二期に分け、前期を一、二年生が英語なら同じ時間帯を三、四年生は数学とし、後期を一、二年生が数学ならその時間帯の三、四年生は英語とすることで、同じ科目と集中的に取り組める工夫をこらした。飛び飛びに授業が行われるより、学習したことを忘れないうちにその次を学べる方が効果も上がるし、教師の時間配当も無駄なく回すことができる。

七二年度にはさらに「基礎授業」と名称変更し、数学と英語の二教科に限って実施。また前年度に引き継いで、生徒全員に義務づけた。七三年度もこれを進め、個別に指導する態勢をいっそう強化した。四則計算から始めて数I、数IIに到る百二十項目に分けた診断カアドに、生徒個々の進度とつまずきを記録し、これを点検しながら授業することにしたので、これまでの一斉授業では見落としがちな各人の理解度に応じた指導も可能となった。

英語科も、アルファベットの読み書きから始めて単語、短文へ、基礎から応用に向けて進度を順に追っていく授業を実施した。テキストも、演習を中心とした『基礎数学』(第一集〜第四集)、『BASIC ENGLISH』がそれぞれ作成され、これら二教科以外の、サブと呼んだ他教科から応援に入る補助教員の指導が恣意的にならないよう、配慮された。

自主教材の編成

湊川の基礎授業は、このようにして生徒たちの意見を聴き、少しずつ改善しながら実施に移された。初年度は補習に強制力もなく、生徒の自主性に委ねたので、欠席者も少なからずあり、実効力がないまま終わったが、年度を追うごとに出席する生徒も増え、心配された差別的な言動も特に見られず、取り組みはしだいに定着していった。

その要因としてこのころから、職場で資格を取るために高校を卒業していることが要求されたり、小学生の我が子に漢字や算数を教えられるようになりたい、勉強できる時間がようやく持てるようになった、という三、四十代の部落出身の年配生徒が入学し、基礎授業と熱心に取り組む姿が見られるようになったことも大きかった。

紆余曲折を繰り返しながらではあるが、基礎授業がこのようにして形を見る一方で、他の教科でも生徒が興味関心を持てる授業を模索する動きが一斉に始められ、自主教材も次つぎ作成された。主なものをいくつか挙げる。

国語科では、現代文の教科書『あらの』(三百十八頁)と『佇立』(三百五十八頁)、羽衣譚などの各地の民話を集めた『古典入門』の三冊が作られた。『あらの』には酒井真右「飛び魚のように」、山本周五郎「青べか物語」、金夏日「無窮花」、深沢七郎「楢山節考」、島崎藤村「破戒」。『佇立』では、上野英信「一鍬ぼり」、石牟礼道子「苦海浄土」、違星北斗「コタン」、金史良「光の中に」など、中には、これまでの教科書では扱われることのなかった部落問題や、朝鮮問題などの作品も取り上げられた。続いてまた漢字の成り立ちや、かな文字を解説した『文字の学習』などの副教材も作成された。

数学科では、利息の計算をサラ金地獄の問題と結びつけて解き明かそうとした『数学入門』、英語科では、アメリカ黒人作家の作品やフォオクソングなどから教材を集めた『CROSSING』（第一集〜第二集）や、『A PRIMER OF ENGLISH（英語入門）』などの副教材が作られた。

そのほか社会科では、図表年表や法令集のほか、『わたしたちの町・神戸』や人権と労働の学習を目標とした『絹の道と青春』。理科では、極地方式や仮説実験授業などの民間教育運動の成果に学びながら、速さについて学習する『自然の法則を考える』などの副教材が作られた。

なお朝鮮語の開講については、節を改めて後述するが、朝鮮語科では、張暁の著を改訂した『朝鮮語入門』が生徒に供され、ほかにも、毎日の挨拶や日常会話を中心とした『조선어（チョソノ）』が作られた。

しかしながら、近代百年にわたって作られてきた国定または検定教科書の水準を超えるのは、容易ではない。ばかりか、教材がどれほど優れたものであっても、教師に使いこなす力量が備わっていなければ、無用の長物に終わってしまう。だからといって、定時制生徒の胃袋にまで届く教科書は現場の教員でなければ作れない、と強く自負するものも湊川の教師集団にはあった。

一九七〇年七月には家永三郎「日本史」教科書裁判の、検定を不当とする杉本判決が出され、教科書問題は報道でも大きく取り上げられた。湊川では、右記した自主編成の教科書や副教材、各教科の基礎から応用までのワアクブックを兼ねた各種プリントの印刷費も、県費でまかなわれた。これらはいずれも活字、写植、タイプ印刷に付され、学習内容はもとより、授業にかかる費用はすべて公費で支出されていた。その点で家永訴訟が欠いていた、高校教科書無償の課題に迫った意義も大きかった。

しかしこの年、検定教科書を使用しないのは違法として、福岡県の伝習館問題や兵庫県立三原高校の山下問題がおこった。湊川でも検定教科書不使用が、弾圧を呼び込むおそれもないではなかったが、定時制生徒の多様な学力の実態は、湊川一校に限られたことではなく、県下の定時制高校の全般に見られた。県教委でさえ、自主教材を追認しなければならない局面に達していたのである。

5 〈朝鮮人〉として生きる

朝問研活動の始まり

一九六九年のいっせい糾弾で、差別教育反対の中心を担っていたのは部落問題研究部に所属する生徒たちだったが、初めは韓国朝鮮人生徒も加わっていた。しかし糾弾活動が進み、要求が深化していくにつれ、在日の生徒たちは部落研から分かれて、独自の活動を模索するようになる。こうして朝鮮問題研究部が、同好会として六月に発足する。

一九六一年一月の部落研活動の開始からやや遅れて、チョゴリの会と名づけた在日朝鮮人生徒の集まりが組織され、密かに活動を始めていたので、正しくは朝鮮文化研究部の再建と呼ぶ方が正しいが、六九年を嚆矢とするのは、在日の生徒が表舞台に出て、部落研と並び立つ活動を始めたのがこの年だったからである。そして正式には翌七〇年六月に、部に昇格する。なお、発足の日付けがなぜ四月でなく、六月かということだが、部活動は生徒会活動のいっかんだから、生徒総会が毎年六月に行われて、そこで承認されて、正式に活動が認められるためである。

たいていの学校では、高校でも大学でも、朝鮮文化研究部（朝文研）と称したが、湊川高校は朝問研、朝鮮問題研究部と名づけたことに特色があった。朝鮮文化を研究するというと、祖国朝鮮の歴史や風土、民俗や言語の学習研究に重きがおかれがちだ。湊川高校の場合はしかし韓国籍であると朝鮮籍であるとを問わず、差別や人権など、在日同胞生徒の生活に直接係わる問題が取り上げられた。自分たちの生活上の諸問題を抜きにした部活動はできない。どうしても日本との問題、日本人との関係を見極めていくことが主になる。

こうして連日、民族的な自覚を持って生きていくにはどうすればよいか、の学習や討論がなされたので、より正しくは在日朝鮮人問題研究部とすべきだが、名称としては朝鮮問題研究部とする合意をみたのである。

だから、部の名前に韓国を付けていないからといって、北朝鮮寄りというのではむろんない。国家は分断されていても、民族は一つという立場を堅持した。南北のいずれかの国家を支持して同胞生徒が反目するのは避けた。

また部落研から朝問研が分かれたといったが、むろん対立したのではない。部落出身者と在日韓国朝鮮人生徒は、現象的にはいずれも差別を受けていたが、置かれている立場は同じではない。生活区域が重なっている分、直接的には部落住民からも差別を受ける。生活の諸条件や、目標とするところも違っており、両者には裂け目もある。そのところを曖昧にせず、認めた上で差別に抗っていくとした。軽々しく連帯を唱えることはできないが、敵視することはしない。仲間として共に歩んでいくのは当然だ。その確認をして朝鮮問題研究部は誕生した。顧問は、同和加配で六九年六月から湊川高校の教員となった、池川英勝が担当した。

文部省は一九四八年（昭和二十三年）一月、学齢期に達した朝鮮人の子弟を、日本人と同様に扱うこととし、日本の義務教育への就学を強制し、各種学校の設置は認めないと通達した。この民族学校封じ込め策に抗して、この年の四月、神戸では長田区を中心に阪神教育闘争が展開された（小沢有作『在日朝鮮人教育論』）。湊川高校が文部省の方針と別の立場を選んだのも、この流れにそっている。

運動方針（七〇年度）で兵高教組も、「在日朝鮮人生徒に対する圧倒的な同化教育の現状をにぎり、正しい民族教育の方向を具体的に明らかにしつつ、当面」、当該生徒を朝鮮名（本名）で呼ぶ、朝鮮奨学会に組織するなどの実践課題を示した。湊川高校は、在日の生徒を日本人と同様に扱うのではなく、民族的な自覚を持って生きる方向で実践活動をする動きの中核を担った。

本名を名乗って生きる

朝問研はしたがってほとんど、本名を名乗る問題が活動の中心になった。上級生は新入生を呼び込んで本名を名乗れといい、学校では朝鮮名を名乗っているのに会社では日本名を使っている生徒には、逃げているのではないかと迫った。一家に帰化の問題が生じて悩んでいる生徒もいたし、出入国管理令や外国人登録証携帯の問題についても話し合った。その過程で、各自が自分の生い立ちを語り、それぞれが生きてきた跡が検証される。その結果は文集にまとめられ、機関誌『무궁화（ムグンファ）（無窮花）』が誕生した。創刊号は七一年四月に発行され、第二号、第三号はそれぞれ七二年六月、七三年六月に発行された。

そしてそのいずれもが、苛酷な自らの生い立ちと向き合うことによって、在日をどのように生きるか、の検証を迫った。その一人、七歳まで朝鮮人の父親の日本名M

で呼ばれてきた女生徒は、小学校入学時に、戸籍上の母の日本名Nにかわったが、湊川に入学後、父の朝鮮名Rを名乗る。差別をうけてきた側の父の生き方に寄り添い、混血児としての立場を鮮明にすることが自らに課せられているという。すなわち三つの名前が自分にあることから逃げずにいくことによってしか、自身の生き方を確かめることはできないと綴った。この「名前について」の本文は『展望』一九七一年八月号に転載された。一高校生の文章が、文芸誌に掲載されることじたい、湊川の生徒の質の高さを示してもいた。

　また次はトラックの運転手をしながら、十年間かかって卒業した生徒の答辞の一部だが、その中で、朝鮮名を名乗る意味について、明快に述べている。

> 　私たち朝鮮人が本名を名のるということは、ただ、それまで最低二つあった名前が一つになるというだけではありません。いままでに私たち在日朝鮮人は、名前、言葉そのほかいろいろのものをなくしてきました。それを確かめ、さらにとりかえさねばなりません。だから本名を名のることによってこれから先は朝鮮人としての生き方があると、私は確信をもっています。
>
> 　話は脱線するようですが、たとえば、私は酒が好きです。スナックなどへ、よく飲みに行きます。以前は、日本名で（名前をボトルにも書いて——引用者註）飲んでいました。しかし、今は朝鮮名で飲んでいます。日本名で飲んでいたときは、いつも朝鮮人であることがわかりはしないかとビクビクしていました。酔うどころではありません。本名を名のらないということは、たとえば、酒を飲んでも酔えないということです。
>
> 　私たち、生徒の間だけでも、どこかで顔を合わしたとき、本名で呼んでほしいものです。本名を呼ばれるのをいやがったり、呼ぶのを遠慮をしていたら、本当の友だちではないと思うからです。
>
> （一九七三年度卒業生・李成植「答辞」）

日本のほとんどの高校では在日韓国朝鮮人生徒が集まれる場がない。たいてい、隣りにいる生徒が同胞であるとも知らずに過ごしている。また日本人による差別の眼に隠れるようにして生きているが、湊川高校のように、同じ民族の生徒が一つ所に集まれる場があることは、決して小さいことではなかったのである。

日本の中の朝鮮文化を訪ねる

韓国朝鮮人問題といえば、差別の問題がどうしても浮き彫りになる。それだけ日本での日々が苛酷なからだが、土木作業、解体業、鉄屑業、寄せ屋、靴加工、豚飼育等々。職業に貴賤はないといいながら、汚く、儲けが少ない仕事しかない仕組みが、差別と一体となっている時、当の在日韓国朝鮮人生徒の内側でも、幼少の頃から自ずと、朝鮮といえば惨めで痛ましく、民族を隠すか、どうにかしてそのような境遇から逃げ出したいと思う気持ちから自由になれない。

しかも日本の学校で習う朝鮮といえば、文禄・慶長の役で敗れ、近代には日本によって併合された弱小の国であり、強国日本に支配される姿が毎回刷り込まれる。授業で朝鮮の話題には触れてほしくない、と忌避するようになる。こういうことが重なって、小学校時代からよく休むようになったという生徒がほとんどだった。

小学校六年の時、今も忘れられぬ大きなショックを受けた。それはちょう度、社会の時間で部厚い教科書にたった半ページ程の朝鮮の歴史を学んだ時のことだった。一度読み通しただけで終り、余った時間、先生は私に質問した。「君とこの両親、南か北かどっちや」私は始め何んのことか意味さえつかめずポカンとしていた。やがて教室中ガヤガヤにぎわしくなり、「あの子、朝鮮人やったん」と言う声が聞こえた時、始めて、それが何を意味するものなのか理解出来る有様だった。もう一人の男の子にも同じ質問するとオドオドしながらも「お父さんが南でお母さんが北です」と答えた。すると先生ははっきりと言った。

「何んや、君とこはお父さんとお母さん敵同士やんか」教室中嘲笑する笑いの渦となった。先生も同じように笑っていた。……

（『무궁화』創刊号）

あるいは小中学生時代、帰宅する方角が同じで、日本人の生徒も一緒に学校から帰る途中、自分の家が見えないはるか遠くの所で必ず一団から分かれて一人で帰った。またある生徒は、友だちが家に遊びに行きたいというと、家に来ないような理由をつくり、どうしても断れずに友だちが家に遊びに来ることになれば、ニンニクの臭いを消すために部屋中に香水を振りかけたり、朝鮮人形が飾ってあればそれを隠したりした。このような経験は、韓国朝鮮人生徒のだれもが持っていた。

しかし当の生徒が本名を名乗り、朝鮮を隠さなくてもよい生き方を求めて、部活動も始めるようになると、全校生徒の前に朝鮮を押し出すことも、積極的になっていく。七一年十一月の文化祭では、朝問研として朝鮮民話を劇化して上演。「金剛山の天女」という、日本の羽衣伝説とよく似た話だが、この民話を民族衣装をつけて演じた試みは、日本の学校で朝鮮人生徒が自らをさらして舞台に立った初めての経験であり、この日の様子を聴いた親たち、一世の感想は、時代が変わりつつあると驚嘆したようだ。

朝鮮といえば負のイメエジにいつも包まれ、民族を隠さないではいられないようなそれまでの意識を払拭しようと、在日の生徒が悪戦苦闘しているちょうどその時、生徒の眼を輝かさせずにはおかないニュウスが飛び込んで来た。高松塚壁画古墳の発見がそれだ。七二年三月のことである。壁画に描かれた男女の群像は、古代の日本と朝鮮の係わりを改めて証しだてたし、その後に著された金達寿の『日本の中の朝鮮文化』を争うように読んだ生徒たちは、朝鮮は劣等の国ではなく、むしろ日本に豊かな文化を伝えた先進国だったことを学び、強い励ましを与えられる。

七四年十月六日には、雑誌『日本のなかの朝鮮文化』発行の朝鮮文化社の現地見学会「播磨路遺跡めぐり」に同行して、加古川市の尾上神社や鶴林寺に伝わる朝鮮鐘、太子町の斑鳩寺等々を巡った。講師陣は、金達寿、鄭詔文、李進熙、上田正昭ほかで、部員たちは各自の車で正規の団体のバスの後ろを追いかけた。また部活動のいっかんとして、日曜日を利用して、関西各地の朝鮮文化見学旅行も実施した。

これらはのち、いきいきハイスクウル夏の勉強会の、日本の中の朝鮮文化を訪ねる一日バス研修旅行として引き継がれることになる。

6　朝鮮語授業の開講

なぜ朝鮮語か

湊川高校は七三年（昭和四十八年）九月一日、全国の公立学校で初めて朝鮮語授業を正課として導入し、開講した。担当教員には林大造（リンダイゾウ）が実習助手として採用され、着任した。林は大阪文学学校や同志社大学でも教鞭を執り、金時鐘（キムシジョン）の筆名で知られた詩人であった。人選は朝鮮奨学会に委ねられ、推薦されたのが林だった。林大造はこのとき四十四歳で、公立学校の教員採用の年齢基準はふつう三十歳までだったから、異例だった。金は学校では林と名乗ったが、のち湊川高校で授業する林竹二との混同を避けるため、以下、金時鐘と呼ぶ。

朝鮮語科教員の条件として湊川高校がつけたのは、決して音を上げない人というものだった。湊川は、六九年いらいの混乱がまだ続いており、教員の異動が激しかったが、朝鮮語教員の場合、途中で辞意を表すれば代わりの教員はいない。するとその時点で、日本の公教育から朝鮮語の授業はなくなってしまう。適任者は、金時鐘の外にはいなかった。

朝鮮語授業が、湊川高校に設置されることになった経緯を、初めに見ておこう。

在日韓国朝鮮人生徒が母国語学習をするのは当たり前で、部活動として行われている例は外にもあった。湊川高校でも、顧問の池川英勝、ついで朝鮮奨学会関西支部理事の金忠培（キムチュンベ）を招いて、夏季休業中に朝鮮問題研究部の自主的な勉強会として、国語（クゴ）学習会を開いてもいた。在日韓国朝鮮人生徒が自国語を学習するのは、祖国と出会うという意味もあり、理解度は早い。また民族的な自覚を持つことにも繋がる。

入学後、本名を名乗ったKは、『무궁화』第二号に次のような回想（「一世」）を綴っている。家で夜遅くまでハングルを勉強していると、父親が背中越しに、これはこう読むのだと教えてくれた。それまでは自分の親は学問がない、字も知らないと思っていたが違った。日本の字を知らなかっただけだ、と気づかされた。朝鮮語を学習することによって、親への見方も変わっていった。……

しかし湊川高校の場合は、在日朝鮮人生徒のためにだけ朝鮮語授業が開講されたのではなかった。朝鮮語は正規の教育課程に組み入れられ、必修科目として二年生から二単位が設定され、四年生までに計六単位を履修し、修得しなければならないとされた。つまり単位を取らなければ進級できないし、卒業もできない。朝鮮語の開講にあたって生徒に配布された資料「生徒のみなさんに」は、次のように述べている。

……かつて朝鮮人より「朝鮮名」を奪い、「朝鮮語を口にすることを朝鮮人に禁じ、あえて朝鮮語を守ろうとしたものにとってはその生命までも奪ってきたのは、やはり、〝日本人〟全体であったわけです。本校に在籍する在日朝鮮人生徒が「朝鮮名」を名乗ることは、それだけですまないことはわかりきったことです。まず日本人教員が彼等を正当に外国人として自らの中に受け入れねばなりませんし、生徒のみなさんも日本と朝鮮との関係を事実にもとずいて知っていくことを始めねばなりませんでした。……

　予断と偏見を打ち破るために、様々の試みをあえて行い進めてきた湊川高校教員集団は、明治以来、下から上をみる関係で進められてきた「外国語」教育の中に、「朝鮮語」教育が占める位置などなかったことを振り返って、今、素直に「朝鮮語」を第二外国語としてカリキュラムの中にとり入れ、「朝鮮語」を他のヨーロッパ民族の言語を学習することと同次元に置くことにしました。目的は、「朝鮮語」を素直に発音し、学ぶことを通して、他の全ての民族に対し、とりわけ朝鮮民族に対し、下から上へでなく、上から下へでもない水平の関係で相手を視ることが出来る、純良な「日本人」を形成するための新たな第一歩をはじめたいことにつきます。湊川高校に卒業必須単位認定にもとずく第二外国語「朝鮮語」を開講するための理由は以上の通りです。……

　すなわち湊川高校の朝鮮語授業は、日本人生徒に対するものであったということもできた。こののち湊川高校に在日韓国朝鮮人生徒が一人も在籍しないということがあっても、朝鮮語授業をやめることはしない、と開講当時、教師集団が申し合わせたことが、何よりもそれをよく物語っている。

　そしてさらに、部落研が担わなければならない課題も明確にされた。部落出身生徒は、差別を受けてきたことを徹底して糾弾し、差別のない社会の実現を求める先頭に立って闘うが、論難するだけでは部落研の任務は果たせない。部落出身者は在日韓国朝鮮人や、中国人には、差別する側の日本人として立ちはだかってもきた。朝鮮人差別をなくしていく行動は日本人の側からおこされねばならないが、その際、日本人のだれよりも早くその運動の先頭に立つべきは、差別の厳しさに自身もさらされ、差別の何たるかも解っている部落出身者でなければならない。日本と朝鮮半島、日本人と韓国朝鮮人の懸け橋になれる条件をだれよりも持っているのは部落出身者であり、部落研活動の課題の一つもそこにあると受けとめられた。相手民族をよく理解するためには、言語の学習が第一であり、朝鮮語学習は、湊川の生徒にとって必要欠くべからざるものとされたのである。

朝鮮語授業が根づいていくためには

朝鮮語授業の開講は、生徒時代に部落研を創設し、同和加配で母校、湊川高校の教員となった西田秀秋の長年の夢でもあった。西田は部落研活動が思想的にも実践的にも、より高い次元に到ることを念じていた。

しかしいざ朝鮮語授業が開講されると、生徒の途惑いも、反発も想像を絶するもので、波乱は金時鐘の着任式に、思いもよらない形で現実のものになった。部落出身生徒Yが演壇に駆け上がり、

――何しに来てんや、チョウセン帰れ!

と叫んで、会場が騒然となった。

――何で朝鮮語をせんならんのや。

拒絶する生徒はYだけではなかった。湊川高校にはさまざまな学力の生徒がいて、外国語授業は英語だけでもたいへんなのに、まだその上に朝鮮語もせんならんのか、という受けとめ。しかしそれも煎じ詰めると、朝鮮に対する蔑視差別のあからさまな表れであった。英語なら役に立つし、生徒も進んで勉強するけれども、朝鮮語を覚えても何か役に立つのか、というのは率直な疑問のようでもある。しかしこれもけっきょくは、役に立たないものを切り棄てる考え方に発している。金時鐘はこれに対し、役に立たないとされているものにこそ光が当てられなければならない、と断じた。差別されてきた側、弱者の復権をはかることがなおざりにされてはならないし、絶対少数者の側に立ち切ることこそ、解放教育の拠って立つ基盤ではないのか、と問い返した。

朝鮮語はしたがって語学の授業でありながら、多くの時間を朝日関係史に割かねばならなかったのである。朝鮮語の発音や文法、文章の読み書きから挨拶などの日常会話が授業の中心となるよりも、文化や風俗習慣など、韓国朝鮮の理解をはかる話題を多用しなければならなかった。

すると生徒の反応は、朝鮮の自慢話ばかりしていると受け取るものがほとんどで、日本の悪口ばかり言っているとか、朝鮮人にも悪い人はいるという反発も強く、教科内容に素直に向き合おうとはしない。中には露骨な反

発はしないまでも、朝鮮語の授業になると欠席する生徒がいたり、そうかといえば出席はしても、アヤオヨの発音をしない生徒もいた。日本人にとって朝鮮はそれほど懸け隔てた関係にあり、差別抜きでは考えられなかったのである。

朝鮮語授業担当者の苦闘は並大抵ではなかったが、しかし努力を朝鮮語科だけに押しつけることはできない。韓国朝鮮または韓国朝鮮人に対する蔑視差別の念を砕いていく態度決定は、朝鮮語を導入した日本人教師に強く求められた。具体的には他教科の、とりわけ国語（日本語）科や英語科は差別や人権の問題を、授業で取り上げることが要求された。またそれ以上に社会科は、強制連行や創氏改名などの問題と正面から取り組む必要に迫られた。家庭科は朝鮮料理を取り入れ、音楽科でも朝鮮の歌曲や民謡を扱った。さらにホオムルウムでも、あるべき朝鮮語授業の受け方が討議される。

いずれにしても湊川高校全体が朝鮮語をくるんでいく態勢が作られていることが、朝鮮語が根づいていく最大の条件だといえた。そしてこのような地道な努力が積み重ねられることによって、生徒の中に、着実に朝鮮語授業の成果があらわれていった。

……湊川高校は、朝鮮語授業をおいている数少ない高校のひとつです。この授業を受けて、昔から聞いてきた、まちがった朝鮮人の見方をなおすことができました。

朝鮮人のおばちゃんが〝かっこう〟とか、〝ちゃぶとん〟と、日本語が発音しにくいことが、何故かがわかりました。単語の中で、特に覚えているのは、人と愛です。人を사람（サラム）といい、愛を사랑（サラン）といいます。一字ちがうだけで、人と愛になることで、朝鮮語の文字の深さを感じました。

また、日本と朝鮮の関係、一番身近かな外国が朝鮮であることを学びました。部落出身生徒、朝鮮人生徒、年配のおじちゃん、おばちゃん、障害者生徒、それらの人たちがおちついて来れるのがこの湊川です。一歩外に出たら世間は冷たい。私もここへ来なかったら、その冷たい人間になっていたと思います。

（一九八三年度卒業生・西口三千代「答辞」）

朝鮮語授業担当教員はその後一名増員されて、一九七六年度から劉精淑（リュウジョンスク）が講師として着任し、劉の退職にともない、八五年度から方政雄（パンジョンウン）が臨時任用の講師として採用された。なお朝鮮人教員の任用の問題点は、後にふれる。

◉プロムナアド1
湊川の正と負

堀田善衛の『海鳴りの底から』に、「プロムナード」と名付けた頁が各所にある。私はフランス語を知らないので、これを長年、こぼれ話の意だと勝手に解釈していたが、正しくは散歩道とか、遊歩道というのだそうだ。小説中にエッセイを挟んだのに名付けたもので、私もこれを真似て、各章のあいだに同様の欄を設ける。その一が今回の、湊川の評価に絡む話（なお本来なら、欧米語は使わないが、適当な語が朝鮮語辞典に見つからなかったので、フランス語のままとした）。

湊川高校は各人の立場やその係わりによって、これまで正反対の評価がなされてきた。解放教育の先進校として絶賛を惜しまない人もあれば、すべてを認めないという人もあった。その違いを政治的対立から説くのがこれまでの常で、私もそれに倣ってきた。部落、朝鮮に対する差別の厳しさが根底にあってのことではあるが、湊川は行政（兵庫県教委）はむろん、教員組合（兵高教組）からも、常に緊張を強いられた。私たちは尖鋭化し、闘いは熾烈をきわめた。

「湊川高校九十年」の執筆にあたって、私は初め、できるだけ「私」が出て来ない書き方に徹するよう心掛けた。私情を挟まない、客観的な叙述が望ましいと思ったのは、先に言ったように評価が難しく、私がよきに思っていることも、他の人はそう思わない、ということがある。

二中の夜間を標榜する人は、名門校が柄の悪い三流校に落ちぶれたと難じ、われわれは部落、朝鮮と無縁の学校に戻そうとする者たちに抗した。

次に、解放教育をめぐる路線の違いにまつわる抗争も長らく続いた。私たちが過激派集団扱いされたり、暴力集団視されたりした。湊川ほど評価の分かれる学校は珍しいというのは、前述したとおりだが、あの難しい時代を共にくぐった湊川の旧職員でさえ、湊川には足を向けたくないと嫌っている人もいるやに聞いている。早々に転勤または退職した教員に多い。生徒の要求に答えられず、教師失格とまで断ぜられ、被害者意識が差別観とない混ざっている。部落解放の課題と取り組んでいる運動家ならば、心も大らかで、人間としても解放されていなければならない。

湊川に長年居続けた者として、運動の先導役を担ってきた者の度量、また特性からも、解放運動が間違っていた点についても分析し、問題点の究明をしなければならないと思うが、しかしまだ裏付ける資料が十分ではないので、本文には書き入れられない。そのためにこの欄を設けることになったといってもよい。

私はこれまで、湊川に踏みとどまらずに途中で立ち去った人に向かって、湊川から逃げたとして差別者呼ばわりし、ぜんぶをなぎ倒してきた。なぎ倒さないとこちらが潰されるような気がし、私自身への問いを差し向けることは欠かせないと思われるからだ。

湊川に間違いがなかったとはいわない。しかし湊川は封じ込められており、潰されれば兵庫の解放教育も、湊川も、なかったということになってしまう。湊川の一切、半生涯も消されてしまうし、そのうちには私自身の朝鮮語授業があって、朝鮮語授業も、この国からなくなってしまう。湊川高校九十年の半分近くもの年数を在職してきた私が、湊川を否定的に書くはずはないとしても、湊川を公平に見なければ、私の個人的な校史の域を出ない。それでは不十分だと思っている。

第二章——就学条件の、保障

1　就学条件の整備

定時制の授業料が全廃

湊川事件以降、育友会費凍結、父母負担廃止が兵庫県高等学校教職員組合（兵高教組）の運動方針に据えられ、授業料減免、各種奨学金の受給枠拡大についても、積極的に取り上げられる。この章では、一斉糾弾をうけて湊川高校が教員組合運動、同和教育活動を主導する形で取り組んだ生徒の就学条件整備の取り組みを追う。

定時制の授業料（月額二百五十円、年間三千円）は、七一年（昭和四十六年）度から廃止されるが、湊川高校はその先鞭をつけた。

六〇年代までは授業料未納者の氏名を廊下に貼り出し、滞納が三か月も続くと、自動的に除籍する定時制高校が圧倒的で、湊川高校もその例外ではなかった。しかし実際は担任が督促し、あるいは立て替えるなどして、会計上の遅滞がないようにした。そのさい、兵庫県定時制高等学校生徒互助会の就学奨励資金を利用したりもしたが、このような措置、担任個々の善意で事態をしのぐのは、限界があった。

日頃の教育活動が上滑りであり、生徒から遠いと指摘されると、教師の側も、授業料を支払うよう強く言い渡すことができなかった。まともな授業もできずにいて、授業料の支払いを催促するのは後ろめたく、生徒の生活実態をつぶさに知れば知るほど、どの教師も、授業料を取り立てるのではなく、免除する方向に向かっていく。教員集団の受けとめも、定時制生徒の学習費は、ほんらい無料であるべきとの考えに集約されていった。

育友会事件から一斉糾弾にいたる湊川の、教務主任でもあり、分会活動の中心でもあった吉田弘は、

——授業料は生徒一人月二百五十円だから、湊川の生徒全員から徴収しても、四百名を掛ければ一か月十万円。校長一人分の月給にも満たない。そんなわずかな授業料を取らなかったからといって、県財政が赤字になるわけではない。

として、授業料減免運動を指揮した。

神戸市内の全日制高校では、兵庫工業高校が、六九年度にすでに授業料減免の全校的な取り組みを始めていたが、七〇年度を迎えると、湊川高校でも生徒全員の授業料全額免除の申請活動に着手する。しかし手続きが面倒

で、必要書類も、「申請書や家庭調書、所得全額証明書など、最低五つの書類をつくらねばならない。また学校側も、一人の申請をする場合でも申請書総括表、申請者一覧表、学校長の意見書、成績証明書など五つの書類を添えねばならず」（神戸地区県立学校同和教育研究協議会『村言葉の復権と創造と』）、しかも書類を準備するためには、生徒は仕事を休んで役所へ行かねばならない。すると日給、皆勤手当とも飛んでしまうし、そのうえ五十円の手数料（収入印紙代）も支払わねばならない。

――減免活動の趣旨は解りますが、損得をいえば、かえって損です。そんなにまでして免除してほしくありません。

と消極的な対応を示したり、

――二百五十円くらい何とかして払います。そこまで落ちぶれてはいません。

と反発する生徒も少なくなかった。そのため手続きの簡素化を求めて交渉し、本人や家族の収入証明などは生徒が学校長に委任し、委任状を提出すれば一括して、無料で役所が証明を出すことをまず認めさせた。公的機関が照会する形を取れば、書類を取るために職場を休まなくてもよいし、手数料を取られることもない。このような便法を講じさせて、七〇年六月、湊川高校の一年生から四年生まで、二百六十八名分を提出し、結果は全校生徒のほとんどが減免されることとなった（最終的に、七一年三月時点での免除者は二百八十三名）。

なおこの取り組みの過程で判ったことは、授業料の減免数は原則として在校生徒数の百分の五以内とするとの文言が伝えられていたため、各校とも校内で選別し、五パアセントを超えての申請を抑えてきたが、正しくはこれは県下の全日制、定時制にいる全生徒の五パアセントということであり、学校単位ではないということだった。そのためもあって、ほとんど全校生の授業料減免を勝ち取り、そしてこの動きが、県下のすべての定時制生徒の授業料全廃を導いたことは冒頭に述べたとおりだが、生徒の就学条件を保障する運動は、各種奨学金の給付と文給枠拡大の闘いにさらに受け継がれていく。

各種奨学金の受給と国籍条項の撤廃

一九六九年の夏季休業中に、朝鮮奨学金の受給申請のための校内説明会を、本部の理事、李殷直（リウンヂク）を招いて行なっていた席上、三次入試で入学した一年生の在日韓国朝鮮人生徒Ｐが、

――部落奨学金が三千円で、朝鮮奨学金が千五百円やいうのは、差別とちがうんか。

と質問するということがあった。

朝鮮奨学会は在日同胞から寄付金を募ったり、東京新宿のビルを貸し出して得た収益金を元手に、高校生や大学生に奨学金を支給し、勉学の援助をしている。分断された祖国のいずれからも資金援助を受けず、日本人と朝鮮人の学識経験者が運営にあたっている財団法人で、理事も双方から同数が出ている。

朝鮮奨学会はしたがって韓国籍、朝鮮籍の区別もしない、南北が統一した唯一の機関で、制度の成り立ちも、運営体も、部落奨学金とは異なるので、値上げはしたいが余力がない、少額でもできるだけ多くの在日同胞の子弟に支給できるよう努力している、と李殷直は答えるのだが、番町地区に居住するPの疑問は解けないままだった。

湊川高校の教師集団は生徒のこの疑問を、韓国朝鮮人生徒に支給する独自の奨学金制度を日本の自治体が新設するよう要求したものと受けとめ、兵庫県と神戸市に対する在日外国人奨学金制度新設の闘いを始める。しかしながら年金や保険など、在日韓国朝鮮人の生活保障に係わる各種の要求が認められた例はなく、奨学金制度だけが前進を見ることは難しい。そこで当面は、すでにある奨学金の国籍条項を撤廃させる取り組みを進めていくことにしたのである。各自治体が設置している奨学金は、支給もしくは貸与の対象を、「日本人子弟に限る」と定めているものがほとんどだが、この条項さえなければ、在日外国人が奨学金を受給することは可能だ。

さいわい、神戸市教育委員会の奨学金の窓口は、訪問教師として長年、長田区の長欠不就学生徒の教育権を保障する活動を続け、湊川高校の校外生教室にも係わった丸山中学校の前校長、玉本格（いたる）だった。

同和教育指導室長の玉本は、委員会内部に研究会を設け、いきなり在日外国人奨学金制度の新設は難しいので、既設の神戸市普通奨学金を活用することにした。神戸市に居住していれば、県立高校の生徒のように、市立高校に在籍していない生徒であっても受給申請できるが、外国人生徒は適用されなかった。しかし神戸市教委はこれを改め、七一年度から国籍条項を撤廃し、在日韓国朝鮮人、中国人生徒にも支給する道を開いたのである。

しかしこの奨学金は貸し付け制度で、一定の条件を満たさなければ、返済しなければならなかった。在日韓国朝鮮人生徒、中国人生徒を対象とした独自の奨学金制度を新設させる趣旨からすれば、給付でなければならない。そのため、神戸市普通奨学金においては、別枠でとりあえず六十名分を組み、貸与と同時に奨学金全額免除書類を提出させ、実質給付の扱いとし、次年度からは無償としたのである。そしてさらに、百五名枠を二倍の二百十名とし、そのうち三割を在日韓国朝鮮人、中国人生徒に割り当てることとし、実質給付の形を整えた。

また兵庫県教育委員会にも、同様の運動が進められ、県勤労生徒奨学金も、七二年度から国籍条項が撤廃されることとなった。

神戸市普通奨学金に対する取り組みは、湊川一校で交渉が進められたが、兵庫県勤労生徒奨学金に対するものは、兵高教組神戸県立支部（県高支部）が支援態勢を組んで実現した（湊川高校五十年史編纂委員会『音高く流れぬ』）。

なお日本育英会奨学金についても、神戸地区県立学校同和教育研究協議会（県神戸同協）内に制度改善要求実行委員会が組織され、貸与枠の拡大と、国籍条項の撤廃を求めて運動が展開された。育英会に対するものは、大阪府や奈良県の同和教育研究協議会も共闘に加わり、七五年度から、外国人への適用が実現されることになった。

こうして文部省が管轄する国の奨学金が、初めて外国人生徒に支給されることとなったのである（神戸地区県立学校同和教育研究協議会『日本育英会奨学金を取得するために』Ⅰ・Ⅱ・Ⅲ）が、問題は、経済的な助けを生徒にもたらせただけなら、同化政策と変わるところがない。在日朝鮮人としての自覚を生徒に持たせ、手続きも本名で申請させるのでなければならない。日本人教師の係わりの姿勢が問われたのは、いうまでもなかった。

これと同質の問題は、在日外国人の就職の問題にも見られた。

兵庫県では、おもに阪神間の高校で、一九七三年から在日韓国朝鮮人生徒の、地方公務員への就職が相次いだ。在日外国人を公務員として採用してはいけないという法令は、公認会計士、弁護士、裁判官、警察官、外務公務員を除いてはまったくない。地方公務員法第十六条のいわゆる「欠格条項」にも、国籍の制限はない。国民健康保険と同様に、国籍条項があるものと決めてかかっている日本人側の無知無理解こそ、糾されねばならなかったのである。

門戸の開放に向けた自治体の努力は見るべきものがあり、阪神六市一町が職員採用条件の国籍条項を撤廃し、在日韓国朝鮮人を職員として採用することとなった。しかしそれ以降、在日韓国朝鮮人を職員として受け入れた自治体の側では、労使双方とも無防備のまま、労働組合に加入させたり、メエデエのビラ貼りを振り当てたりするということがあった。また学校現場でも、安易に日本名のままで応募させる高校が続いた。

留意しなければならないのは公権力行使の問題で、人事院事務総長の見解（一九五五年三月十八日付け）が出されており、そこには「在日外国人を地方公務員として採用するにあたっては、公権力の行使または国家意志の形成への参画にたずさわらない」ことが明記されている。日本国はこれを盾に取って、在日朝鮮人の身分保障に制約をかけており、法解釈を国家の側からすれば公権力の行使または国家意志の形成への参画に違反した外国人公務員は、在留資格や退去強制とのからみで、「出入国管理令」に抵触する恐れがある。悪法であっても、この法が施行されている現実は無視できない。学校現場でのこれへの配慮が充分でなければ、生徒が不利益をこうむる事態も予測される。

そのため各校の朝鮮問題研究部の顧問、進路指導の担当教師らが協議し、国籍条項撤廃の取り組みは今後とも行なうけれども、在日韓国朝鮮人生徒を実際に公務員に送り込むのは当面凍結し、事態を見守ることとしたのである（兵庫県進路指導研究会『新しい出立のために』）。善意だけでは在日韓国朝鮮人を守れないことも、肝に銘じなければならなかったのである。

2　就職差別反対闘争に係わる

就職指導から進路保障へ

経済的な理由から定時制高校へ進学した生徒にとって、働くことは必須のことだった。学校への定着率も、就職している生徒の方が高い。しかし好条件の職場はなかなかない。そのため、定時制高校は各校とも、就職斡旋の窓口をおいて、担当教員が職業紹介に勤しんだ。在校生や卒業生が勤務している職場を回り、または縁故を頼るなどして、生徒の求職希望を叶えた。条件がよくなくても、働き口さえあれば、学校としても文句は言えなかった。

しかし一斉に糾弾をうけて以降、このような情況にも変化があらわれる。生徒の要求に応える職場開拓、それも担当教員が一人で請け負うのではなく、全担任が職業安定所（職安）に日参し、定時制高校通学可の求人票を頼りに、生徒を連れて面接に向かう。働き口を決めるのは教員の日常業務となるが、生徒の側に立って進路指導を進めようとすれば、見過ごしにはできない就職差別の事件にも遭遇する。

七〇年代前半は、同和対策事業特別措置法が制定された直後でもあり、労働、教育の両行政とも、就職差別を根絶する態勢はまだよく整備されてはいなかった。事業主の姿勢も旧態依然で、中でも中小零細企業にあっては、差別選考をしないようにという文書や通達が出されても、すぐさま改善されることはなかった。

湊川高校では、七一年（昭和四十六年）の九月から十月にかけて、部落出身生徒二件、在日韓国朝鮮人生徒一件の就職差別事件が、立て続けにおこっている。

――第一印象が悪かった。

と被差別部落出身生徒の採用を断ってきたD運輸会社。また家族構成や親の職業を執拗に聞いた上で、M石油販売所を不採用になった部落出身生徒。学校側の問い合わせに、両社とも差別していないと回答。雪駄を履いて面接に来たから不合格にした、などと言い逃れ、不調理由をさらに追及されると、部落出身の社員がいては取引先によくない印象を持たれるから、これまでも採用していないと認める。また、

――戦後のどさくさに商売の上で被害を受けたので、朝鮮人は嫌いです。

と、在日韓国朝鮮人生徒を不合格にしたと平然と答えて恥じないT薬品卸売店。

この時期、交渉は困難を極めた。上着のボタンを留めず、しかも草履ばきで面接に臨んだことを理由に、不採用となる口実を与えてしまった学校側にも問題があったが、一つ一つの事象を曖昧にせず、学校として責任を持って就職指導に当たることで、差別選考をなくする運動は、少しずつ進展をみたのである。

むろんこれ以前にも就職差別事件はおこっている。一九六二年（昭和三十七年）には、Z薬局が在日朝鮮人生徒を、K穀物取引所が部落出身生徒をそれぞれ不合格とし、部落問題研究部が会社に抗議。社長が来校して謝罪するなどの事件がおきているが、泣き寝入りせずにすんだのは、部落研が機能していたからだった。しかしそれにしても、まだこのころは組織的な就職差別反対闘争を、学校を挙げて取り組むまでには到っていなかった。

定時制高校の就職指導は、このように在校生に対するものがほとんどで、全日制高校が卒業時に進路を決めるのとは違っていた。卒業後も、在学時の就職先にそのまま残るのが大半で、公務員試験を受けるために退職したり、卒業を機に転職する生徒はごく少数だった。高卒者に対する求人も、全日制高校が軒並み千社を超えるのに較べて、定時制高校は五十社にも満たないのがふつうだった。それも勤務地が、通勤可能な神戸市内ではなかったりして、四年間の学業を終えて、生徒たちがやっとの思いで定時制高校を卒業しても、より安定した企業に転職する途は、初手から閉ざされていたのである。

そのためでもあろうか、定時制高校の就職担当者の卒業時の対応も、企業の求める条件を受け入れるだけに比重がおかれていた。兵庫県高等学校定通教育振興会長と兵庫県高等学校職業指導研究会定時制通信制部会長は、毎年二月に連名で「生徒卒業に際して四年間の御愛情を感謝すると共に生徒の将来についてお願い」を発送し、定時制高校卒業者を「高校卒」扱いとするよう、各事業所に要請している。高校を卒業しても、待遇は依然として中学卒のままにおかれていたのが実情だったからだが、これが精一杯のところだったのである。

進路保障は同和教育の総和だと言われるようになり、兵庫県高等学校職業指導研究会も、七四年度から進路指導研究会となるが、それまでの学校側の姿勢は、企業に物言う体質ではなかった。進路指導のあり方が変わってきたのは、七〇年の神戸市、兵庫県の職員採用試験と、七一、二年の国家公務員試験の二つの就職差別反対闘争以後のことである。

湊川高校ではいち早く、七一年十一月に神戸公共職業安定所長あて、定時制高校在校生の求・転職についての要請を行ない、求人情報を各校に提供すること、職業指導への助力を得たいこと、就職差別事件には適切な指導と糾明を早急にはかること、を求めた。その結果、定時制通信制高校生徒の就職を円滑に運ぶための専用の窓口が、七三年度から県下の公共職業安定所に設置されることとなる。

国と自治体と企業の就職差別事件

卒業時の生徒の進路を保障する就職担当教師の取り組みが、県下の各高校現場で組織的に、一斉に開始される中心を担ったのは、兵高教組に結集する教員たちであった。高教組は「就職差別に反対する当面のとりくみについて」の指示を出し、求人票と社用紙の点検活動を始めた。すると同和対策事業特別措置法をうけて、兵庫県も、神戸市も、いずれも民間企業に対して就職差別をしないよう通達を下ろしながら、自らはその責務を欠き、職員採用試験で差別選考していた事実が明らかになったのである。

なお、教員組合が進路保障を預かることにもなったのは、この時点までは、各校とも校務分掌の職業指導係は必ずしも求職生徒の側に立っていたとは言えず、むしろ求人企業の要望を満たす斡旋機関に過ぎなかったからだが、職業指導のこの問題と兵高教組の動きについては、章を改めて後述する。

さて七〇年度の地方公務員試験で、県と市の両人事委員会はいずれも、作文や面接で親の生活背景を聞き出し、しかも興信所をつかって身許調査するなど、本籍地や家族状況を調べた上で、多数の部落出身生徒、父子または母子家庭生徒、身体障害者生徒を不採用とした。そうした行政の姿勢が、兵高教組や部落解放同盟神戸市協議会などと連携した各校の就職担当教師たちによって糾弾され、その差別性が次々と明らかにされた。そして改めて選考し直した結果、不合格が取り消される決定が下されたのである。

兵高教組は七一年も、前年度に引き続いて各分会に指示し、社用紙への記入は拒否し、近畿高等学校進路指導連絡協議会所定用紙（近畿統一用紙）を使用する場合でも、調査書の成績記入欄は履修単位のみとし、行動性格欄も文章表記とする（これを兵庫県版と呼んだ）よう求めた。しかし国家公務員試験で、人事院近畿事務局が戸籍謄本の提出を求め、提出がない場合は合格を無効とする通知を出していたのである。兵高教組、部落解放同盟、各校就職担当教員などによる共闘会議が直ちに組織され、交渉の結果、面接用紙の職業、家庭欄は削除する、作文の題は検討し直し、差別にならないようにする、身元調査はやめる方向で検討する、本籍地は府県名までにとどめ、謄本は受験生が持参して生年月日や国籍の確認だけにすると回答し、細部は継続協議していくことになった。

湊川高校がようやく公務員試験に受験者を送りだし、全日制高校と同一線上に並ぶこととなったのは、七二年の国家公務員試験においてだった。部落出身の女生徒Hが一次合格すると、必要書類として戸籍謄本の提出を求められた。Hはそれまでに部落研活動で、謄本が就職差別に利用されてきた経緯を学習していたので、不合格になっても提出しないと決意。湊川高校の教職員も、人事院が七一年度糾弾されたことを反故にするのは認められないとして、十割動員で交渉に臨んだ。

　この過程で、尼崎工業高校の受験生徒もHに応じ、共闘する態勢が作られ、最終的に、人事院が国の採用規程を改め、謄本を取らない決定を下した。就職応募書類もこののち改善され、市販の履歴書も、本籍欄を府県名までとするなどの改定がなされた。またこれまで、就職が内定したあとに企業が戸籍謄本を提出させたり、ひそかに身許調査を実施することがあったが、内定後提出書類についても、就職差別をなくするのと同じ趣旨で書式も含めて改善することとなった。

　湊川高校は一年生入学生徒で未就職者については、担任が職安を通じて就職させるのが通例だが、七三年度に入学した生徒Aの場合、神戸中央信用組合に就職が内定し、ほっとしたのも束の間、入社するまでに戸籍謄本のほか、保証人二名の、それも印鑑証明書を添付した内定後書類の提出を求められた。提出書類は、ほかに就職申込書、誓約書、身元保証書、保証人調書、従業員家族状況調で、思想信条はおろか、家の畳数、資産状況、自宅付近の略図にいたるまで、その一切を記入しなければならない。その上、提出書類記載事実と相違する事実が判明したり、上司の命令に背いた場合は即刻解雇されても異存のないことを、連帯保証人ともども誓約させられる内容となっていた。

　湊川高校の抗議で判ったのは、金融機関が特に念入りに身許を調べている事実だった。現金を扱っているので、従業員が使い込みをした場合に備えているというのである。労使対等の原則に違反する、このような企業を放置してきた労働行政に対する闘いが直ちに組まれ、その結果、この年の八月一日、神戸、灘、明石の各公共職業安定所長と神戸東、西の各労働基準監督署長の連名で各事業主にあて、差別的な旧書式の社用紙を廃止し、以後、各企業の提出書類は就職承諾書、労働契約書、従業員調書、身元保証書の四通とせよとし、書式も提示した。

　採用時、ないしは就職内定後の書類の改善を求めた事業所は、神戸中央信用組合のほかにも、溝田旗工業、全日本検数協会など、多数にのぼった。このように、就職差別撤廃の動きに湊川高校が果たした役割は少なくなかった。

3　通就学保障闘争の展開

定時制通学可の虚偽を問う

学校行事に定時制高校生徒が参加する場合、企業がこれを保障しなければならないことは、一九七〇年（昭和四十五年）に制定された「勤労青少年福祉法」で定められている。しかしこの法が生かされたことはほとんどなかった。

七〇年代の初めごろまでの生徒は、定時制高校に通学していることを職場に隠している者が少なくなかった。――夜間高校に通っていることが知れると辞めさせられるので、職場訪問しないでほしい。

として電話連絡も拒んだ。また文化祭や体育祭、卒業式などのように、日曜日に学校行事があって、勤務と重なっている場合は、出勤証明書を職場に発行してもらって、出席扱い（公認欠席。公欠という）にするのがふつうだった。しかしこれも、この法の趣旨からいえば、学校行事に生徒を参加させるのが本来のはずだから、通学保障の考え方からは大きく逸れていたというしかなかった。

七一年十月、旧国鉄のいわゆるマル生運動が始まった。六九年から七一年にかけて国鉄当局が推進した生産性向上運動で、昇給昇格などの手段で国労、動労組合員に対する脱退工作をはかったものだが、不当労働行為と認定されて運動は中止された。しかし湊川高校でも、鷹取駅構内保線区に勤務する生徒が、通学距離が遠くなる東灘区の踏切警手として配置転換を命じられたので、生徒を元の職場に復帰させるよう取り組み、その過程で、「勤労青少年の高等学校就学の機会の保障について」という県教育長通達を各企業向けに出させるなどした。これがのちに県労働部労働福祉課長、県教委学校教育課長や阪神間の各公共職業安定所長、労働基準監督署長などが連名で「定時制、通信制高等学校生徒の通学保障――とくに学校行事への参加について」（七五年度からは、県労働部長、県教育長名に変更）の文書を毎年出す動きに繋がるが、しかしこの段階ではまだ教育問題に限定され、県教委を引き込んだに過ぎなかった。

ところで、先に見た就職差別反対闘争は、当然のことながら、通就学保障闘争に引き継がれていく。生徒が定時制高校に入学し、就職ができても、通学条件が整っていなければ、途中で学業が続けられないようにもなる。

進路保障の課題は、仕事に就けるだけにはとどまらない。就職後の通学条件を整備し、生徒が安心して学校生活が送れるよう、労働条件を改善していくまで、領域を拡げねばならない。

長田区のゴム会社、神戸繊化工業に勤務する女工生徒が、七三年四月、湊川高校に入学してきた。女工生徒は二人で、うちYは二級の身体障害者（ただし通就学保障の取り組みをするまでは、手帳すら交付されてはいなかった）であり、もう一人のHは両親の顔も知らずに育った天涯孤独の生徒だった。しかし入学そうそう、

――高校に行くのは勝手やけど、会社は一切責任をとらない。

と社長から言い渡された。さらに詳しく聴き取りをすると、通学するためには午後四時半に仕事を終えねばならないが、すると一時間分の賃金カットをされるというのである。学校が終わって寮に帰ると、すでに湯が流されていて風呂に入れない。そのため寮から遠い銭湯に行かねばならないが、Yにとって、障害の体をさらして銭湯に通わなければならない辛さは、想像を絶する。その上、食事は冷たくなっていて食べられない。給料は安く、日曜祭日まで働かされるのでは、四年間通学するのは無理かも知れないという。

そこで、このような生活条件を背負ってきた生徒を、無権利の状態におくことで営利を貪ってきた企業の責任は重大だとして、神戸公共職業安定所と神戸西労働基準監督署がすぐに適切な行政指導をするよう、要請することにした。その結果、求人票を「定時制高校通学可」としながら、就業規則は前近代的な労働条件がまかり通っていて、労働実態も、あまりにも苛酷だという事実が点検された。また直接交渉も行ない、賃金カットはしない、通学条件ならびに寮設備を改善し、風呂も改造する、「身体障害者手帳」の交付申請もし、就業規則も改正する、等々の回答を取りつけた。

このことは、担任が生徒の劣悪な通学条件を聴き捨てにしないで、通学保障をはかっていくことがいかに重要であるかを明らかにしたし、神戸繊化工業に対する就学保障のこの取り組みは、県下の定時制通信制高校生の通就学保障の先鞭をつけ、こののち、看護婦（現看護師）生徒、紡績女工生徒の通学保障をめぐる闘いが、一斉に展開されることとなった。

看護婦生徒の通学保障を求める

看護婦生徒の通学保障の取り組みも、湊川高校から始まった。

そもそもの発端は、七二年度の進級判定会議だった。その席上、三木市民病院に勤務する看護婦生徒の欠席時間数が、他の生徒と較べて極端に多く、その原因が苛酷な病院勤務に由来することが判ったのである。三木市から一時間以上も電車に乗らねばならない遠距離の通学に加え、夜勤回数が多く、登校したくてもできない。当直しても代休がないばかりか、年次休暇、生理休暇さえ取れない実情で、学校が終わって寮に帰ると消灯時間にかかっており、ロオソクを灯して風呂に入らねばならない。そうしないと病棟に灯が漏れて、患者に怒られるというのである。

また准看学校に通学するため、病院から奨学金が支給されていたが、これが前借金制度となっていて、卒業後は、奨学金を受給していた年数の倍以上を働かなければ、返済を迫られる。このようなお礼奉公を強要されることといい、まさに前近代的な労使関係のもとに苛酷な労働条件が押しつけられていた。しかも一言半句の不満も表明できない仕組みがまかり通っていたのである。

三木市民病院には七三年九月三日、校長ならびに教職員一同の名で要請状を提出し、九月十八日、十月六日の二度にわたって病院長から回答があり、生徒が安心して学業と勤務を両立できる条件が示された。協議は学校、病院の双方と、三木市公平委員会、高砂労働基準監督署、明石公共職業安定所の五者で行われた。これを契機に、看護労働者として生徒が自立していく道筋も明確にされ、准看から高看に進む生徒も急激に増えていった。

看護婦生徒の通学保障の問題は、しかしこれだけにとどまらなかった。七四年五月、高等看護学校受験をめぐって、入学を阻むまた新たな問題が生じたのである。

社会保険神戸中央病院に勤務する部落出身の看護婦生徒Hが、京都府の高等看護学院を受験し、不合格となった。理由の一つが、「最終就業施設長の発行する身上調査」十五項目のうち、明朗、社交性、判断力、協力性、責任感が「普通」、正直、勤勉、忍耐、礼儀、親切、謙虚、安定感、寛容性、独立性、指導能力は「やや劣っているもの」に○印がつけられており、人物総評は「上司に対する態度と後輩に対する態度の差が甚だしい」と記載されていたためだった。これらの項目は、七〇年の兵庫県、神戸市両人事委員会の就職差別事件で糾弾され、文章表記とする「統一用紙」兵庫県版が作成されたばかりであり、部落出身生徒にとって、戸籍謄本同様の身許調査であることが指摘されていたものだ。

このころには、各校が連絡協議しながら進路指導を行う態勢ができあがっていた。定時制各校の進路指導部は、兵庫県高等学校職業（のち進路）指導研究会定通部神戸支部、神戸地区県立学校同和教育研究協議会と連携して生徒の就職差別、進路指導の諸問題にあたり、労働条件の劣悪な事業所には、職安、労基、兵庫県労働部等による公開行政指導方式で、改善が進められた。

Ｈの場合も公開行政指導が行われ、部落差別事件として取り組むことが確認された。以後、糾弾会として部落解放同盟兵庫県連と共闘して進められ、通学条件、就労条件とも大幅に改善されることになる。

この年、湊川高校では五名の生徒が高等看護学校に進学した。Ｈも社会保険神戸中央病院付属の高等看護学院を受験、合格したが、「入学諾否書」と「誓約書」を提出するほか、入学金一万五千円を期日までに納入しなければ、合格を取り消すと通知されていた。誓約書は、先に問題となった就職内定後の書類と同様の文面だが、看護学校の諸規則を示さずに生徒に誓約書を書かせるのは、さらに問題があると指摘すると、入学手続きの締め切り前日に「学則」を届けてきた。しかしそれを見ると、授業料、入学金のほか、施設負担金を年額八万円（定時制三年課程のため、卒業までだと合計二十四万円）を毎年四月末までに支払わねばならないことになっていたのである。

施設負担金とは、社会保険神戸中央病院が付属の高看を設置する際、国庫負担金を申請したけれども、下付されなかったので、不足分を生徒から徴収するというもので、本来は、これも生徒から徴収する性格のものではない。しかし生徒が病院の委託生になることを承認すれば、病院が全額を支払い、生徒からの徴収は免除される決まりになっている。負担はないように見えるが、看護学校卒業後、一年間のお礼奉公が義務づけられている。これが問題とされたのである。

さらにまた高看在学中は病院を休職扱いとなるので無給となり、臨時職員（アルバイト）として月十五日以上働かなければならない。年休や生理休暇を取ることもできない。そればかりか、アルバイト勤務中に仮に処置を過っても労災適用とはならない仕組みになっている。ほかにも、公営私鉄とも通学定期券を発行しない規則を有していたため、行政指導はさらに続けられた。

しかしこの二つの病院だけが看護婦生徒の通学保障に無理解なのではなかった。神戸市内だけを見ても、神戸大学医学部附属病院、神戸市立中央市民病院などの公立病院のほか、私立海星病院、甲南病院、川崎病院、神鋼病院など、ほとんどの病院が行政指導の対象となり、いずれも生徒の側に立った交渉が行われ、条件整備は大いに進んだ。

　ところが看護婦生徒のこれら通就学保障闘争に対し、部落解放同盟朝田派が病院に不当介入したとする誹謗中傷記事を、日本共産党が『赤旗』に掲載し、公開行政指導をやめるよう論陣を張るという事態が、突然おこったのである。定時制高校生の通学条件、労働条件を整備する活動はこれ以降、共産党や教員組合からの妨害と闘わなければならないという、思わぬ展開を余儀なくされるが、この経緯については、兵高教組の変節の問題ともあわせて、章をあらためて述べることにしたい。

闘いは神戸、阪神間の定通高校を横断

　看護婦生徒の通学保障と同時にグンゼ、東洋紡など、紡績女工生徒の通学保障も、次つぎ取り組まれた。紡績工場は播州（ばんしゅう）、但馬（たじま）地方など、県下各地に散らばっており、しかも二交替、三交替などが常態の昼夜勤のため、生徒は通信制の青雲高校に集中。闘いは神戸、阪神地区の定時制、通信制高校（以下、定通高校）を横断し、公開行政指導方式によって、これも強力に進められた（兵庫県進路指導研究会定時制通信制部会編『娘たちは峠を越えたのか』）。定通進指研が取り組んだ件数は限りないが、ここでは、そのうち湊川の生徒がからんだ兵庫県庁臨時職員、神戸新聞社アルバイト職員に対するもののみ、見ておく。

　兵庫県文書課は、定時制高校の生徒を臨時職員として採用し、庁舎内の郵便物を各課に集配する業務を行わせていたが、在学中の雇用が前提で、卒業すれば辞めねばならないその形態が、「ぼろ雑巾」扱いでしかないとして問題視された。というのも、県は、定通高校生徒の雇用と身分の安定をはかるように、と各事業所には要望しながら、自らが出した通知通達に違反していた欺瞞が指摘されたのだった。

　神戸新聞社のアルバイト生の場合は、雇用条件がさらに厳しく、二か月ごとに契約更新が行われ、勤務成績が不良であれば予告なしに解雇できる決まりになっていた。問題が浮上したのは七五年、生徒Fが出勤途中に交通事故に遭遇し、三か月の自宅療養ののち職場復帰を求めたところ、解雇を言い渡されたためだった。交渉は難航したが、阪神間の定時制高校でも同様の訴えがあり、定通進指研としてもこれを取り上げ、職安、労基とも連携して待遇改善がなされた。

またＮＨＫ長期臨時職員雇用制度も、兵庫県や新聞社と同様の公的な機関であり、労働条件も、むしろ他社の見本にならねばならないはずだのに、就労実態はむしろ厳しく、責任のなさが浮き彫りにされた。ＮＨＫには湊川の生徒は勤務していなかったが、阪神地区の定時制高校が報告するところによれば、教育番組として自ら通信制高校教育講座を持ちながら、局内で働いている定時制生徒の就労実態については、関知していない無責任ぶりが指摘された。三者とも、卒業時に本採用を希望すれば登用する道を開いてはいたが、建て前であり、全日制高校生にまじって、生徒が採用試験に合格する事例はほとんどなかった。

そのほか、湊川高校で取り組んだものに、修学旅行参加に関してのものがある。一つは費用の全額県費負担を求めたもので、もう一つは生徒が勤務している事業所が、期間中を特別有給休暇扱いとするよう求めたものだった。全額県費負担はかなわなかったが、バス代十五万円を補助して生徒の負担を軽減する措置がとられたし、修学旅行参加期間を欠勤扱いにしない回答も、生徒が勤務しているほとんどの事業所から得た。

なおこの期間、全日制高校では就職差別反対の闘いが、全県下で一斉に取り組まれたことも力になった。

4　卒業と、進学と

神戸市外大二部推薦入学制度をめぐって

湊川高校の進路指導は、これまで見てきたように、生徒が中途で学校生活を断念することがないよう、学校が最大限の努力をすることであり、したがって進学指導よりも自ずと、就職指導に重きが置かれた。

他の定時制高校と同じく、湊川高校も進学指導に熱心だったし、大学進学のための補習も、四年生になれば実施してきたが、六九年のいっせい糾弾以降は、それを取りやめ、学力のついていない生徒に焦点を当てることにした。したがって担任団は、大学へ行きたいという生徒にはなぜ大学へ行くのか、行って何を勉強したいのか、の問答に多くの時間を割くようにもなったので、生徒の中には、逆差別ではないのかと息巻く者もいた。このころ、大学闘争がおこっていたことも影響し、大学とは何か、についても議論した。部落出身生徒が大学を卒業すれば、その多くが出身を隠し、いわゆる丑松になっている現実や、そうしなければ生きられない日本について問い続けた。

湊川に進学予備校のような期待をしている生徒には、自分の力で大学へ行くか、または進学率の高い他の定時制高校への転校を薦めることもあった。目的の定まっていない進学希望者には夜学に進むよう勧めた。あるいは各種専門学校や職業訓練校の紹介につとめた。そのため、大学進学者は減少したが、進学への考え方がしっかりしている生徒には、逆に支援を惜しまなかった。

一方、生徒の就職差別に反対する運動や、通学保障の取り組みが進むと、企業に要請した内容を、大学にも突き付ける必要に迫られる。大学が本籍地の記入を求めたり、戸籍謄抄本の提出を強要したりして、進学応募書類改善の問題が置き去りにされたためである。その過程で浮上したのが、大学推薦入学制度の問題だった。

神戸市外国語大学は定時制、通信制高校生徒のために、一九七〇年度から二部（夜間部）推薦入学制度を設けていた。要項によると、この制度は大学二部が「勤労学生のために設けられているという趣旨に鑑み、また従来の入学選抜学力試験で働きながら勉学に励んでいる定時制高校生は、ほとんど合格しないという実態を考慮して」設置することにしたとする成り立ちを持っていた。しかし一校一名の枠が設けられており、複数受験はできなかった。

ところが湊川高校では七三年、この制度にふさわしい生徒として男子生徒ともう一人、人事院就職差別事件を闘った部落出身生徒Kの二名を推薦することになり、二名出願を認めるよう、大学に要請することになった。神戸市外大入試委員会は初め、枠を守ることに固執したが、交渉の結果、一校二名入学を決定し、Kも入学が受け入れられた。しかしこれは入学が可能となることではあっても、その後の学習援助がなされなければ、授業についていくことがかなわず、結果的に中途退学するしかない。

果たして入学直後、教学体制の欠陥があらわになった。英語講読担当の非常勤講師の対応が特にひどく、一方的で、しかも学生が解らなくても次つぎ進めた。抗議しても無視。五月末には、今度は別の社会学教授が差別発言し、続いて学生会館差別落書き事件がおこった。事態を重く見た湊川高校は、各校の同和教育、進路指導教員とも協議し、部落解放同盟兵庫県連とともに事実確認会、糾弾会にのぞんだ。すると教授会は突如、推薦入学制度を七六年度から廃止すると決定し、その旨を各高校長あて通知してきたのである。

これには湊川高校だけでなく、県下各校、さらには県神戸同教や県進路指導研究会定通部からも抗議が次つぎ寄せられ、大学側との協議もなされたが、制度廃止の方向は撤回されなかった。

神戸市外大が推薦入学を廃止したのは、六月二十五日の教授会（六十二人）で賛成三十一、反対十七、保留四で、「理由は明らかにされていないが、『推薦入学者は英語の学力が劣る』『この制度は一部の人に特典を与えるもの』『選抜権は大学の自治権に属するものなのに、高校側に譲り渡す形になっていた。自主的決定権を尊重したい』という意見があったという」（『朝日新聞』一九七五年八月三十一日付け）。ここでも部落解放同盟などの、外部の圧力から大学を守る、とする政治的な主潮が多数を占めた。

推薦入学の制度が実態といかに食い違っていたかについて、湊川高校の抗議文によってこれを見ると、七〇年度入学の計九名のうち、卒業した者は二名であり、七一年度以降も大半の学生が退学を余儀なくされている。しかも英語の成績が一科目でも基準に達しない場合は留年とし、その上さらに七四年度末には、原級留置となった学生に学業継続の有無を問う照会を、休退学願いの書類を同封して送付。期日までに回答がない場合は除籍処分とするもので、大学の意図は、退学勧奨以外の何物でもなかった。

Kは生活保護を受給しながら小学校時代を過ごした。教師から「ハンコの子」と呼ばれて絵の具や運動靴を貰った。嬉しかったが変な眼で見られるのが恥ずかしかった。湊川高校に入学して、部落研で自分の生い立ちをたどりながら、仕事は公務員になること、「もう一つ考えている事は、夜の大学へ行って、先生になりたいという事です」（『あらかべ』第二十一号）と語っている。その夢を一片の通知によって砕くのは容認できない。Kは大学に部落研（準備会）をつくって、自分と同じ立場、仲間がいればともに闘おうと決意する。

学力の不足を補うために、七四年度から中岡哲郎や小川正己など、有志の教授が「英語を基礎から学びなおす自主講座」を学内で始めたが、動きはそれまでだった。

推薦入学は神戸大学でも七三年度から行われており、

湊川高校からも七四年、部落出身生徒が校内で推薦されて受験したが、不合格となった。理由を開示すべく、学校長名で要請したが、テスト点が基準に達していないとする、通り一遍の回答が寄せられただけであった。これによっても推薦入学制度が、全国的な拡がりを見せた大学闘争をかわす便法でしかなかったことは明らかだった。定時制高校生の進学保障は、これをやりとげることはできなかった。

湊川を卒業するということは

Ｋは神戸市外大で授業の改善を要求し、闘っていく中で、湊川高校時代に、解る授業をしてほしいと訴えていた生徒が自分のクラスにいたことが呼び覚まされる。さらには被差別部落には字の読めない人がいて、あろうことか、自分までもが「字の読めない母をばかにしてきたこと」、「それを何かの形でかならずかえしていかないかんと思」い、「教師になって湊川高校にもどる」決意をしていくのである（『神戸外大二部部落研通信』創刊号）。自分さえ勉強ができればよいというのではなかった。

湊川を卒業するということはどういうことか、が卒業時に各人に問われた。定時制高校、それも湊川高校を卒業するとは何か、どういう意味があるのか、がホオムルウムの重要な討議の柱にされた。毎学期の定期考査は、三学期は学年末考査として、一年間の総括をした上で進級判定会議が行われたが、四学年の場合は卒業考査として、特別の意味が持たせられた。したがって基準も厳しかった。教科担当も、湊川で教えたいと思ったことは何かを、学年団とも協議し、検討した上で出題した。生徒が真に湊川を卒業したといえるか、を判定する考査問題を準備した。四学年全体がこれらの課題を克服するために追い込みをかけ、卒業式まで駆け抜けた。

定時制高校を卒業するのは、全日制高校生が学業を終えることとは重みが違う。昼働きながら夜学を終えるのは、並大抵ではない。中には四年間で卒業できず、五年なり六年なりの年数をかけて、卒業に必要な単位を修得し、卒業する者もいたが、湊川ではさらにその上に、生徒が自分の力で卒業を勝ち取ったかが問われた。五月卒業を命じた年度もあった。お情けで卒業させるということもなかった。

このような中にあって、湊川では卒業学年に係わりのあった教師による卒業記念授業を、式までの数日中に実施するのが恒例となった。生徒にこれだけはといえる何を伝えたいか、卒業後もこれだけは大事にして今後の人生を送ってほしいという事柄を、各教員が吟味し、教科の枠組みも外して、最後の授業として学校行事に載せたのも湊川の作風となった。管理職も、教壇に立った。こうして、ふだんは卒業学年の授業に縁のなかった教師も餞の言葉を、卒業授業の形で贈るのである。

湊川で何を学んだか、卒業後どのように生きていくかの決意、等々を卒業ホオムルウムで話し合う学年もあったし、卒業文集にまとめた学年もあった。そしてこれら一連の動きの締めくくりが、答辞に結晶した。四学年全員の声としてまとめて答辞を完成させた年もあった。答辞はしたがって、成績優秀者が読むとは限らない。湊川に入学してもっとも成長した、と全員が認める生徒が答辞を読む年もあった。代表一名に絞り切れず、数名が読んだ年もあった。

湊川高校の卒業式はだから毎年、厳粛に行われた。ふだんの学校がにぎやかで、授業中の私語が絶えないような年でも、校内生活体験発表大会で他の生徒の体験が話される時は、生徒はみんな静かに聴いた。卒業式もこれと同じ光景が見られた。卒業生が「仰げば尊し」を歌うのも、「落第生教室」以来の伝統で、

――気恥ずかしいから、歌わんでほしい。

と教員間から訴えもしたが、この歌は自分たちの正直な気持ちを表わしているので歌わせてほしい、と卒業生の側から逆に申し出があり、この式次第はその後も、数年にわたって続けられた。

不思議なもので、やんちゃの仕放題で教師を困らせてきた毎日であったのに、卒業式の挨拶と、涙で、すべて帳消しになってしまう。担任団の苦労も吹っ飛んでしまう。卒業式のこの時があったから、湊川高校は潰れずに残ったといえるかも知れなかった。そして再びまた新しい年度を迎える。新手が入って来るのである。

5　入学の門戸を広く開く

湊川は最後の学校

六〇年代までは、働きながら学ぶ感心な生徒、勤労生徒の心象が、定時制高校をくるんでいた。中学時代、勉強はよくできたが、経済的な理由で就職しなければならなかった、いわゆる半労半学の生徒が大半で、湊川高校でも卒業後、大学に進学する者は少なくなかった。

七〇年度に入ると、これまで高等学校とは無縁だった生徒の入学が、しだいに増える。高校進学率が上昇し、全日制志望者が急増する中で、取り残された生徒が定時制高校を目指すようになる。

三次募集で入学した生徒の様子は、前にふれた。これらの生徒たちの学力面の遅れを取り戻す授業の試みについても、前に述べた。また同和教育や障害児教育に携わってきた中学校教員の進路保障の取り組みも相俟って、知恵遅れといわれたり、遅進児、虚弱児と称される生徒の定時制高校への入学が始まる。身体障害者生徒の入学件数も高まり、湊川高校では、聾者の受け入れも始まったが、このことについては後でふれる。

後期中等教育の機会を保障するという課題が、ようやくここまで来たともいえるが、これを別の見方をするなら、入試の点数が基準に達していなければ、湊川といえども彼らを受け入れて来なかったことを物語っている。

いっとき、

――湊川は、零点でも入れる学校。

という心得違いの風説が出回ったことがあった。生徒の可能性を入学の判断材料にすることが、低い次元で受け取られたものともいえよう。さらにまた、

――湊川は、がらの悪い学校。

とよく言われた。確かに事件も毎日のようにおこり、生徒指導は困難を極めた。入学後の数日は、揉め事が絶えない。神戸市内の各中学校で、一、二といわれた問題生徒の入学も拒まなかったため、入学式の当日から鞘当てが始まることも珍しくなかった。

また、従来にもまして転編入生の入学を認めるようになったことも、この時期のあらわれであった。転編入考査は、第一次、第二次入試が行われる三月末、または四月初めに実施されるが、湊川高校はそれ以外にも随時行なった。受験希望があると、定員に余裕があれば教務部が事務的な調整を進め、英語、数学、国語の三教科の筆記試験を実施する。これに、担当学年団による面接結果をあわせて合否が職員にはかられるが、大方は、持ち回りの主任会で承認されて入学が許可される手順で、翌日の連絡会で報告された。転編入生はもともと、いずれかの高校に入学が認められた生徒でもあるので、高校入学程度の学力を有していると見なされた。

さまざまな事情を抱えて、やっとのことで湊川高校にたどり着いた生徒にとって、

――湊川は最後の学校。

という見方がなされるようになったのも、このころからであった。他校に転出したいといっても、受け入れる高校はない。大学や各種専門学校に進学する者もほとんどなく、その意味でも湊川高校が最終学歴校となるからだった。

こうして、実社会に出ても恥ずかしくない人間として社会に送り出すことに、しだいに湊川高校の目標がおかれるようになる。入学時よりも、卒業する時に厳しい条件がつけられた。成績や出席時数もさることながら、正しい部落認識を身につけたか、韓国朝鮮問題への理解が充分であるか、が卒業要件とされたりもした。

年配者の入学

これら年若い生徒に対し、年配者の入学も始まるが、年配者にとっても、湊川が最後の学校となるのは、同じ事情であった。

年配者の入学理由はさまざまだ。中卒のままでは昇任昇給から除外され、不利だという人。高卒の資格がないと、検定試験や大学、専門学校入学の受験ができないという人。生活がようやく安定し、長年の夢だった勉強のできるゆとりが持てるようになったという人。夜間中学校を卒業してさらに勉学を続けたいが、高校進学を希望しても全日制高校は受け入れない。そこで定時制高校がその門戸を開き、湊川高校が最初の受け入れ校となった。

神戸市内には、一九六四年（昭和三十九年）開校の丸山中学校西野分校と、七六年（昭和五十一年）開校の兵庫中学校北分校の、二校の夜間中学校がある。七六年には県下にもう一校、尼崎市立城内（現成良）中学校琴城分校が開校されているが、湊川高校は神戸市立のこの二校の卒業生がほとんどである。西野分校からの入学が本格的になるのは七五年（昭和五十年）ころのことで、老齢、罹病のため、中には卒業を目前に亡くなった人もいるが、勉学には熱心で、ほとんどが卒業した。

年配者の中では、在日のハルモニ生徒がもっとも多かった。やむなく日本に来なければならなかった生い立ち。その上、戦後も祖国に帰ることができなかった。日本と朝鮮、いずれの国の文字の読み書きも自由ではなかったということは、生きるのが苛酷であったことを告げている。「美しい国」などでは決してなかったこの非情な国、日本で、やがては生涯を終えることになるであろう部落や、在日の高齢者生徒が、辛苦の絶えなかった一度きりの人生の中で、何か一つでも夢を見て死ねるようでありたい。湊川高校に入学する年配者には、このような思いが込められている。年配者の願いは直接には、新聞が読みたい、手紙が書けるようになりたい、というものだが、文字の獲得だけではない。若い日に学校へ行けなかった悔しさを弾き飛ばし、青春を生き直そうとする思いが強い。

七六年に入学した靴加工業の林英吉（イムヨンギル）が、丸山中学校西野分校時代に書いた作文「おれ　学校にいってもうかった」がある。その一部。

……おれは植木なんかも、かわいさあるとか、花のかわいさあるとか、そういうこと、学校へ来るまで、思ったことない。花なんか興味もったことない。植木なんか、こんなもん邪魔になるから、けとばしたらええ、けとばしてしまえいうて、けとばしてしもうたことも、なんぼでもある。それが、やっぱりそういうこと習うたから、今やったら、愛情いうのか、これはおしべあって、めしべあって、どういうふうになってる。これも生き物や。そういうことがわかってきて、愛情が、できてきたということやね。

（全国解放教育研究会編『にんげん』解放学校用）

文字を学ぶことによって、林英吉はこれまで見えていなかったものが見えてきたという。花の不思議、生命の大切さを学び、生き物への愛情が生まれてくる。また同時に在日韓国朝鮮人としての自分を取り戻していく。

湊川高校には暴れん坊の若い生徒も多く、静かに授業が受けられないといって揉め事がおこったりもするが、年配者の生活体験を聴く機会を重ねていくうちに、年配者に気兼ねをしたり、両者が手助けをしあう関係も作られていく。

——湊川は、僕たちをまともに扱ってくれた。

という年若い出身生徒の言葉は、年配生徒の、

——湊川は自分が出せる所。隠さなくてもよい。何でも話せるし、安心できる学校や。

という発言と通ずる。中学校時代、不登校または登校拒否を貫いた生徒の入学がこののち増えるが、これらの生徒が一日も休まず通学し、卒業していく支えになったのも、年配者だった。

聾者の受け入れ

養護学校義務化の問題が浮上し、障害児教育に携わる教師や当該児童生徒の親、関係者たちから、障害児を普

通校へ、という運動が始まる。いわゆる障害児と、いわゆる健常児が、共に学ぶ機会を保障すべきだとする教育要求は、障害児生徒を障害児学校にのみ閉じ込めておくのは、教育の自由に対する侵害だとする考えに裏打ちされていた。解放教育関係者もこれらの動きに敏感で、七〇年代をつうじて、障害児教育に係わる教育実践者との交流が強化されていった。

湊川高校の障害者受け入れについては前に述べたとおりだが、聾生徒が初めて入学したのは、七四年（昭和四十九年）のことだった。

神戸聾学校の生徒が普通校で学びたいという要求を持ち、その願いを受けとめた教員が湊川高校に働きかけたことが始まりだ。湊川の教師集団は、受け入れに反対はしないが、その時期をめぐって二者が相反した。一つは、理念として反対する理由はないのだから、直ちに受け入れるべきだというもので、もう一つは、受け入れたとしても、どのように指導すればよいか不安だし、第一、手話を使える教師もいない。慎重を期すべきだというものだった。耳の聞こえる生徒が大半の湊川で、聾生徒を置き去りにした授業が進行すれば、差別に荷担することとなる。また聾者のために聾学校があるのであって、専門家でもない普通校の教員が耳の聞こえない生徒を教えられるというのは傲慢だ、とする意見もないではなかった。

何ごとかを決める時、湊川では議論を尽くし、全教職員が意見の一致を見た上で動くというのが、一斉糾弾以降の経験則だった。反対者が一人でもいた場合、教育実践はそこからほころびが生じる。しかし入学許可については、学年初めに結論を出さねばならず、猶予はできない。そのため、当の聾学校の教師との率直な意見交換をした上で結論を出すことになり、湊川の全教員が午前中から神戸聾学校へ赴き、一室を借りて職員会議を開くことになった。湊川高校にとっても前例のなかったことなので、不安が解消されたとは言い難かったが、最終的には西田秀秋の、

――何ごともやってみなければ始まらない。問題がすべて解決されるのを待ってから始めるというのは、しないことと同じだ。まずは取り組み、最善の努力をしても自分たちには力がなかったということになれば、その時点で敗北を認めればよいではないか。

という意見に促されるようにして、神戸聾学校高等科卒の二十歳の女子生徒Yの受け入れが決まり、四月から三年生に編入することになったのである。むろんそうは

いっても、失敗の許されることではなく、受け入れた以上、係わりきる決意表明を一人ひとりがしたのはいうまでもない。Yは言語機能障害があったが、教師が口を大きく開けて発音すれば理解できたので、授業も比較的順調な滑り出しを見た。しかし初めての試みで、教師の側でも要領が分からない。補聴器を学校が購入し、それを生徒に貸し与えるという形での試行錯誤が始まった。また神戸聾学校から、補助教員として松尾泰蔵らが湊川の授業に付き添い、手話通訳し、助言した。

翌七五年五月には全聾に近い女子生徒Hが入学する。YやHの担任の努力もあって、手話研究部（以下、手話研）が初め同好会として出発し、のち八〇年に部に昇格。生徒相互の繋がりの大切さが追究され、手話研は以後、聾生徒の入学がなくなったあとも、手話教室を開講するなど、自主活動の一端を担い続けた。

聾生徒に顔を向けて口を大きく開けて授業したり、教材プリントをこなれた書き方にし、平易な語句を使用、字も大きく丁寧に板書するなど、さまざま心がけたが、これらの経験はのちに難聴の年配者を受け入れる際、抵抗を和らげる効果もあった。

しかし聾生徒が湊川に入学し、積極的な交流が続けられたのは、八〇年代の中頃までのことであり、松尾泰蔵の定年退職にともなって途絶えた。湊川高校への繋がりを解消しようとする勢力が神戸聾学校の多数派をしめるようになったことが、直接の理由だった。

湊川高校が聾者の受け入れを始めた頃は、障害児を普通校へという心地よい主張を掲げ、熱心だった活動家教員たちも、いつの間にか後方に下がってしまい、かわって実質の労を取り続けた松尾が孤立させられていった。活動家たちと一線を画していた松尾は聾者の近くにいつもいて、生徒が途中で挫折しないように最後まで面倒を見てきた。したがって松尾泰蔵の存在を抜きには、聾生徒が次つぎと湊川高校へ送り出されてくることはなかったし、松尾の退職と同時にこの取り組みが続けられなくなったのも、故のないことではなかった。

手話研究部の活動

松尾泰蔵は聾教育ひとすじ、頑固に聾者に寄り添ってきた、数少ない職人肌の教師だった。湊川との懸け橋になって、生徒を励まし、鍛え続けた功績は筆舌に尽くしがたいものがあるが、ここでは松尾が、聾である生き方について述べたその一部を取り出しておきたい。

聾である生き方というのは、自分が聾であることをはっきりみんなに分かってもらって、その上で生きてゆく生き方、そういうものではないかと思います。聾者としての生き方は、聞える人間をまねることではない。日本人が、英語を幾らしゃべってみても、それは外国人をまねるだけであって、日本人を消すことはできません。部落出身の子がきれいな言葉を使って地下の言葉を隠しても、自分が部落民であることは消すことはできません。逆に自分の立場を鮮明にすることのうえに、心を結び合える、人間としての仲間が生まれてくるのではないかと思います。私たちが教育の営みの中で、ぜひともやっていかなければならないことだと思うのです。

（『音のない世界』）

耳が聞こえない生徒が同じクラスにいることで、湊川では聾者との係わりがいやおうなく始まっていく。聾者を受け入れて、かえって差別がおきるのではないか、手話ができなければ、意志を通ずることができないのではないか、などという学校側の杞憂を、生徒たちは一気に取り去った。机を隣り合わせて授業を受け、家庭科の調理実習や体育などの実技教科では、生徒たちは身振りや手振りを交えて、全身で聾者と対話していった。それが正しい手話であるのか、などと理屈をこねている教師を超え、生徒たちはどんどん先に走っていったのである。

聾生徒を受け入れたことで、健常者といわれる湊川高校の生徒の表現力も豊かになり、人間的な幅も拡がっていった。がさつとも見える湊川の生徒、中でも部落出身生徒や在日韓国朝鮮人生徒など、差別や貧困という困難な条件と常に向き合っている者が、聾者の内面にいちはやく分け入ったのである。そのことは部落出身生徒が、自らは聞こえる側、障害者を差別する側に立っていることを認めねばならなかったことであるし、延いては部落研活動がより高い次元に進み出ていく結果ももたらした。

もうひとつ。出身生徒の例ではないが、湊川高校に入学して同じクラスになったことで、思いがけず聾者のNと出会わされることになった女生徒Sの証言を挙げておこう。途惑いながらも、自身の差別性と向き合い、正直に、聾者とともに生きていこうとするSの決意をうかがうことができる。同時にまた、湊川の生徒の知性の高さを示す証言でもあることが読み取れる。

Nさんと歩いてて、いつも言われます。「おし、だぼー。気持ちわるー。」……うち、そんな時とてもいやです。腹立つ。くやしいです。……そらあ、手まねを使って歩いてると、みんなは不思議そうというか、変わったものを見るような目で見ます。……

うちは、いつも逃げてます。……学校行くとき通る道で、何もよう言い返せないのです。弱虫なのです。

……けど、あの道から逃げたとしても、また同じこと、絶対にあると思います。だから、うちは、あのいやな道、通ります。きらいだけども、Nさんと一緒に通ります。

……あいつらが、いつも、おし、だぼーって言うの終わるぐらいまで、ずっと毎日うちらが通って、あいつらが、もう、そう言うの、あほらしくなるぐらいまで通ります。うちとNさんが通っても、なにもないような顔するぐらいまで！

（『手話研究部ニュース』）

聾者と対等につきあっていく機会は、手話研以外にもさまざまに作られた。演劇部では顧問の西田秀秋が「おみよの話」を創作し、聾生徒にその主役を割り当て、耳が聞こえない現実から下がらない生き方を生徒に迫った。また聾者を囲む一般の生徒に対する西田の指導は、聾者の正面に立ち、顔をまっすぐ向けて台詞を言え、というもので、大雑把にいってそれだけだった。手話も使わない。身体ぜんぶを使ってこちらの言おうとしていることを相手に伝えれば、言おうとしていることは通ずるはずだという、乱暴にも見える演出が西田の確信だった。耳の聞こえる者と、聞こえない者が、双方から接近していく場を作りだし、共有することによって、生徒たちは差別の垣根を一気に超えていった。

6　存続の条件

米飯給食の実施

湊川高校が完全給食を始める経緯は後に述べるが、七〇年ころの給食風景は次のようであった。旧校舎の、この場合は九三年に建て替えられる前の校舎ということだが、正門を入った左手、玄関脇に給食調理室があり、午後六時十五分の一限目の授業が終わると、各クラスの当番がパンと牛乳、副食を取りに行く。教室で給食をすませると、今度はパン箱と牛乳瓶を慌てて返却しなければならない。二十五分の給食時間がすむと、六時四十分から二限目の授業が始まる。

献立はコッペパンが一個で、それにバタア、マアガリン、ジャム、チイズのいずれか一つがつく。副食といっても、バナナかリンゴ、ミカン、ゆで卵などが添えられているくらいで、バケツ缶にスウプやシチュウ、うどん、ぜんざいなどが日替わりで供された。うどんを食べるにも箸がなく、スプウンで食べるしかなかった。

このころ、木造平屋造りのこの給食調理室を建て替え、別棟三階建ての生徒集会室、図書室と繋げる形で独立校舎とする要求が持ち上がった。独立校舎はならなかったが、収容人員二百人、八人用机二十四脚が据え付けられたコンクリイト造りの給食室が、こうして七四年九月に完成する。湊川高校専用の厨房を備えた新食堂は、昼間は兵庫高校に貸し出された（兵庫高校の営業は、業者）。

他の定時制高校のようなパンと牛乳だけの補食給食と較べると、副食を有する分、湊川高校の給食は群を抜いていた。しかし給食室ができ、全校生徒がいっせいに食事するようになると、それまでの教室での給食は、間食の気分が抜け切れず、米飯給食を要望する声が一気に高まる。これと時を同じくして「学校給食法施行規則」が一部改正され、給食の補助対象に米が加えられたことから、七六年四月、県内の定時制高校で最初に、米飯給食に踏み切ることとなった。米飯は初め、週一日か二日しか実施できなかったが、それでも業者が配達する箱詰め弁当と違ってご飯も冷たくないし、温かい味噌汁も好評で、職場から直行する生徒にはずいぶん喜ばれた。食器もそれまではパン皿と大小の碗の三種類だけだったが、カレエ皿、ランチ皿、丼鉢も新たに揃えられ、献立を増やすことも可能になった。

ところで一か月分の給食費五百八十円を維持するのは容易ではなく、献立を立てる担当者の苦労は絶えなかった。食材の仕入れを神戸市給食協会に委託しなければならなかったため、協会が小学生用に算出した一日摂取必要熱量を湊川の生徒にも適用しなければならず、担当者は低い栄養価やカロリイ不足を補う努力を怠ることはできなかった。また給食協会の配達がない土曜日は、月曜日から金曜日までわずかずつ残しておいた野菜をもとに汁物を拵えたり、短縮授業や考査期間中はパンと牛乳のみで凌ぐなど、悪戦苦闘の連続だった。

このかん、米飯給食実現の中心を担ったのは女子教員だった。分会婦人部を中心に、給食担当者の労働条件改善要求も同時に訴え、県教委交渉に精力的に当たった。

米飯給食はその後、八三年から週五日に増やされ、パン食は残りの一日のみ（具体的には、水曜日）とするようになったが、これをさらに隔週、すなわち月二回とし（期日、曜日の定めはなし）、米飯実施日もその分だけ増やされたが、これは後述する校舎の建て替えが終わり、続いて教室と同じ棟の三階に給食室が移された二〇〇〇年（平成十二年）一月以降のことであった。

定時制高校は、生徒が学校で過ごしている時間は長くない。授業がすめば生徒はすぐ下校してしまう。担任は休憩時間の合間を縫って、二言か三言の立ち話で言うべきことを言い、聞くべきことを聞かねばならない。うかうかしていると生徒と一度も顔を合わさず、日が過ぎてしまう。しかし給食があれば、教師と生徒が、食事をしながら問答する時間も作れるし、生徒どうしも、交流を深めることができる。職場で面白くない出来事があっても、生徒は気分を落ち着けて授業に入れる。

給食の有用は、直接的には生徒の健康管理、栄養摂取の面から説かれるが、定時制高校の場合、効果はそれだけにとどまらない。湊川は学校がいくら荒れている時でも、生徒はどうしようもない崩れ方をすることがなかった。給食を取れば腹もふくれるので、まさしく古人の衣食足りて礼節を知るのごとく、教育的な効果は絶大だった。

湊川高校は給食制度の開始以来、全員が喫食するのを原則としてきた。そうしないと給食費の値上げを免れることができず、給食制度自体、潰れてしまう恐れもある。そのため、体質的に献立が合わない場合は別として、職場の関係上、給食時間に登校が間に合わない生徒も含めて、給食費は全生徒から徴収した。

ところが生徒の中には、給食を食べていないのに給食費を支払わねばならないのはおかしい、と県教委に訴え出る者も出る。県教委も、定時制高校の給食の歴史について不勉強で、実施に到る苦難を知らないので、違法だから返金せよと指導し、管理職も県教委の見解を追認するばかり。そしてこの傾向は、二〇〇〇年代になって強くなった。給食実施の意義が教員のあいだでも希薄になっているので、なおさらだった。金銭上の理由で給食費を支払えないなら、奨学金受給などの取り組みを進めるのが至当だ。

定時制高校では、給食や医務保健は教育活動の重要な一環とされた。学校がすべきことは「勤労青少年福祉法」の趣旨にもとづいて、生徒が授業に間に合うよう事業所に申し入れするなどの措置を講じさせることである。働く時間が短くなっても賃金カットされることがないのは、生徒の就学保障をめぐる取り組みで経験してきたところだ。

　定時制高校の統廃合や、再編の危機を湊川高校が脱することができたのは、このように給食制度が果たした役割が大きかったが、むろんそれ以外にも、湊川高校が存続する条件として、神戸市営地下鉄の開業を挙げることができる。新長田と名谷（みょうだに）間が七八年三月に開通し、八五年には名谷から学園都市まで延長された。八七年には西神中央までの全線が開通し、生徒の出身中学校はそれまで長田区や兵庫区、須磨区が圧倒的だったが、以後、垂水区や西区から通学する生徒が急増し、通学範囲が拡大された。

熱い心の教師集団であること

　学校が存続していくための条件は、しかし外的な条件整備にばかりあるのではなかった。同じことは学校の側にも言えた。生徒がすぐ辞めていかなくてもよい環境を作るのは論を俟たない。このうち、授業や自主活動の動きについては、次章でふれる。何より教師集団が熱い心を持ち、逃げずに生徒の要求を受けとめることが求められる。そのためには、教師集団が割れていないことが大切で、教育活動は学校をあげて取り組んでこそ効果が上がる。湊川高校の教職員は、常に熱い議論をたたかわせた。七〇年代から八〇年代は、その度合いがとりわけ激しかった。むろん教師一人一人、意見は違ったから、相互批判も厳しく行われたし、午前中からの分会教研や職員会議も珍しくなかった。その一端は、聾生徒受け入れのところで見たとおりである。

　湊川高校は進級卒業の判定会議はむろん、毎学期の成績会議も、各担任が提出した総括をもとに議論し、その上で、教科の成績や出欠の数字を検討する。学年学級の問題点を明らかにし、来学期または次年度の目標を設定した上で、全学年の生徒一人一人を組上にあげて審議するので、会議は一日では終わらず、翌日にならないと具体的な合否が決められない。

　生徒の行ないを教師が品定めするだけの会議は排された。被差別部落出身生徒や在日韓国朝鮮人生徒の場合は、本人が出身を明らかにし、本名を名乗って、差別に負けない生き方をしようとしているか、が論議の対象となった。担任には、当該生徒にどのように迫ったか、が糾される。生徒の判定というよりも、教師の係わりの質が判定された。そのため、教師の判定会議といってもよかった。担任の係わり如何で生徒の苦痛も和らぎ、生徒は救われる。どのような教師と出会うかによって、生徒の生き方も違ってくる。

たった一人の生徒の合否をめぐって、判定会議が長時間に及んだ例は最大では三日間続けて、えんえん二十四時間を要したというのがあった。進級卒業を認めるか、留年させるか、結果はいずれかしかないが、容易に結論が出せない。一日目は午後二時半から始め、授業時間の始まる夕五時半になっても結論が出せず、放課後九時過ぎから再開。夜中の十二時近くになっても決まらず、翌日に持ち越される。二日目は昼食をすませてから出勤することとし、正午十二時から始めたが、この日も五時までには決着がつかず、放課後、九時過ぎから続行。十一時まで続けたが、またしても結論が出ない。一日目は終電に間に合わなかったので、この日は電車の最終時刻に合わせて終わり、三日目、午後二時半から再開。しかしこの日も放課後九時過ぎから続けざるを得ず、けっきょく翌朝六時までかかって、ようやく全教師が納得できる結論を出すことができた。途中、一時間ばかりの仮眠をはさんだので、十一時間を要したが、これらをすべて合わせると、二十四時間をかけたことになる。

留年すると生徒は学校を辞めてしまうことが少なくない。結果的に生徒の進路を閉ざしてしまう。おおげさに言えば、判定会議は生徒の生き死にがかかっている。それを認定基準に当てはめるだけで、機械的に答えを出してもよいのか、というのが、長時間の論議を持久する拠り所だった。

担任は一年間、苦労しながら生徒と格闘してきている。その努力の甲斐なく落第させてしまわねばならないとしても、考査点や出席時間数しか審議されないのは、納得できない。落第するにしても、何らの議論もなされないまま、生徒が切れていくのでは、当人は浮かばれない。

徹夜が続くと、教員の疲れは絶頂に達する。長時間の議論が続くと、会議前に相反し、食い違っていた意見の相違もなくなっていき、心中はさわやかになっている。夜が明けると激しい議論をたたかわせていた教師たちの心も一つになっている。この日、すぐさま帰宅する気分になれず、学校近辺の室(むろうち)内商店街で朝食をすませたあと、だれ言うともなく六甲山に登ることになった。凍てついた有料道路を、冬タイヤも着けずに頂上まで車を走らせた。

判定会議は当落をつけねばならないから、気分は重たい。しかし会議が終わるころには、教師たちは不思議な力に背中を押されている。困難な問題は未解決で、厳しい情況は続いているが、次年度ふたたび教職に精出せそうな気分が芽生えている。生徒に責任を持つ自覚も生まれ、教師それぞれが、このようにして湊川に残留する意志を固めていったのである。

しかしこのような会議ができる環境が失われると、生徒を守ることもできなくなる。湊川高校が存続する条件は、したがって裸で生徒にぶつかっていく教師にあった。教師集団が常に熱い心を持っていることが、何にも増して生徒の就学を保障したのである。

◉プロムナアド2
定時制高校の授業（時間帯）

第二章を終えたところで、定時制高校の授業時間帯についで述べておかなければならないと思ったのは、教職に就いている人でも、定時制が何か、一日がどういう流れになっているのか、解らないという人が少なくないと知らされたからだ。初歩的な説明をすると、昼間の全日制に対して、定時制はふつう夜間。むろん昼間の定時制もあるし、昼夜間を取り混ぜたのもある。それ以外の組み合わせもないではないが、今は省く。

湊川高校も初め、周辺の定時制高校と同じように、一時限目は夕五時半に始まって、六時十五分まで。そのあと二十五分間、給食があり、六時四十分から七時二十五分までが二時限目。五分の休憩があり、七時三十分から八時十五分までが三時限目で、やはり五分間の休憩があって、八時二十分から九時五分までが四時限目。五分間のショオトホオムルウムがあり、掃除などをして下校。これが、米飯給食の開始とともに、時間帯が変わり、登校してすぐ給食を取り、そのあと授業が続く形になった。

月曜日から土曜日まで六日登校し、授業は週二十四時間。一学期は四月九日始業式、七月二十日終業式。夏季休暇が八月末まであり、九月一日から十二月二十四日までが二学期。冬季休暇を終えて、一月八日から三月二十四日まで三学期。

第三章——授業が変わる、生徒が変わる

1　林竹二との出会い

「奇跡がおきた」

湊川高校が授業改革の課題と取り組み、苦闘している時、全国を行脚し、六年間に小中学校で二百三十回もの授業を行なって、「子供はみんな勉強したがっている。それなのに、学校教育が彼らを勉強ぎらいにしてしまっている。……授業がかわれば、それだけでも子供はずいぶん救われるはずだ。……こう考えて、私は根気よく教師たちに向って、授業を根本から考えなおすことを訴えつづけていた」（『教育の再生をもとめて』）一人の先達と出会うことになる。宮城教育大学長を務めた哲学者、林竹二であった。

「奇跡としか考えようのない事がおきた」とのちに林が語った湊川での授業は、一九七七年（昭和五十二年）二月十四日のことで、この日の「人間について」の授業は、蛙の子は蛙というけれど、それと同じ意味で人間の子は人間と言えるか、という問いから始まり、狼に育てられた人間の子アマラとカマラの話を軸に、人間を人間たらしめるものは何か、を考えていくものだった。

授業は、生徒たちの周囲を参観者たちが取り囲み、写真家の小野成視がカメラのシャッタアを切り続けている中で行われたが、生徒の集中力はかつて見ることのなかったものだった。林の話に吸い寄せられ、身じろぎするものは一人もいなかった。

この授業をうけた田中吉孝は、アマラとカマラの話を自分の娘のことにたぐりよせて聴き、人が人となるためにはどれだけの格闘がいるかを深く学んでいった。田中は中学校時代から劣等児扱いされ、学校教育から切り棄てられてきて、ようやく湊川に辿り着いた青年だった。

林の授業をうけて、まるごと変わっていく生徒の姿は、このほかにも見られた。虚弱児として育ち、湊川に入学してからも、一時間として落ち着いて授業に座ったことのなかった朴隆幸は、幼くして死んだ妹のことをたぐりよせ、授業に聴き入った。

また加藤好次は、授業後の感想文に、湊川高校以外の教師も、教室からあふれるくらいに参観していたので、

——俺ははじめはなにか先生におしおきでもさせられるんとちがうかと思った。

と書いている。しかし、ふだんの授業と違って、林先

生はやさしすぎるし、ああいう先生もおった方がよい、時々でもよいから顔を見せてくれたらどんなに心強いかわからない、と続けている。初対面の生徒の心の中に、林竹二はすっと入っている。授業の中で、生徒たちは警戒心を解いてしまっているのだった。

林竹二の差し出した問題を、生徒たちは余分なものを取り払ったところで、自分のこととして考えていく。そうした事実が、生徒の感想の中に次々と出てきた。近江俊彦は、

——俺が人間らしく生きて行き、自分自身と戦いながら、（自分と戦うとゆうのも人間にしかできないのではないかと思う）強く理性も失わないで生きて行こうと思う。そして一人でも多く俺のまわりの人間を人間らしくするようにガンバラなければいけないと思う事を考えさせられた授業だった。

と書き、自らがかかえている部落の解放という差し迫った課題と正面からぶつかり、もはや後へは引けない生き方を決していこうとする。そのような認識の変容がうかがえた。

このことは、「開国」の授業でも見られた。この授業で林竹二は直接、部落問題を扱っているのではなかった。老中阿部正弘が、困難な情況をどのくらい苦しい思いをしながら切り抜けていったか、が話される。開国という問題を突きつけられることによって、木谷繁好の場合、自分の直面している部落問題に向き直っていくのであった。

——開国の講義を聞いて、僕は、まだまだクラスの中での仕事が残っているのに気がつきました。と言うのも、部落解放なくして開国はありえないと言っている様に受け取りました。

林竹二の授業は、たんに史実を教えるだけではなかった。「歴史のその場に子どもを立たせる」ことによって、生徒は自分自身と格闘しながら、自分を乗り越え、何かを学んでいくのである。生徒が自分の立っている位置を確かめ、自分自身の生き方が変わってくるという姿が取り出されたのであった。

林竹二が突きつけたもの

林竹二の湊川入りは、以後、一九八一年（昭和五十六年）までの約四年間、断続的に行われた。

林竹二が授業をつうじて突きつけたのは、「低位性」という言葉に収斂されてきた定時制高校の生徒に対するこ

れまでの教師の見方を、根底から問い直さなければならないということであった。

……子どもの力を見くびって、低学力に見合う授業を与えつづけるなら、子どものもつ本来の力が引き出される機会は永久に失われてしまうでしょう。その子どもの中に深くきりこんでいって、そこに金属の新しい切り口のようなものがつくられた時に、子どものもっている本当におどろくべき、ふだんは想像もできないようなものがでてくる。わたしはそう信じてきた。湊川の生徒たちは、そのことの証しになってくれたように思います。……

(『教育の再生をもとめて』)

林竹二の指摘はこうして、漢字が読めない、アルファベットが書けない、分数が解けない、ということから、〈わかる授業〉ということに集約されてきたこれまでの教学体制を一新し、いわゆる低学力の生徒に見合う授業ではなく、生徒の深いところにしまわれている鉱脈をさがしあて、掘り出す作業としての授業を創造する、という課題を鮮明にしたのである。

そのことは、もはや教材論や、授業展開の技術的なうまさ、といった次元で議論していれば足りることがらではなかった。教師自身が変わっていくのでなければならなかったのである。生徒たちの感想に見られる感受性のみずみずしさが教師から失われていれば、林の授業をうけて心を劈(ひら)かれ、深いところで学習している生徒の姿と出会うことはできない。

知識の世界に安住してきた教師が、その生において取り込んできた余分なものを取り払い、素直になっていくことが要求される。その時、教える、教えられるという関係から、教師自身も学んでいく、変わっていくということが、大事なこととして取り出されていく。

生半可な学問ではもはや通用しない。本質的なことがら、根源的なものに迫っていかなければ、生徒の学習を組織することはできない。教師が学ぶ感動を欠いていれば、生徒に伝えるものはないし、深いところで生徒の魂が揺さぶられ、動いていくということもないのである。

林竹二は、自らおこなった授業と、授業を受けた生徒の感想文、小野成視や西川範之(青雲高校教員)が生徒の表情を写し取った写真から、生徒が変容し、深化していく姿を突きつけることによって理論化し、教師たちとの対話を続けた。こうして抽象的な理屈から隔絶した世界を繰り広げて見せたのである。林はさらに、次のようにも言っている。

……授業が、ふかいところにしまいこまれている宝物をさぐりあて、掘り出す作業になるとき、授業の中で、成績の差などきえてしまう。そういう授業をする力量を、教師が自分のものにすることができないかぎり、その意志があろうとなかろうと教師は差別教育をやっているのです。……ここにお集まりの（解放教育に結集する兵庫の――引用者註）教師の方がたは、すべて、差別教育に対して妥協のない戦をする堅い意志をもっておられると思いますが、外から強いられる差別教育にたいして非常に敏感にきびしく仮借のない批判を向けていても、自分自身が日常の授業の中でおかしている差別教育に気がつかなかったり無神経であったりする場合がすくなくないのではないでしょうか。（『教育の再生をもとめて』）

湊川高校は部落研、朝問研、生徒会活動などのいわゆる自主活動や、奨学金制度の枠拡大と国籍条項の撤廃、通就学保障の取り組みなど、生徒の教育条件を整備する闘いをそれまで行なってきたが、ここにおいて、授業創造を教育実践の中心課題に据えるという、いわば正念場に辿りついたといえるのであった。

生徒を賢くするという課題から教師は逃れられないし、後へ引き下がることもできない。授業をつうじて生徒と出会い、教師自身も変わっていく以外にはないのである。すなわち、生徒の生き方に迫っていく授業を創り出していくことで、湊川の教育がひとつの仕上げに差しかかった、といってよい。いいかえれば湊川の方向も定まったということだが、そのことは定時制高校の存立と、その将来像を指し示すものでもあったのである。

2 授業創造の営み

教学体制の刷新

林竹二が湊川高校で行なった授業を記すと、

一九七七年（昭和五十二年）

・二月十四日「人間について（アマラとカマラ）」。

・四月二十一日「人間について（アマラとカマラ）」。
・四月二十三日「人間について（ことば）」。
・四月二十六日「プロメテウス」。
・四月二十七日「人間について」。
・五月二十一日「創世記」。
・五月二十四日「開国」。
・五月二十六日「創世記」。
・五月二十七日「創世記」。
・五月二十八日「創世記」。
・六月二十三日「人間について」。
・六月二十四日「開国」。
・六月二十五日「人間について」。
・八月十日「もの識りであるということと賢いということ――ソクラテスについて――」（芦屋ルナホールで開催の、第四回兵庫解放教育研究大会全体行事の部の授業として行われた）。
・十一月二十九日「田中正造（第一回）」（三宅正一衆議院副議長、社会党代議士、授業参観）。

一九七八年

・一月二十九日「田中正造（第二回）」。
・十月二十五日「人間について」。
・十月二十六日「開国」。
・十二月五日「田中正造（第三回）」。
・十二月七日「田中正造（第四回）」。
・十二月九日「田中正造（第五回）」。

一九七九年

・二月二十二日「ソクラテス」。
・二月二十四日「人間について」（のぎく学級）。

一九八〇年

・五月六日「田中正造」。
・七月五日「田中正造」。

一九八一年

・十月十四日「人間について」。

の二十六回を数える。これ以外にも、湊川の教師や生徒との交流会があり、林は瑞栄夫人とともに精力的に参加している。七九年二月二十五日には卒業式にも出席して、祝辞を述べた。また同年十一月八日には、創立五十周年記念講演も行なった。

七七年四月には、林のほか、竹内敏晴、斎藤喜博、高橋金三郎を迎えて、公開の研究授業も行われた。しかし外部からいくら講師を招いても、肝心の湊川高校の教員の授業が新しく創り出されていかねばならない。そのため、これより前、一月七日の分会会議で、校内公開研究授業の取り組みが分会執行部（分執）から提案され、一月から二月にかけて順次、ほぼ毎日のように公開研究授業が実施されることとなった。公開研究授業の統括は、校務分掌の中に設けた授業検討委員会（部・委員長は玉田勝郎）が行ない、委員会が主導する形で、教学体制の刷新がはかられることになる。

授業検討委員会は、「1．湊川高校の位置と生徒の現状。2．私たちの授業実践・授業研究の総括と現段階。3．〈授業の点検・創造・充実〉への着実な第一歩を。」からなる長文の基調提案「公開研究授業を開催するにあたって――生徒（青少年労働者）の学習要求に応え、閉ざされた生存感覚を解きはなつ〈授業の創造〉をめざして」を示し、泊まり込みの分会会議も春休みまでに三度実施し、授業研究に入った。基調提案からは新しい出発をする意気込みのほどが見られたし、授業改革に向かう昂揚した気分に包まれていたのも確かで、それが一年後の総括会議で、後述するように、根底から問い直される弱点を有していたことは、しかし否めなかった。

それはともかく、ここでは教科編成や、基礎授業を中心としたそれまでの授業形態について、問題点を自己批判し、授業改革を進めると宣言したことを見ておかなくてはならない。具体的には、数学科と英語科の進度別授業を七七年度から廃止し、個別授業をクラスごとの一斉授業に戻すこと、教科会議が恣意的にならないように公開研究授業の組織化をはかること、自主教材の編成をこれまで以上に推進することなどを提案し、以下の決意表明で最後を締めくくった。

> 湊川高校が解放教育をまぎれもなく集団として追求し実践している、その内実において真摯なものがある限り、そして、半労半学の青少年労働者に対して変ることなく押しつけられてきた〝最低の教養と最大の従順を〟という支配者の側の教育思想を実践的に破砕していくその度合において、私たちはいかなる攻撃からも強固でありうるし、「守ら」れることを確信して、そのためにこそこのひとつの試行を、今後湊川高校の実践指向として容易に手離すことがないことを明言する。

こうして生徒に向けては、三学期から「校内公開授業を始めるにあたって」の方針を発表し、遺漏がないよう徹底した。すなわち授業創造の課題は、解放教育の最後の仕上げでもあり、これによって定時制高校潰しの動きに反撃するものとしたのである。また四月からは教科群会議を設け、各教科を言語（英語、国語、朝鮮語）、社会（歴史、現代社会）、自然（理科、数学）、総合表現（音楽、体育）、生活科学（家庭、商業）の五群に分けるとした。さらにクラブ活動も授業の一環として位置づけ、内容の充実をはかるとともに、出席も義務づけた（教務部・授業検討部「時間割を確定するにあたって」一九七七年五月六日）。

進度別授業から一斉授業へ

いま進度別授業を廃止して、一斉授業に戻したと述べたが、一つは、いうまでもなく林竹二の指摘に促されてのことであった。林は、次のように述べている。

……何かそういう知性が、湊川の生徒たちにはあるんじゃないかと、わたしはそんな気がいたします。それはいわゆる知識人には失われてしまっているが、それがやはり知性というものの根源形態じゃないかと思うんです。で、そういう根源形態における諸力につながっている生徒たちの行動なり、あるいは発想なり、そういうものにまったくその理解がとどかないで、そして、ただ普通のわれわれのもっているもちあわせの知識、あるいはいわゆる学力だけを、生徒たちにもとめるところに、今までの、湊川の生徒は学力が低い、だから、それにみあうような初歩的な知識を、基礎学力と称して、それを与えればいいというような、まちがった授業観がうまれてきたんじゃないかと思います。

（『教育の再生をもとめて』）

しかし最初に個別指導の授業に異を唱えたのは、金時鐘（林大造）だった。金は朝鮮語授業の経験から、語学授業の国語科や英語科に対して、教師や生徒の声が教室から聴こえてこないのはおかしいと批判した。

……私の学校（湊川高校——引用者註）に関する限り国語の授業でも英語の授業でもひびき性、音を和してコーラスリング（コーラスリーディングのことか——引用者註）するような授業があまり見受けられないからです。朝鮮語は徹底して和唱、コーラスリングをやっています。言葉の機能として考えるとき、ひびき性というのは人間の情感・感性に作用する大事な機能であるにも拘らず、とかく私たちは言葉を教えるのに意味性だけを教えているきらいがあります。この限りでは、塾の作用、塾が生徒たちを集めてものを覚えこませるのとほとんど変わらないのではないでしょうか。もっと音韻性というものを、私たちは授業の中で人間のもつ美しいひびきとして生かすことを考えたいものです。

（第二八回全同教大会地元実行委員会編『村へ回帰しつつ超える』）

　塾のような形で行われている個別授業の英語の時間は、生徒がアルファベットが書けないからといって、大文字や小文字の、活字体や筆記体の反復練習ばかりをさせるものとなっていた。単語や短文の和訳または英訳をノオトに書かせ、覚えさせることに汲々としてもいた。国語も同様で、漢字の読み書きに徹した練習帳を示して筆写させているが、詩や小説を声を出して読むという授業風景は見られない。数学も掛け算や割り算、分数や小数などの計算問題を、基礎ができていないと次の段階に進めないといって、進度に合わせた練習問題を毎時間させている。例えば因数分解は何のためにするのか、何を解くためのものか、などというのは二の次で、これができないと高校の教科学習についていけないと繰り返すばかりだった。したがって英語も数学も覚えるだけ、覚えさせるだけの手作業に終始していた。

　しかし訳も解らないまま、与えられた練習問題を生徒がこなしていくだけの授業は、金時鐘にとっては、拷問に近い時間と見えた。朝鮮語授業は、一斉にアヤオヨを発音させるところから始めねばならない。英語ならば生徒は疑問を抱かずに発音するのに、朝鮮語の場合は、韓国朝鮮に対する蔑視差別の念から、声を出さない。朝鮮語科のこのような苦闘も、国語科や英語科で詩文の朗読を常に行なっておれば、ずいぶん和らいだに違いないのである。

　金時鐘のこの主張を裏づけたのは、学習の進みが遅れているとされたり、耳が聴こえないなど、全日制高校が入学を認めてこなかった生徒たちの、朝鮮語学習に向かう姿だった。金は次のように言っている。「遅進児と目された生徒たちほど、『朝鮮語』をすなおに受け入れてくれました」（『村へ回帰しつつ超える』）。「特に吉田富美さんという聴力障害生徒は、……全校一・二の朝鮮語力である。発音の違いを、ちゃんと発音記号で完璧に識別するのである。私の活力ににこやかな彼女がいる」(『さらされるものとさらすものと』)。

この指摘は、個別指導でなければ生徒の学力はつけられない、という一斉糾弾直後の湊川高校の授業改革の限界を、まざまざと示したのでもあった。

3 授業と自主活動の結びつき

進級留保生学級

一九七七年(昭和五十二年)四月から始まった教学体制刷新の理想は、しかしこの年、新たに入学してきた一年生の学級運営が破綻したことによって頓挫する。

この年度は授業改革の初年度として、湊川の教員ばかりではなく、外部からも講師を招き、研究授業一色に塗りつぶされた。林竹二の授業も集中的に行われたし、兵庫解放教育研究会に属する教師の招請授業も、引っ切りなしに行われた。その都度、教材検討や授業総括の会議が組まれる慌ただしさで、その陰で、湊川本来の教育活動が疎かになってしまったのである。

その結果、年度の締めくくりの時期、二学期末から三学期にかけて、一年生の荒れようが特に激しく、「『学校を学校と思わぬ』ふるまい、教師をしばく、教室でタバコをすう、廊下にすいがらやタンを捨てる、授業中の喧騒、授業成立の条件そのものの解体」(「七七年度分会教研基調報告」)にまで陥った。

授業によって生徒を組織するというのは正しいが、家庭訪問や、生徒を仕事に就けるなどの、ごく当たり前の教育活動が手に付かなかったことが、いちばんの問題だった。湊川高校の土台をなしてきた、生徒との直接的な係わりが薄れ、その矛盾が止揚されないまま、教室の中だけの授業研究に追われる。そのしっぺ返しを、生徒からみごとに返されたのである。

湊川を受験する生徒は、中学時代から疎外され、いわば剝き出しのまま入学する。この認識を欠いては、湊川の教育が破綻するのは理の当然だった。しかしこれら荒れている生徒の状態を前にして、授業検討部が有効な手立てを打ち出せなかったことが最大の問題だった。その結果、学年末には授業検討部は連日、「『何があったのかだけでも確認しあおう』と『連絡会議』なるものを持って行ったが、現象的に『あれがあった、これがあった』と告げあうものから脱却しえず、結論的には〝処分〟ということになってしまうような質の話し合いに陥ってしまった」(『音高く流れぬ』)。なす術もないまま、こうして七七年度の進級判定会議を迎えるが、当然のことながら、一年生の進級判定をめぐって、会議は紛糾する。

授業検討部によれば、一年生の「生徒たちは、学校・教師の側の甘さ、あいまいさ、断層につけ入ることで、自分自身をくずし、ダメにしていった」。「私たちは、こうした状況、その放置に対して『無力であった』などという安直なコトバ(「自己批判」)でなぐさめあうことを自らに許さ」ず、「きびしくたたきあい、ぶつかりあうことによって、ひびきあう関係の復元を求めて判定会議は進められた。こうして」、荒れた生徒に対して、「『このまま進級させることはできない』という〈判定〉を鮮明に」することで、教師自身の再生、学校再生の道を明らかにしようとしたのである。授業検討部の反省点は、ひとえに「授業で立往生し、悩みぬいている教師と、ゆっくりと、ていねいにつきあ」うことができなかった点にある(「分会教研基調報告」)という。

これに対し、西田秀秋は猛然と反論する。西田の眼には、湊川の教師といえどもシツケ教育をしていたのではないのか、と映った。西田は言う。教師の苦闘を取り上げるにしても、生徒の苦痛との関係で捉えることができていなければ、教育以前の問題、教育の限界といって生徒を切る学校と同じではないか。生徒の救いを抜きに教師の救いを求め、生徒に縛りをかけることで教師は安住ができ、元気が出た会議として喜んでいたのではないのか(『音高く流れぬ』)。

問題生徒として浮上した一年生の生徒十六名に対し、何らかの歯止めをかけなければならないにしても、生徒をこのまま切り棄てるのは反対だと西田は主張する。すなわち生徒が悪いといって反省を迫ることで教師は生き延びることができるが、生徒を留年させれば、それは即その生徒を辞めさせる、放校する結果を招くと思うがどうか。生徒を学校から抛り出すのか、さもなくば、この生徒たちともういっぺん本気でつきあうしか道はないが、どうするのか、と西田はするどく問い続ける。こうして、最終的に十六名の進級を一か月間、留保する。担任には西田がなると提案し、進級留保生学級(二年三組)を作ることが決まった。

ここには西田の長所と欠点が見られる。西田はこのままでは湊川高校での自分の居場所がない、と感じ取った。そしてこれは西田の性格にもよるが、強引に会議を引っ張った。部落研を創設し、解放教育を主導してきた西田の、面目躍如だ。しかしこのような結果に立ち到った責任が、西田になかったとはいえない。そのことは後でふれる。

なおここで見落としてはならないのは、林竹二の自己批判についてである。林は七七年四月三十日、始業前の連絡会議の直前に会議室に瑞栄夫人とともにあらわれ、先生方に謝りたいといって、「自分の力で、授業がやれたように考えたことを、わたしは、大変恥入った」と涙目で述べ、頭を下げたのである。

……わたしは、わたしの湊川の授業が授業になったのは、湊川の先生が二年、三年と、いわば生徒との格闘をくり返しながら、生徒を椅子に着かせ、授業をうけさせることに成功した、その努力の上に、その成果に乗っかって、自分が授業がやれていたんだなあ、ということを身にしみて知りました。

（『教育の再生をもとめて』）

授業が成立する条件についての林竹二のこの率直な受けとめをこの時、授業検討部がきちんと総括しておれば、生徒を置き去りにしたままでの授業研究が進められることもなかったのである。

劇「川向う」

西田秀秋は藤本和男と組んで、一九七八年（昭和五十三年）四月から、進級留保生学級を担任する。進級留保生のこの構想は、落第生教室の先例があるので、西田からこの提案が示されると、授業に座らない一年生の十数人の生徒に手を焼いていた教員も、安堵した。緊急事態としてこの提案を認めたともいえるし、しんどい仕事を西田に押しつけたとも取れる。急場をしのぐにあたって、西田は内規を変える、教師が変わる、生徒の生活の規律を変えさせることの三つを条件として突きつけ、教科担当も西田が指名した（東京都同和教育研究協議会編『教育の塑型をきざむ』）。

いったん走り始めると、強引に突っ走るのは西田らしいし、長所とも言えるが、しかし同時に西田の欠点でもあった。四つ目の条件がそれで、机が並んでいなかったら授業しない、塵芥が散らかっていたら掃除せよと注意する、と厳しい注文を出しながら、喫煙については「時と場所を選んで吸わせ」（『教育の塑型をきざむ』、前掲書）た。喫煙問題については別のところで述べるが、いずれにしても生徒は、西田は厳しいけれど話の解る教師だと受けとめ、教師の側にも、西田の決めたことだから反対できないとし、批判を封じてしまう西田の横暴を許すものともなるのだった。

　進級留保生学級はこうして順調に滑り出すが、五月も終わりごろになると、生徒たちの中にも緊張感が薄れてくる。そのことを察知した西田は、二年三組の生徒を前にして一つの提案をする。演劇をしてみないかとするものだった。教える側の教師が変わらなければ、昨年度の荒れた生徒の状態が改善することはない。しかし教師が瞬時にして変わり、問題が一気に解決するなどということはない。教室で相も変わらない授業を受けさせるよりは、身体を動かしてする演劇を生徒に取り組ませた方が、生徒も夢中になるかも知れない。本読みをしながら、部落問題や朝鮮問題についても話ができる。これも授業、これこそ授業だと西田は考えたのである。

　部落差別は今も生きていること、この「川向う」の中に展開される話は、みんなにとっても他所事ではないこと、差別は所詮人間が作り出したものであり、それゆえに長い年月はかかろうと同じ人間がなくせないはずがないこと、部落差別は部落民のみの力の結集では解決されるものではなかろうということ、そのためには部落の側も、人間的にはより広い深い温みをもって、他者を差別しない、そんな人間に育っていかなければならない、その上で人の輪を押し広げていくことが大事なのだということ等をくり返し話してきました。

（兵庫・授業を考える会編『輝き出る魂たちの記録』）

　紆余曲折はあったが、ともかくもこうして一年生の時のような荒れた授業態度もなくなり、一学期末には仮進級も取れて、十一名の進級が認められた（三名は事情があって脱落）が、年度途中のことでもあり、二年三組は解体せず、三学期まで続けられた。

　だめで、どうしようもないと思われていた生徒たちに対する教師や、他の生徒たちの見方を一気に変えるには、全校生徒の前でみごとに芝居を演じ切る姿を見せつけるしかない、という西田の計算もあった。また活動停止状態だった演劇部を再建し、学校の活性化をはかることによって、定時制の統廃合の動きに歯止めをかけることも狙った。その第一条件は授業が自主活動と結びついていることで、そのためには学校生活の単位としてのホオムルウムが順調に機能していることが鍵となる。演劇活動を二学期の最重点事項とし、二年三組による「川向う」は秋の文化祭で上演、好評を博した。

湊川の求める授業創造は、授業研究だけを純粋培養的に取り出すのではなく、学校が全体として押し上がっていく次の段階、公開討論集会に受け継がれていくことになるが、進級留保生学級はその方向と、確かな手ごたえを見せて、任務を終えた。

4 竹内スタジオの来演

授業と劇と

林竹二の湊川入り後、林が授業であるなら、芝居者としての自分は湊川高校に演劇を持って入ろう、演劇で湊川の生徒と対面してみよう、と考えたのが竹内敏晴だった。竹内は、次のように書いている。

私は林竹二先生と御一緒に神戸の湊川高校に授業に入り、以来十年以上にわたって、若い仲間と自前で芝居を持って行った。外から見るとそれは部落解放あるいは解放教育運動の手助けをしているように見えもしたらしいのだが、私はただ私自身がそれまで思ってもみなかった魂の深さ真摯さに出会ったことに驚き、それに交わりたいがために行ったのである。

（『時満ちくれば』）

竹内敏晴は、ぶどうの会、変身を経て、からだとことばのレッスンを創造し、実践している演出家で、その著『ことばが劈かれるとき』は、解放教育に携わっている人たちの注目を集めていた。授業改革の流れを刺激するように、一九七七年（昭和五十二年）四月には、林竹二とともに、湊川高校でもすでに「からだとことば」の授業を行なっている。

竹内は初めて出会った湊川の生徒について、「かれらは管理社会の締めつけを、全身で拒否しています。かれらはつつましく〈追い込まれ〉てはいない。かれらは荒れる。叩き返す」と印象を述べたあと、……湊川高校へ行った初めての日、私のノートには教師を信じていない生徒たちのからだ。それに怯えている教師たちのからだ」とあります。私にはその二者の間にある暗黙の信頼がまだ見えていなかったのだけれども、両者の間の緊張は、まがいもなく、学校教育という形で押し寄せる管理への反撃の身構えから来るものだったに違いありません。生徒たちにとって〈からだ〉をほぐすとは、この緊張をほぐすこと、まずは教師がいわば寝返ってかれらの側に立つことにほかならないでしょう。

（『ドラマとしての授業』）

と評している。このような前段があってのことだが、竹内敏晴が、自ら主宰する竹内演劇研究所・竹内スタジオの劇団員を率いて来神したのは、半年後の七七年十一月八日のことだった。作品は「幻に心もそぞろ狂おしのわれら将門」（清水邦夫作）。そしてこれ以後、毎年秋の文化祭に来演し、あわせて九本の劇公演が行われた。そのうち何本かは、尼崎工業高校、東京都立南葛飾高校定時制でも上演されている。「将門」以降の湊川公演の演目は次のとおりである。

- 一九七八年十一月三日。「斬られの仙太」（三好十郎作）。
- 一九七九年十一月十三日。「田中正造と谷中村の人々」（竹内敏晴台本・構成）。
- 一九八〇年十一月五日。「場末の天使」（ベルトルト・ブレヒト作「セチュアンの善人」より、竹内敏晴台本・構成）。
- 一九八一年十一月三日。「阿Qものがたり」（魯迅『阿Q正伝』より、竹内敏晴台本・構成）。
- 一九八二年十一月一日。「奇蹟の人」（ウィリアム・ギブソン作）。
- 一九八三年十一月一日。「瞼の母」（長谷川伸作）。
- 一九八四年十一月三日。「るつぼ」（アーサー・ミラー作）。
- 一九八六年十月二十二日。「奇蹟の人」。

一夜だけの芝居空間

竹内スタジオのことを、生徒たちは竹内劇団と呼んで、秋ともなればみんな劇団の来演を待ち兼ねた。俳優といっても、将来役者になろうとする人ばかりではない。人前でうまく喋れないとか、照れて真っ赤になってしまうのを治したいと思っている、いわば素人で構成されている。ほとんど全員が、湊川での公演のためにアルバイトをし、金を貯めて、自前で劇活動に参加しており、劇団員のそのような姿が湊川の生徒に励ましを与えたし、感動を呼んだ。

また受け入れる湊川高校でも、入場料を取るわけではない。したがって募金を募ったりもしたが、出費をとうてい賄える額には達せず、竹内スタジオではずいぶんの赤字ではあったが、言うなれば、林竹二の湊川入りと対をなす竹内の心意気だったと思われる。

竹内敏晴が東京で演出する舞台はその当時はほとんどなく、竹内に関心のある演劇人は下向し、湊川高校の観客となるしかなかった。そのため湊川での公演がある日は、関東その他からも押し寄せる人たちが相次ぎ、だだっ広い四階の講堂は一夜だけだが、満杯の大劇場に変身するのだった。

ふだん劇場などに出かけたことさえない生徒たちの興奮も、一通りではなかった。大道具や小道具を積載した大型貨物車が到着すると、湊川高校は不思議な空気に包まれる。たちまち別世界の芝居空間が作り出されるのだった。

この時代、番町地区には神戸でまだ唯一、新生楽園という名の芝居小屋が営業を続けていて、大衆演芸の移動劇団が年数回、興業していた。日が暮れると、ついと澄ました昼間の進学校、兵庫高校が様変わりし、露地のそこかしこに一座の幟旗がはためいている風景さながらの、〈湊川祭〉が始まるのであった。

ここに、「奇蹟の人」上演時の湊川の生徒の様子を、いきいきと伝える竹内敏晴の文章がある。観客の生徒と、劇団員、演出家の緊迫した空気が伝わってくる。第一幕が終わると、

> 舞台が暗くなる。客席の電灯がつく。その途端、約三百の生徒たちはものも言わずにざあっと立ち上った。くるりと振り向くとどどどどーっと足踏み鳴らして、潮の引くように出ていった。目を据えた、凄まじい顔付きだった。客席の後方に組んだイントレの上でライトのキッカケを出していたスタッフは、柱ごと押し倒されるのではないかと震え上ったと後で語った。
>
> もう客席へは戻って来ないかも知れない、と私は

思ったが、やがて黙々とぼつりぼつり入ってきた。私は舞台裏の役者たちの所に行って、生徒の心の中に凄まじいことが始まってる、下手なシバイをやったらブットバサレルゾ、覚悟してやれ、と言った。第二幕はほとんど咳ひとつなく続き、最後にポンプの水がほとばしった時に客席は一せいにどよめいて、一気に熱くなっていった。

(『子どものからだとことば』)

なお、竹内の指示で湊川に留学した劇団の実質の責任者、伊藤衵が演劇部を側面から指導し、進級留保生学級二年三組の「川向う」上演に立ち会っている。

湊川は、多くの人たちに助けられてきた

湊川高校は不思議な学校で、誹謗中傷を絶やさない人の群れにには往生したが、支援を惜しまない多数の人たちに囲まれてもきた。それらの人はいわば勝手連。湊川に出入りし、何らの報酬を求めるでもなかった。

一九七八年(昭和五十三年)一月十四日。佐渡の鬼太鼓座が来校する。鬼太鼓の音を湊川の生徒にぶつけてみたい、と平尾義則。前日の尼崎工業高校に続いて、湊川での公演が行われた。

平尾は須磨区で電機屋を営むかたわら、各校を回り、林竹二や灰谷健次郎などの著書の購読を教師に薦めている奇特な人だった。湊川の教育にも協力的で、同時にするどい批評者でもあった。一説に、灰谷の小説『太陽の子』に登場する電機屋のモデルでもあると言われた人だ。湊川の強みは、このような同伴者が到る所にいることだった。湊川高校は周りのそのような支持者に、ずいぶん助けられてきた。鬼太鼓座公演の経費も、その多くは平尾が募った寄付によって賄われた。

また、「私も湊川高校で英語教えんかと誘われたことある。林さんだったらみんなが黙って聞くけれども、おれだったらイスが飛んでくるだろう」と語っているのは、小田実だ。小田のこの発言に対して、対談者の林竹二が、「それも一つの『偏見』だな」と応じているが(『図書』一九八〇年七月号)、湊川の生徒のエネルギイは、確かに他を圧倒していた。いつでもゲリラになれる緊張感に充ちてもいた。やくざ映画の全盛期とも重なり、義理のためには命を捨ててでも飛び込んで行く生き方が、部落出身生徒や在日韓国朝鮮人生徒の心情を虜にしているということがあった。鬼太鼓座の公演もそうした時期に行われた。

　この日の公演について、和太鼓奏者、林英哲は次のように記している。

> ……（尼崎工業高校での公演——引用者註）の翌晩の湊川高校は、定時制ということもあって生徒の年令も幅広く、父兄の人達も多勢（ママ）来られての公演になった。演目は昨日と同じ。喧噪は昨日の比ではなかった。舞台の真ん前に陣取って、足を投げ出し、大声で仲間としゃべる、笑う、動き回る。「見てみ鉢巻と同じ顔してるで」聞こえよがしに言っていた。ところが、舞台の出来の悪さにも関らず、最後まで食いつき受けとめてくれたのは彼らだった。
> 　京都からわざわざ、娘さんと一緒に駆付けて下さった今江祥智さんが、後でこう教えて下さった。
> 「撥（バチ）放り投げて、ケンカになるんじゃないかと、ものすごい緊張したわ、そんでも最後にアンコール！ゆうてたんはあの連中やからな」
> （『鬼太鼓座』第二号）

林英哲は、困難な生活背景を持つ尼崎工業や湊川の生徒の話を聴き、「こういう現実の中で、自力で戦っている若者の心にこそ、通用する太鼓でありたい」として臨んだという。そして演奏後、鬼太鼓座の面々は、「初めて、僕らを虚飾抜きの『人間』として扱ってもらえた様な気がした。五階の講堂から一階まで、そういう温もりが、多勢（ママ）の手を借りて大太鼓をおろしながら、ビンビンと伝わってきて体中がしびれるのを、どうすることもできなかった」と続けている。

　湊川の生徒は文化活動から遠い所にいるが、だからなおのこと、本物をぶつけた時にははげしく刺激もされるし、心も撃つ。偽物とそうでないものとを瞬時に見分ける力も、生徒は鋭い。公演は、ごんたといわれる生徒たちの度肝を抜いた。決して大男ではない座員が、毎日何十キロメエトルと走り込んで鍛えた体で太鼓を打つ姿は、生徒を圧倒した。感銘を与えたればこそ、直径二メエトルもあろうかという大太鼓を、終演後、座員と一緒にかつぎ降ろしたのでもあった。

　なおこのように湊川に何度も来校し、確かな影響を与えた林竹二や、竹内敏晴は特筆するとして、このような人は外にもずいぶんいた。金石範も、全校生徒の講演会に駆けつけたし（七一年十二月）、灰谷健次郎も、後述する年配者の校外生教室、のじぎく学級で授業をしている。湊川高校がこのように、有名無名の数知れない人たちによって助けられてきたことも、見ておかなくてはならない。竹内スタジオ舞台美術担当の版画家、脇谷紘による版画製作（八二年四月）もその一つで、新入学生徒のオリエンテイション期間中に実施。彫刻刀といえども刃物で、入学間なしの生徒に扱わせる担任団の心配は杞憂に終わり、二時間足らずで生徒たちは作品を完成させたのだった。

5　湊川における授業とは

公開授業研究の季節

湊川高校の教育課題の柱に授業創造を据えるといっても、容易ではない。教師はどうしても自分の世界で空回りしてしまう。林竹二に眼を開かされたとはいえ、個々の教師が、それぞれのテエマを持っていないと、生徒に何かを伝え、生徒の心を動かすような授業は難しい。

何冊も本を買い込み、教材研究に明け暮れる教師。実験実習教材を夢中で追いかける教師。教材化にあたって分かりやすさを心がけ、演習プリントの図表化に神経を使う教師。授業展開や話し方の工夫をこらす教師。しかしこれらは、民間教育運動がすでに取り組んできたことでもあった。授業技術は進んだが、それ以上ではなかった。

このかん、林竹二の授業も何度も行われ、生徒だけではなく、授業に入った教師もそれぞれに感想文を書き、林夫妻の宿舎まで出向いて、昼夜を分かたず、懇談しながらの授業研究が連日続けられた。林の授業期間中、湊川の教師も各自の授業を公開し、同僚の批判を浴びる。それぞれが授業の教材と教案を示し、始業前に事前検討会が行われた。授業の組み立て、生徒に何を伝えたいのか、が授業者に執拗に問われる。中には授業者の気負いだけが見えて、教師の声が生徒の頭上を通り過ぎていく授業に終始することもある。そのような一方通行の授業は厳しく点検される。

むろん瑣末なことだが、作成した教材の文章が的確でなかったり、語法が間違っていたり、プリントの誤字脱字があれば、それらも直される。教案を練り直し、翌日の検討会に再提出するなど、何度かの検討を経て実際の授業に臨む。授業後、ただちに総括会議が行われ、授業で目指したことが達成されたか、どこが悪かったか、生徒の反応はどうだったか、などの感想が参加者から述べられる。

授業参観した教師は、授業者と一緒になって授業を作ることが要求される。漫然と臨んでいることはできない。共同研究者と位置づけ、自分だったらあの時、生徒の質問にこのように答えただとか、生徒が興味を示しているこの部分を強調して、授業の効果を高めるようにすべきではなかったかなどと、忌憚のない意見が次つぎ出される。為にする批判をしても授業者は伸びないし、批判する側が自信がなくて遠慮したり、手加減するのも排される。

以上のような流れが、年間数次の公開授業研究会として実施され、その都度、臨時時間割が示された。しかし授業検討部が主導した七七年は、生徒を置き去りにしてしまったことは前にも述べた。その後は教務部を中心に公開授業の日程が組まれ、授業の問題点が毎回、教務提案として示された。

授業で生徒を組織する

公開授業研究はしかし、どうしても教師中心のものになる。教材教案がいくら完璧であっても、生徒が受けた実際の授業で検証しなければ、結果の正当な判断はできない。そのためには生徒の協力も得て授業研究がなされねばならない。またそれ以上に授業で生徒を組織し、生徒を鍛えていくことが要求された。

これまでは部落研や朝問研など、自主活動の取り組みを通して生徒の自立をはかってきたが、これに匹敵する成果を授業の場でなしとげることはできないのか、という課題がそれだ。詳しくは後に述べるが、公開授業後に生徒の感想を中心にしたホオムルウム討議を組織し、授業の問題点をクラスの生徒全体の意見にまとめ上げて、これを公開討論集会と結びつける。教師と生徒が、授業を通して渡り合い、双方がともに高みに攀じ登っていく動きが、こうして作り出されていった。

これを先の教務提案は、指針を次のように示している。湊川高校で創られる授業とは、「本校生徒の生活実態から生み出され、個々の生徒の内に抱えられているさまざまの矛盾と、真正面から取り組み、解決するものでなくてはなりません」。その場合、学力が充分に身につかなかった原因を、「本人の怠惰、資質の遅れ、低さのみを問題にするならば」、「本校の教学の存立基盤さえも見失うということになるでしょう」。「湊川における教学体制とは、つまるところ、圧倒的多数を占める被差別部落出身生徒、在日朝鮮人生徒及び障害児生徒や極度の生活困窮度の高い児童生徒を如何にして、『授業』の場において活き活きとさせるかに尽きます」。

「ほんとうに苦労して生徒が学校に来ています。それに応えるのに、私たちの『授業』は、その苦労に見合う質をもった『授業』なのでしょうか」。「教授者は自らが蓄えている学問上の知識、経験、方法を系統的、科学的に整理統合することが緊急に要請されております。その上で『授業』が組み立てられるとき、それらはもっとも平易に組み立て直され、理論構築されて、その裏打ちのもとに『教材』が選定されねばなりません」。そのさい、「教科指導と生徒指導とが別立てであるとしたら、その自主活動には嘘がまじっていると思う。生徒を生かす生徒指導は、結局、その上に成り立っているものだと思う」。

ここにはこの時期、授業研究の牽引役となって、湊川高校を率いた西田秀秋の本領が遺憾なく発揮されている。

湊川で求められる授業はしたがって、上手な授業というのではなかった。どのような授業を創り出すか、を言い換えれば、どのような教師として生徒の前に立つのか、を迫られるということでもあった。そのためには、生徒の信頼を勝ち得ているのか、生徒と本気で付き合いができているのか、が繰り返し問われた。手荒とも見える部落出身生徒や在日韓国朝鮮人生徒を、怖いと思って教師が遠ざけていることはないか、ということも同時に糾される。怖いというのは、教師の差別意識のあらわれだ。こうして教師の部落認識や生徒観が、湊川高校の内部からも、湊川を支える他校の仲間の教師からも、執拗に迫られる。

授業で生徒を組織するためには、教師の資質を磨くことが重要だ。教師に対する生徒の身体の向け方、顔や眼の表情に到るちょっとした仕種を読み取ることができなければならない。鈍感な教師であれば、生徒の内面を捉まえることはできない。生徒に知識を伝えることはできても、生徒の心を揺り動かし、生徒の生き方の変容に迫る授業はできないのである。すなわち湊川では、漫然と教科書を読み解いているような授業では、生徒を賢くすることも、鍛えることもできない。精度を高めてする授業が、こうして要求されたのである。

校内公開授業研究会は、林竹二の湊川入り後、十年以上、続けられた。そのうち、公開授業研究が特に集中的に行われたのは、一九八〇年（昭和五十五年）から三年間であった。この期間は毎学期一回、連続したほぼ二週間の日程で公開授業が実施され、特別時間割を編成して、全教師がこれに当たった。

しかし八〇年代の終わりごろには、授業創造の課題と格闘した教師も大半が配転され、教員の態勢が一変したことが、その後の湊川高校の営みにも、負の影を落としたことは否めない。授業研究の季節も、こうして終わりを遂げる。

6　鍛え、鍛えられる生徒集団を作る

自主活動の営み

湊川高校の自主活動は、一九六〇年代から活動を始めた部落問題研究部（部落研）と、一斉糾弾の最中に独立した朝鮮問題研究部（朝問研）を中心に進められていった。前者は『部落研の仲間たち』（のち七一年七月、第二十号より『あらかべ』と改題）、後者は『무궁화（ムグンファ）』と題する機関誌をそれぞれ発行し、生徒の生いたちや各人の生活と意見が、次々と掲載された。また聾生徒の入学にともない、手話研究部（手話研）も創設され、障害者に対する偏見を取り除き、健常者とされる周りの生徒たちとともに、弱音を吐かずに生きていこうとする活動がなされていった。

出身生徒は部落を隠さず、在日朝鮮人生徒は本名を名乗って、いずれもがそれぞれの課題を背負い、差別に打ち克って生きていくことを目標に、部活動は精力的に取り組まれた。差別の歴史に学ぶことで、仕事もしない飲んだくれとしか見て来なかった親への見方が変わっていくという事例も、いくつも取り出された。


授業中突然ガラスが割られたり、授業中に先生の話を聞かんと、我らで話ばかりしているので、教師が注意していると、最後には、教師をどついてしまうと。こんな状態の中で、その荒れている生徒に対する他の生徒、わしも初めはそうであったが、同じクラスの生徒の大半は、見て見んふりというか、知らん顔をしていた。そんな状態の中でわしは部落研で、あるいは集会で、みんなと話し合いをしていく中で、差別というものが段々と気がつくようになって来た。そして何でわしが部落研に入ってやって行

かなあかんねやという事の意味は、やっぱりわしがここまで大きなったんは、わしのお父ちゃん、お母ちゃん、兄弟がおってこそ、ここまで大きなったんやということと、ほんならわしのおとうちゃん、おかあちゃんがどんな生活状態で、どんな中で暮らして来たんやという事からしか出て来ないと思う……。

(「湊川高校を卒業するにあたって」『あらかべ』第二十二号)

ここには部落研のすべてがよく言い表されている。差別と貧困のために、荒れざるを得ない出身生徒。一方で自分も同じ部落の生まれではあるが、自分はあの子らとは違う、あのように暴れているから差別されるのだ、と初めのうちは距離を置いている生徒。部落外の、一般の生徒と同じような差別偏見の眼で眺めているのだが、部落研活動で自分の生いたちや親の生きざま、一家の来歴や村の成り立ちが語られるのを聴いていくうちに、差別が厳然とあることを知らされるのである。自分さえ真面目にしておればよい、しっかりしていさえすれば差別はなくなる、と言っておれない現実を突きつけられるのである。こうして、やがて彼自身も戒めを破って、部落を名乗り、部落研活動に分け入っていく。

高校部落研活動は、したがって人間として再生していく学習の場であった。部落研活動によって、やくざにならずにすんだという生徒も、何人もいた。

しかし部落出身ではない日本人生徒の場合はどうか。部落問題や韓国朝鮮問題と向き合っていく必然はないともいえる。とすれば差別の問題は、出身生徒や在日朝鮮人生徒だけが負わねばならない問題だということになってしまうが、果たしてそうだろうか。差別する者がいるから差別はあるのであって、むしろ一般の生徒の側から、差別をしてきた自分を問う在り様が対置されなければならない。差別、被差別の双方から迫っていくのでなければ、解放への道は遠いと言わざるを得ない。

そこで、部落研や朝問研と対になって活動する場として、演劇部が組織されることとなる。演劇部は進級留保生学級二年三組の「川向う」上演を契機に再開された。目標としたのは、部落出身生徒や在日韓国朝鮮人生徒が、それ以外の生徒と一体となって活動し、生徒たちは差別被差別のそれぞれの立場の役作りを通して、差別に抗い、よりよい人間として生きていくにはどうあればよいか、を学んでいった。

演劇部はまた、校内ではクラブ啓蒙会（新入生に対するクラブ紹介）、文化祭、卒業予餞会などの学校行事のほか、兵庫県高等学校演劇研究会の神戸地区大会にも何度も出場した。コンクウルは全日制高校がほとんどで、定時制高校は湊川高校のほかは例がなかった。しかし研究会の首脳部と湊川高校が、兵高教組活動の在り方をめぐって対立していたこともあって、湊川高校が県大会に選ばれることはなかった。そのほか兵庫県高校部落研定例会でも、分科会討議を実りあるものにする劇を上演した。したがって演目も、村田澄子作「川向う」や、金史良作・西田秀秋脚色「光の中に」など、部落問題や朝鮮問題を扱った作品を取り上げた。

こうして八〇年代を通じての自主活動のあらわれは、部落問題や朝鮮問題を、すべての生徒が学んでいくものとして取り組まれた。校内生活体験発表大会や公開討論集会も、この流れの中に位置づけられ、学校行事と生徒会活動とを結びつけた形で実施されることとなった。したがってテエマも、

――部落、朝鮮、沖縄、障害者とともに、みんなが幸せに生きていくために。

に集約され、学校が全体として押し上がっていく姿が積み重ねられた。公開授業研究の試みがさらにこれに組み合わされ、授業の事前検討、事後総括が、教師と生徒の共同作業として取り組まれたが、これらについては前に述べた。

そして以上の活動を仕上げる一年間の総括が、卒業式の答辞として在校生に残された。この中で卒業生の示した方向は、次年度の湊川の流れを決する道標とされた。

部活動・総合表現活動

ここで部落研、朝問研、手話研以外の部活動についても、述べておかなくてはならない。

部活動は、体育系では野球、サッカア、バスケット、テニス、柔道、卓球、陸上、登山部が活動しているが、指導する教員の在不在、熱意の有無によって、年ごとに盛んであったり、勢いがなかったりしている。文化部も同様で、演劇、放送、文芸、美術、写真、ＥＳＳ、茶華道などがあったが、教員は担任としての仕事や組合運動、同和教育関係の活動が優先される。顧問不在であれば生徒も気乗りが薄れ、活動休止に陥ることもしばしばだ。概して七〇年以降は、学校中が騒然となる状態が続き、部活動どころではなくなったともいえる。

必修クラブとして、総合表現活動を教育課程の中に取り入れたのは、一九七九年（昭和五十四年）のことだった。教科の授業では掬い取れない学習領域を週二単位、連続の時間を充てて集中的に取り組ませることとしたのである。学年を超えた生徒集団の繋がりを作っていくことを目標においたのは、学校が活性化すれば、学級減も食い止めることが期待されたからだ。したがって学年の枠も取り払って時間割を組み、開講科目は演劇、造園、造船、書道、陶芸、茶華道、モザイク、版画、合唱の九部門で始まった。県教委の「特色ある学校づくり」のいっかんではあるが、湊川ではこれを生徒の可能性を高めるよい機会であるとして位置づけたのである。

定時制の生徒は、職場ではそれぞれに高度な技術を持って働いている。経験も、教師以上という者も少なくない。総合表現活動はしたがって、生徒が昼間働いている労働現場と密接に係わるものもあり、机の前に座ってする授業にはない活気を呈した。しかし負の面もないではなかった。教師の意気ごみとは裏腹に、総合表現活動のある木曜日の三、四時限になると、授業の緊張感が緩み、途中で帰ってしまう生徒も現れた。出席時間数が足りないと、進級基準に抵触するため、進級できる程度には出席する。成績評価をともなわない教科であることもあって、成果の芳しくない部門も見られた。

実施後三年間の総括が、一九八二年（昭和五十七年）、教務部からなされているが（「『総合表現活動』のまとめと今後の方針」）、これによれば、演劇は、部落出身生徒や在日朝鮮人生徒、身体障害者生徒たちが所属し、「自らが背負う諸課題を積極的に打開、克服していく方向で」の自立を促した。創立五十周年記念事業のひとつとして取り組まれた造園は、正門を入って左側、給食棟の空き地に憩いの広場を造る目的で始められ、八一年には県教委の勤労体験学習指定校にもなり、「完成のメドがつくところまで漕ぎつけることが出来」た。造船は全長七メエトルの木造カッタア製作を企図したものだったが、資金不足から工事を中止せざるを得なくなった。

これらの反省点に立って、八二年度からは従来の演劇、造園、書道、合唱を残し、新たに絵画を設けて、以上を必修クラブとして編成することにしたのである。なお造園は、一学年の正規の科目として置かれた農業の実習として組み直され、継続することとなった。

その後、体育クラブが総合表現活動の中に取り入れられ、出席の向上が案出されるなど、手直しが行われる。

しかし、授業時間外に行われる自主的な部活動と紛らわしく、登録者も必修クラブと部活動の双方にまたがり、固定できないなどの問題点も生じて、効果が薄れた。部活動とクラブ活動が効率的に連動させられた場合は、生徒も伸び伸びと時間を過ごしたが、両立させるのは難しく、週休二日制が完全実施されると同時に、必修クラブ（総合表現活動）そのものが廃止された。

ちなみに八六年（昭和六十一年）度の必修クラブについての概要が教務部から出されているが、これによれば、実施が週二時間であるのは同じだが、開講日を水曜日と木曜日のいずれも四限目とし、水曜日に実施するのは、演劇、読書、文章表現、手話研、映像、陸上、バスケット。木曜日は茶華道、音楽、文芸、工作、英語研、卓球、サッカーだが、この場合だと水曜日と木曜日の二回、別の部門を受講できる利点が作り出されるが、それまでのように、どれか一つにしぼってクラブ活動を続けることはできなくなる。教師定員ならびに生徒数の減少が進み、やむを得ない措置でもあったが、このようなところにも、定時制教育の難しさが露呈していたのである。

7　学校が全体として押し上がっていくこと

生活体験を語る

定時制、通信制高校では毎年、生活体験発表大会が行われる。生徒の生活と意見を披瀝するもので、生徒一人ひとりが、いうまでもなく今、どの場所に立っているのか、を確かめる機会だ。

そのためには、彼または彼女の根っこの部分を、自分の手で切り開いていくことが要求される。さらにさかのぼって、自らの生き方に係わる地域の歴史や家の来し方、親の生き方にまで迫っていくことも、避けることはできない。出自を明らかにし、逆境ではあっても、そこから逃げずに生きるという態度表明も取り出される。定時制高校はしたがって全日制高校が受験競争に追われ、学校嫌いをつくっている対極に存しているということができよう。

生活体験発表の各校代表は、神戸地区で選ばれると県大会に出場し、府県代表はさらに全国大会に選出される。内容は学校、家庭、職場、社会生活などの体験であれば自由だが、生活に密着した発表であることが義務づけられている。兵庫県では、一九五一年（昭和二十六年）に第一回定時制弁論大会として始まり、五九年から生活体験発表大会と改称された。湊川高校でも、生徒が互いを知るまたとない機会になるとして、学校行事の重点に据えて取り組んだ。

学校が混乱していた一時期、湊川では校内大会も途絶えていたが、七二年（昭和四十七年）に当番校を引き受け、その後、校内でも発表大会を実施し、入賞者を神戸地区大会に出場させる形で再開した。

校内生活体験発表大会はしたがって県大会、神戸地区大会の日程に先立って、毎年六月に実施するのがふつうだった。ところが人前で自分の体験を話すのは苦手だという生徒が大半で、代表者を決めるのは難航した。そのため演壇での弁説よりも、生活体験を文章化する作業に多くの時間を割かねばならなかった。したがって教務部と指導部は毎年、全校生徒に次のような実施事項を示し、指導した。

この生活体験発表会を機会に、クラスでともに学んでいる仲間とともに話し合い、友達の発表を真剣に聞き、お互いの理解をより一層深めてほしいと思います。

クラスの者がお互いの人格を尊重し、人を大切にする人権意識を高めていくためには、友達が何を考え、どんなことに悩み苦しんでいるか、また、どんなことに努力し、がんばっているかを知らなければなりません。互いに知ることで、共感し励ましあえる関係を作っていきましょう。また、この生活体験発表会を通して、一人ひとりが自分の生活体験をふりかえり、自己を深く見つめてほしいと思います。自分の体験したことを正確に整理し、自分が今何をしなければならないかの課題を明らかにする取り組みにしたいものです。

テエマは「私の生活、私の考えたこと」とし、生徒全員に文章を書かせてホオムルウムで一、二名の発表者を選出し、全校大会を催す。審査は県大会にならい、（1）主題が明確であるか、（2）論旨が一貫しているか、（3）具体的であるか、（4）共感性をもっているか、（5）発表態度が自然であるか、（6）動作が落ちついているか、（7）時間（七分以内）を有効に使ったか、の七項目を基準とした。

審査は校長、教頭のほか、数名の教員をあて、年度によっては卒業生も加わって入賞者を決定する。苦労してきた自分の生い立ちや、差別や貧困に負けずに生きてきた体験を級友が語ると、ふだんの授業では私語をやめず、学習に集中しない生徒も、静かに聞き入る姿が見られたし、生徒どうしのぎすぎすした関係も薄れていくので、生徒指導上の効果も絶大だった。

なお、聾生徒や年配者は耳からだけでは聴き取れないため、その弱点を取り除くために毎回、発表者の原稿を冊子(『わたしの生活、わたしの考えたこと』)にし、全生徒に配布してのぞんだが、これも湊川高校の特徴をよく表している。

公開討論集会

生活体験発表大会のほか、学校祭のプログラムの中に取り込んで実施したものに公開討論会がある。公開討論会は七五年から始めたが、これは六〇年代にさかんに行われた生徒会行事を再現したものだった。

公開討論の方式は、生活体験発表大会の要領で生徒が書いた文章を、ホオムルウム討議を踏まえて練り上げて記録化し、クラス代表に選ばれた数人の選手が全校生徒の前で意見発表し、他のクラスと討論して勝ち負けを判定、入賞を決するものであった。こうして、自分の職場や家庭をどのように考えているか、将来どのように生きていこうと考えているか、また学校へ来ている意味は何か、等について生徒が大いに語り合う場面が作られていったのである。

しかしこれはまだ選ばれた代表選手の討論会であって、クラス全員が参加するものではなかった。そこで七九年度から公開討論集会と名前を変え、集会の持ち方も、クラス全体の意見に集約して討論する形に改めることとした。討論集会はしたがって個人の枠組みを超えて、教師と生徒が一丸となって、よりよい学校、よりよい授業を創り出していくことを目指した。そのためテエマを、「私たちの受ける授業はどんなものでなければならないか」とし、実施要項は次の三点に絞った。
1. みんなで進級・卒業をしていくために、どんなクラスづくりをしているか。
2. 部落、朝鮮、沖縄、障害者を含めた仲間づくりができているか。
3. 授業をうける私たちの態度はどうあるべきか。

公開討論集会の進め方は、前段で各教師による公開授業が実施され、授業後の感想がホオムルウムで討議される。それをまとめて、自分たちが受けたい、あるべき授業は何か、をクラス全体の意見として発表する形がとられる。そのためにはホオムルウム討議の質が重要であるのはいうまでもない。

しかしいざ始めてみると、生徒の出席が悪かったり、意見がまとまらなかったり、あるいはその場限りのおしゃべりに終始することも珍しくなかった。そうならないようにするためには、ホオムルウムが一つのまとまりを持てるように、生徒自身も互いに励まし、出席率も高める努力が必要だ。こうして、一人も残さず進級や卒業をしていく学級作りが目標設定される。討議の質を高めるために、時には下学年のホオムルウム討議に、上級生を投入するなどの梃入れもはかられた。

こうして各ホオムルウム討議が行われると、各クラスの代表を五名選出し、四十分のクラス対抗の討論集会を実施する。勝ったクラスは別の勝ったクラスとトオナメント方式でさらに討論集会を続け、勝ち抜いた最後の二クラスが全校生徒の前で決勝戦を講堂で行い、優勝クラスを決めるのである。各会場とも進行は生徒の実行委員が責任をもって当たり、代表の選手から意見が出ないときは、会場の参加者からの応援発言も認めた。

審査は、教員、卒業生、実行委員が行い、決勝戦は校長、教頭、教務部、指導部、卒業生の五名が、(1)論理の展開がきちんとできているか、(2)ホオムルウム討議を充分ふまえ、全体の意見が集約できているか、(3)話の筋は公正でだれもが納得できる展開になっているか、(4)クラスで決めたことをみんなで取り組んでいるか、(5)人に厳しく、同時に自分たちに対しても厳しい、そういう潔い態度を意見としてまとめられているかの審査基準に基づいて行なった。

なお記録は教師が行ない、発言録をまとめて後日、生徒全員に配り、それぞれのホオムルウム運営に生かすようにした。こうして湊川の生徒全員が、部落、朝鮮、沖縄、障害者の問題を受けとめていくことを課題とし、一人も落ちこぼさずに進級卒業していくことを目標とした。教師も、生徒が求めている授業を念頭に日々の授業を創っていく課題に繋げた。

授業創造という教師の課題と、自分の隣りにいる仲間のことを解りあう生徒の活動が結びつき、学校が全体として押し上がっていくことによって、湊川高校の活性化もはかれるし、同時に、定時制高校統廃合の動きも撥ね返す力を作っていく。そのことを目標に掲げて取り組まれた教育活動でもあり、湊川高校独自の闘いでもあったのである。

◉プロムナアド3
湊川、定時制高校の実験

二〇一九年は、湊川高校創立九十周年だ。私が赴任したのは一九六九年。被差別部落出身、在日韓国朝鮮人生徒など、厳しい社会的条件を抱えている生徒たちからの糾弾を受けて、差別からの解放、生徒の自立が教育課題の中心に座る。同和対策事業特別措置法の施行も相俟って、湊川は全国的にも解放教育運動を牽引。しかし八〇年代になると、部落解放運動に亀裂が走り、湊川は暴力集団呼ばわりされて、兵高教組との抗争に翻弄される。九〇年代には戦前回帰が一段と叫ばれ、世紀が代わるころには、教育効率が学校現場を支配し、少数者に依拠した教育活動は、急激に枠外へ追いやられる。二〇一〇年代になると、生徒一人ひとりに焦点を当てた取り組みは、悪とされるようにもなる。このために、湊川も普通の学校に引き戻される。

部落研、朝問研活動といい、奨学金受給、就職差別反対、通学条件改善などの進路保障の取り組みといい、金時鐘先生を迎えての朝鮮語授業の導入、さらには林竹二、竹内敏晴の両先生を招聘しての授業創造の取り組みといい、今思えば湊川高校の九十年は、総じて学校がなし得るすべてのことを手懸けた。定時制高校の壮大な実験でもあった。

だが県教委が著した『兵庫県教育史』には、湊川の記述は一切ない。解放教育に赴いた者たちの苦闘も、なかったことになっている。しかしあったものを、なかったことにはできない。

だから私は、神戸長田の片隅の、小さな夜間高校で何が行われてきたのか、書き綴っておかなければならないと思っている。そしてこれが、もしかして私の最後の仕事となるかも知れない、という気もしている。

第四章——停滞の季節を、超える

1　解放教育運動を先導する

兵高教組が切り拓いてきたもの

六〇年代から八〇年代にかけて、湊川高校は周りの教育機関、他団体と密接な繋がりを持ち、さらにはその牽引役となって走り続けた。ここでは、前の章までに述べたことと重複する部分もあるが、行政ならびに教員組合、その他の団体と湊川高校との関係、諸活動を振り返っておきたい。

湊川高校は同和教育の先進校として兵庫の学校現場を先導したが、その原動力となっていたのは兵高教組だった。本部中執（中央執行委員）に山田彰道（県高支部担当）がいて湊川の教育実践を支え、共闘を組織した。兵高教組に占める湊川高校分会の比重も大きく、六八年からの数年間は教育とは何か、学校はいかにあるべきか、教師は何をなすべきか、を全組合員に問い続けた。そしてこの経験を引っ提げて、湊川分会は七〇年一月、岐阜県で行われた日教組第十九次教育研究全国集会（岐阜教研）「人権と民族」分科会に、前年の育友会事件の報告に続いて「湊川高校事件そのあと――」を報告する。

……連日の火のような糾弾によって自己否定を越えるためには、まさに全力疾走せねばならないということだけを学んだのであるが糾弾の場では、その流れの中で必ず絶句するしかない瞬間がある。全力疾走というのは、生徒よりも速く、われわれの側から彼らの方向に向って接近することである……。

差別糾弾とは潜在化した矛盾の実体を、明るみにひきずり出すことであり、裂け目の差別者側からの、被差別者側からの相互確認で始まらねばならないのである。被差別者は、被差別者としての自己表白、差別者は差別者としての自己表白を可能な限り続けなければならないのだ。

（湊川高校教師集団「湊川高校事件その後」）

しかし日教組といえども、参会者は湊川の報告が理解できず、湊川分会の四人の教員の発言は、ほとんどが野次でかき消された。ただ一人、会場に居合わせたジャアナリストが湊川の発言を聴き取ったに過ぎなかった。

湊川高校の若い教師たちが、いまだ定かならぬ、どろどろとしたカオスとして、それ以外に表現のしようのない言い様として、出発を予告する地点では、戦後教育の総体が問われている。それは、ひとり在日朝鮮人問題に限らず、部落や沖縄や筑豊やあらゆる日本の下層とかかわることによって、さらに鋭く投げられ、問いつめてくるのである。

（浅野峻「何が問われているか——教研集会の一つの感想」『月刊総評』一九七〇年三月号）

このあと、七〇年五月に行われた第四十回兵高教組定期大会では、父母負担軽減の闘いが運動方針の骨格を占め、部落出身生徒を初めとする生徒の自主活動を支援することが決せられる。

われわれの闘争はいつもわれわれ自身の要求を基礎としているが、同じく労働者でありその子弟である父母生徒の生活を意識することなしにたたかわれてきた。湊川問題以後、部落差別や民族的偏見の中で生きている生徒たちから、自らの生活をつきつけての抗議に会って（ママ）、われわれはやっと本質的な変革を迫られている事実に気付き始めている。

（『兵庫高教組新聞』第四六六号、一九七〇年五月十二日付け）

兵高教組はここにおいて日教組の全入運動を総括し、父母負担解消の闘いを、教育の機会均等を要求する運動として組織していかなければならない、と表明したのである。

こうして専門部の課題として、定通部にあっては、定時制の授業料の全廃、教科書の無償化、学校のすべての運営費を県費・市費負担とし、PTAは廃止、ETAには反対。定時制の専用施設の拡充、勤労生徒奨学金の枠拡大と単価の引き上げ。入学支度金の新設、中卒就職者の全入、定通生徒の自主活動の保障と援助などを列挙した。

また解放教育の分野では、

①部落解放運動に深く学びながら部落出身生徒の教育の機会均等、高校全入と進路保障のためにたたかう。

②組織内部に浸透する一切の差別的な思想を解放教育の思想に正しく再組織するために必要なとりくみを行なう。

③高校部落研運動を育て自主交流を援助する。
④部落解放団体と共同して奨学生集会を成功させる。
⑤授業料、奨学金運動、及び部落出身生徒の教育の機会均等要求をはばむ父母負担制度の廃止運動の先頭に立つ。
⑥部落出身高卒者の就職差別に反対するたたかいを共闘方式で追及する。
⑦進路、就職指導担当教員等、定員外の「同和」加配教員制度をさらに拡充させるとともに解放教育に困難な条件のもとで活動する教職員の優遇について考慮させる。
⑧解放教育専門委員会を設置して運動の全体的な発展に配慮する。
⑨入管法等の帝国主義的排外立法に反対する。
⑩日本人高校に在籍する在日朝鮮人生徒に対する圧倒的な同化教育の現状をにぎり、正しい民族教育の方向を具体的に明らかにしつつ、当面、次のことを実践する。（イ）当該生徒を朝鮮名で呼ぶ。（ロ）入学時の誓約書を撤廃させる。（ハ）帰化政策に手をかさない。（ニ）朝鮮奨学会に組織する。（ホ）朝鮮問題研究会を保障し自主交流を援助する。

（同上）

などの実践課題を掲げた。教職員組合の闘いが、生徒の教育要求を正面に据えて展開されるのは例がなかった。湊川高校分会はこの年、生徒を退学させないとする決議を提案、提案は全会一致で採択された。

他団体、周りの教育機関との関係

兵高教組はこのように被差別の裡にある生徒の教育要求に根差した運動方針を掲げ、兵庫の学校現場の取り組みを主導した。そしてこの、部落解放運動と教員組合活動を繋ぎ、解放教育の進展のために果たした山田彰道の功績は大きいものがあった。高校部落研の全県的な組織、兵庫県高等学校部落問題研究部連絡協議会（兵庫高校部落研）も、事務局はしたがって初め兵高教組神戸県立支部に置かれた（初代事務局長は山田彰道）。兵高教組が部落解放運動と距離をおくようになると、事務局も部落解放同盟兵庫県連合会書記局を経て、湊川高校に移される（二代事務局長は西田秀秋）。

そしてこののちは、年数回の定例会もおおかたは湊川高校を会場に開かれ、機関誌『地下の火』発行の中心的な任務を、湊川高校部落研顧問が担う。七〇年代後半から八〇年代半ばまでの兵庫高校部落研定例会は、県下各高校のほか、遠くは都立南葛飾高校（定時制）を初め、関東地区の部落出身生徒や在日朝鮮人生徒たちも顧問教師とともに参加し、交流を深めた。

しかし兵高教組が支援と共闘の態勢を組まなければ、高校部落研の黎明は容易には迎えられなかったと思われる。また兵高教組内には、六九年の夏季休業中に育友会費凍結校交流会が組織され、続いて一斉糾弾校の実践交流が湊川、尼工を中心に始められるが、これらを中軸として解放教育の自主的な集まりが誕生し、湊川高校の教員は内も外もなく、日夜、実践研究と取り組むこととなる。

兵庫解放教育研究会は会長が福地幸造、事務局長が西田秀秋、事務局員を各校の活動家が指名されたほかは、事務局が尼崎工業高校に置かれたくらいで、規約も会費の定めもない研究サアクルであった。しかし解放教育の全県的、全国的な高まりの中で、七四年八月九、十の両日、兵庫解放教育研究会の第一回大会が、一八〇〇名もの参加を得て、芦屋市で開かれる。大会概要は、五百頁にもわたる記録集『逆流に立って』がよく伝えている（のち、『解放教育』第四十一号、一九七四年十一月号に収録）。全体会の記念講演は、国分一太郎、遠山啓であった。

第二回大会（記念講演は小沢有作、福井達雨）は、問題別会議が七五年八月八、九日に神戸国際会館と夢野台高校で、教科別分科会が同年十一月二十三日に湊川高校でそれぞれ開催された。教科別会議は前日までに県下各校で公開研究授業を実施し、分科会討議と組み合わせて行われたもので、報告集『わたしたちの「胸つき坂」をこえてあるく』が詳しい（のち、『解放教育』一九七六年二月臨時増刊号に収録）。続いて第三回大会（記念講演は野本三吉）は兵庫高校・湊川高校で行われた。

これらの動きと相前後するが、七三年五月には、前年に再建された神戸地区県立学校同和教育協議会（県神戸同協、のち同教と略称）の事務局が湊川高校に移された。名称も研究協議会と改め、それまで有名無実の組織であったが、実践活動を中心とするものに改められた。湊川高校の教員は昼間の時間を同教の活動に割き、県神戸同教は同和教育運動の全県的な拠点としての役割を果たすこととなる。また兵庫県同和教育協議会（兵同協、のち研究協議会。兵同教と略称）の実質の戦闘部隊となった。

県神戸同教の活動内容は、毎年の大会に掲げた、（1）児童・生徒の心をひらく授業の創造をめざす。（2）児童・生徒とともに歩く教師になる。（3）「村へ回帰しつつ超える」、その教育実践をすすめる。(4)「同和」教育の初心をつらぬく、の活動方針がよく物語っている。

湊川高校の教師集団は教育実践を引っ提げて毎年、兵同教大会で報告し、司会者も輩出するなど、大会運営にも貢献した。進路、自主活動、教育内容などの実践報告から何本かは全同教大会の報告に推薦され、湊川高校は同和教育運動を、全国的にも主導した。

進路指導の全県的な組織も、それまでの兵庫県高等学校職業指導研究会が、七四年、進路指導研究会と改称され、定通高校部会は事務局が青雲高校に置かれて、県下の定通高校生徒の就職差別反対、通就学保障の取り組みの中心となった。中でも看護婦生徒や紡績女工生徒の通就学保障が取り組まれると、公開行政指導方式による進路保障の全面的な活動が展開され、湊川高校の教師も、活動の中心的な任務を担うこととなった。

一九七二年に、「差別を許さない進路をきりひらく進学、就職対策を確立するため、教育と行政の課題を明らかにし、実践の方向と理論を統一し、もって同和問題の解決を促進することを目的と」した兵庫県進路保障協議会が設立されると、湊川高校は機関紙(誌)の編集も併せて、側面からも運動を守り立てた。

2 内外からの包囲にさらされる

県政の右傾化

七〇年代をつうじて、兵庫県の教育界ほど変化の目まぐるしい時はなかった。

湊川高校から始まった一斉糾弾、学校改革の動きは、とどまることがなかった。生徒の要求は厳しく、差別を容認するものへの妥協は、いっさいなかった。折から七〇年安保、大学闘争が闘われていたが、兵庫の高校現場では部落、朝鮮の視点から問題の解決を迫った。矛先は民主的だといわれる教組や、教師にも向けられた。生徒のもっとも身近にいる教師から差別をうけたという生徒の体験は、何例も取り出された。真っ先に変わらねばならないのが教師であったからだが、それは教師への期待がそれだけ、大きかったことをも意味した。

被差別の側の生徒の訴えを押し止どめようとする力もまた露骨で、旗振りの先頭に立ったのが兵高教組であった。しかもこれに乗じて県政が権力的な志向をあらわにし、解放運動、同和教育実践への締めつけを強める。反動的な流れは、一九七四年（昭和四十九年）十一月におこった八鹿高校差別教育事件と、翌年九月の育成調理師学校差別教育糾弾闘争をさかいに、一気に進められた。県の同和対策事業は後退し、教育事情も一変する。

部落解放同盟兵庫県連合会は、組織の総力を結集して県政糾弾闘争を展開するが、兵庫県教委は、八鹿高校問題の発生によって教育の政治的中立性が脅かされたとして、七五年三月、「同和教育の推進について」と題する教育長通知（「三〇七号通知」）を発し、運動と教育の分離をはかる。高校部落研、解放研などの活動は学習活動であり、したがって確認会や糾弾会への生徒の参加を認めない、としたのである。

他方、同和対策事業のいっかんとして、兵庫県は七二年度から、育成調理師学校に調理師免許取得のための委託事業を委任してきたが、営利むきだしの学校経営が浮き彫りにされ、部落や在日朝鮮人に対する差別発言が相次いだ。これが発端となって生徒十三名が無期限の同盟休校に入ったのだが、県は育成調理師学校で異常事態がおこったとして突如、「県政資料」を発表する。坂井時忠知事はその中で、「糾弾等のあり方に関しては、あくまでも民主主義のルールによって行われるべきものであ」るとし、次の五原則を守るよう命じた。

1. 糾す者と糾される者、両者による事前協議において、あらかじめ時間の制限、場所の指定等のルールを定めること。
2. 公開の場所で行うこと。
3. 糾弾は教育的に行われ、一方的に押しつけてはならない。いやしくも暴力的行為や恫喝、揶揄等の言動は、反社会的行為として否定さるべきこと。
4. 児童、生徒を参加させないこと。
5. 出席及び退出の自由が保障されていること。

しかしこれが事態をさらに厳しくした。あろうことか、糾弾のし方を知事が教えてやる、というのである。水平社以来の糾弾権を否定するのは認められない（部落解放同盟兵庫県連合会『討議資料』I〜IV）として、同盟兵庫県連は各支部に指示。県幹部職員による差別文書事件の糾明もあわせて提起し、県政糾弾の県庁七十五日間座り込み闘争が闘い抜かれた。

同和対策事業特別措置法が施行されてまだ六年にしかならないこの時期、全国に先んじて、解放運動を押し潰そうとするこれらの動きを指揮したのは坂井時忠知事と、小笠原暁教育長であり、県政のこの変化は、同和加配教員の引き上げにもあらわれた。湊川高校でも、転退職教員があればその補充をしないという形で、七六年度、七七年度と一名ずつ減員された。

掌を返したような、このような強攻策を県政がつらぬくことができたのは、底流に共産党の部落敵視、解放同盟批判があったというしかない。またこれに促された兵高教組の変節、裏切りが微妙に絡んでいた。八鹿高校差別事件がおこった当初は、県はこれを利用しようとしたが、続いて育成調理師学校差別事件がおこると、解放運動に恐れを抱いて、徹底的な弾圧を開始する。この局面では、共産党からの厚い支持、兵高教組の強い賛同を得ていた。県が庁舎管理規則を改悪し、大衆行動締め出しをはかったのも、同じ流れのことだった。

このさなか、県政が背を向けるという情況下で、七六年九月十一〜十三日には兵同教、神戸市同教の合同研究中央大会、十二月四〜六日には第二十八回全同教兵庫大会が、いずれも神戸市で開催される。その全容は、地元実行委員会編の実践記録集『村へ回帰しつつ超える』に詳しい。同和教育の深化のために、県内外から数多くの実践報告が持ち寄られ、大会は成功裡に終わった。湊川高校の教員も地元実行委員会の実動部隊として働き、大会運営を担った。

兵庫県教委はこの前後から、文部行政を先取りする形で中教審路線を突っ走る。「谷間に光を」といわれたそれまでの教育方針は改変され、定時制や通信制高校生徒の教育環境は極度に悪化する。

兵高教組の変節

定時制高校の各現場ではこの時期、湊川高校を中心に通学保障の闘いが、公開行政指導方式で一斉に取り組まれていた。女工哀史さながらのお礼奉公を強要されている看護婦生徒、前近代的な労務管理がまかり通っている紡績女工生徒の就労実態の改善をはからねば、生徒は中途退学せざるを得ない。解決を阻んでいるものには厳しく迫ったが、壁となったのは事業主ばかりではなかった。

「医療機関に対する『公開行政指導』」と称するものが、多数の教師の前で、〝糾弾〟〝つるしあげ〟のような形でやられている(『兵庫民報』一九七四年十二月十五日付け)、『解同』朝田派、病院にも不当介入/職安に圧力、求人紹介ストップ/人手不足で運営難/ベッド削減、赤字に転落」（『赤旗』一九七四年十二月二十四日付け）などとする妨害が、共産党によって連日のようになされたのである。兵庫県高等学校進路指導研究会（進指研）定通部は、記事が事実無根であるとして兵高教組にあて、本部の見解を糾す公開質問状を出すが、回答はなく、定通生徒の通学保障の闘いが、共産党の攻撃にさらされるという事実だけが残った。

この背景には、民主連合政府を早期に樹立するという共産党の方針があり、県民の支持を得て七五年春に予定されていた東京都と、大阪府知事選を有利に導くため、部落に対する差別意識を政治的に利用するという戦術が秘められていた。兵高教組はこの動きを加速させるために、部落解放同盟との連携を進めてきた従来の方針を覆し、共産党の意のままに突っ走っていく。

兵高教組の路線変更がその様相を見せ始めたのは、一九七三年以降であった。中執から山田彰道が外れたこともその動きを早めた。六月二十六、七日に行われた第四十六回定期大会で部落解放団体との提携及び三一一項、いわゆる枠外入学の問題が争点となったが、ここで本部中執は、部落解放同盟との訣別をにおわせている。大会では、議論を尽くすべきだとする多数意見によってこの部分は保留となり、十一月の第一〇二回中央委員会でこれが再度審議に付された。兵高教組本部は正常化連との提携を推進する底意から、それまでの高教組の方針を転換して、同盟との提携解消を突破しようとしたため、湊川分会は、県高支部などとともにその撤回を迫った。

それというのも同年五月に部落解放県連が同盟に加入、同盟兵庫県連が結成されていたからである。解放団体とはそのいずれを指すのか、明確にせよと回答を迫って委員会の傍聴を求めたが、本部執行部は傍聴制限を連発して応ぜず、中央委員会はふたたび継続審議となった。

解放教育を推し進めようとする部隊と、兵高教組主流派とのあいだでは、それまでにも婦人部学習会や新入組合員歓迎会、本部支部執行委員選挙をめぐって衝突が何度も繰り返されたが、事態を決定的にしたのは、翌七四年六月開催の第四十八回定期大会だった。

定期大会の本部議案は湊川高校分会が提案し、生徒の退学処分に反対すると決議した七〇年度定期大会の決定事項を、生徒を甘やかすとして覆し、規律を守らせることこそ優先すべきとして見直しを表明するなど、兵高教組がこれまで進めてきた方針をことごとく転換したものであったため、反対意見が集中した。しかし議論が極度に沸騰したのは、「部落解放団体とは対等平等、一致する課題で共同、相互内部問題不介入の原則を守って提携します」という文言だった。対立はもはや修復できないところまで進んでいた。抗議があいつぎ、大会はふたたび紛糾、無期延期となったが、流会となった定期大会は七月に再度開催され、反対意見を有する傍聴者を締め出し、本部方針は提案どおり強行可決された。解放教育はこうして兵高教組の運動方針から抹消され、こののち共産党の意のままに高教組が動かされていくこととなる。

兵高教組本部は共産党系の中執がほとんどで、党の路線変更とともに、生徒の教育要求に根差した組合運動から、教員の権限の伸張をはかろうとするだけの圧力団体に転落していった。それまでの数年間は、兵高教組は就職差別反対、通就学保障闘争の重要な局面を担い、組合員である高校教員の牽引力となって、民主教育、同和教育の水先案内を任じてきた。そのことは、前に見た兵高教組の運動方針がよく物語っている。あまりにも素早い変節ぶりだった。

教育荒廃を招いたのはだれか

焦点はこのあと知事選に移るが、多くの組合員が兵高教組、吉富健二委員長の知事選出馬を知らされたのは、運動方針をめぐる混乱から抜け切らない八月二十三日、新聞テレビの報道を通じてであった。本部執行部がこれを了承したのは翌二十四日のことだったので、機関決定も、組合民主主義もないがしろにしたとの抗議が相次ぐ。本部と対立していた反主流派は湊川分会を初め、七分会が呼びかけ、兵高教組に組合民主主義を回復する会を結成して対抗。事態はその後、慌ただしく推移する。九月三十日に社共統一がまとまり、一谷定之烝元副知事を候補として選挙戦が闘われるが、結果は、現職の坂井時忠知事が再選されて終わった。ここでの問題は、社共による革新知事の擁立を掲げはしたが、党勢拡大という共産党の利益に、部落解放運動を利用したと言わざるを得ない点にあった。知事選が終わるとすぐさま、兵高教組が八鹿高校事件に突っ走っていったのが、何よりそれをよく物語っている。

八鹿高校は早くから同和教育と取り組んできた但馬地区の学校で、部落研活動も活発だったが、兵高教組本部主導の教員がこれを指導し、出身生徒の要求が封じられた。そのため新たに解放研を創部するが、学校側はこれを認めず、ついに七四年十一月十八日、解放研を支持する同盟と、兵高教組系教員が衝突する事件がおきた。問題は、部落差別を利用して事件を誘導した共産党系教員の側にあった。

兵高教組は七四年には教師聖職者論を持ち出し、七五年春闘では公務員は全体の奉仕者であるとして、日教組方針にも背いてストライキを回避する戦術をとった。そのため、兵庫県教職員組合（兵教組）、兵庫県職員組合（県職）との三者共闘が立ち行かなくなった。一方、共産党は窓口一本化に反対し、部落解放同盟の圧力に屈しない公正な行政を求めるとして、同盟との対決を強めた。

このような路線の対立から、反主流の県高支部を中心に、湊川高校分会も本部執行部には従えないとして、七五年から兵高教組に納入する組合費の凍結に踏み切った。こうして日教組の直接指導を受ける道を選び、このの ち七六年七月に、同盟県連、県総評などからなる部落解放兵庫県民共闘会議が結成されると、湊川も、兵庫解放教育研究会の構成員としてこれに参加する。

兵高教組の右傾化は、能力別学級編成の主張にもあらわれた。湊川高校に限らず、定時制高校は各校とも、中学時代から落ちこぼされてしまった生徒の学力充実に心を砕いていた。この時、兵庫県教委が打ち出したのが能力別学級編成だったが、県教委のこの方針変換に、いち早く応じたのが、兵高教組だった。

七七年六月、高校生の学力低下や落ちこぼれを救済すると称して、学力別のクラス編成を定期大会に突如提案し、採択したのである。しかも議案を下部組織にはかることもなく、その手際は、効用をマスコミに一方的に流すというものであった。能力別学級編成は差別に繋がるとして、兵高教組もかつては反対してきたものであったため、批判はただちに小中学校の教員からなる兵教組からなされ、教育現場の政治的対立がいっそう進むようにもなった。

反主流派の県高支部はもとより、同和教育を推進してきた部隊からの反対表明が次つぎなされると、兵高教組もこれを到達度別学習と言い換えるなどして防戦した。能力別という言い方が固定的な意味合いを持つとして、文部省も、七八年の高等学校学習指導要領から習熟度別と呼びかえるが、制度をいくら変えても、差別教育をしないという現場教師の血みどろの実践の積み重ねがなければ、成り立たない。

湊川高校では進度別授業のこの方式がすでに破綻し、林竹二を招いて、授業創造の新たな営みに差しかかっていたことは前に述べた。しかしこうした湊川高校教師集団の苦闘に学ぶどころか、むしろ敵対する形で、包囲網が作られていったのである。

兵高教組は、解放教育が教育荒廃をもたらせたといい、多様な生徒を入学させたことによって指導上の困難も増え、教員の労働強化が進んだとした。その言動は、矢田教育差別事件と同根同質のものであった。

3 定時制生徒への締めつけが始まる

管理体制の強化

教員に対する管理が強化されるのと、生徒へのそれは同時に進められた。生徒の不幸は、こうして少しずつ形作られていった。県行政は文部行政を先取りする形で進められたが、その動きは小笠原暁が県教育長（のち副知事）に就任すると、一段と強化される。手始めは主任制の導入であった。七五年に制度化されると、県教委は直ちに県立学校管理運営規則を改め、七六年度から実施するとしたのである。

主任はもともと、各校におかれていた。湊川高校も同様で、教務主任、指導部長、学年主任、保健部長があり、保健部長は教頭が兼ねていた。進路指導部長はなく、就職係が指導部の中におかれていた。就職差別事件が際立ち、通就学保障の課題が学校教育の重要な部分をしめるようになり、職業指導部が独立する。進学係はなく、四学年主任が応じていた。

校長が招集する形で行われる定例の主任会議も、七〇年代の前半まではなかった。湊川高校では分執会議を中心に学校運営がなされた。このことは前に述べている。分会執行部は全教職員の合意をはかって方針を決めたし、教育活動は、校長や教頭とも意志疎通をはかってなされたから、管理職との軋轢もなく、校内は順調に動いている感さえあった。ことさら管理職が学校にいなくても支障はなかった。

湊川高校はしたがって管理体制じたい、その必要を認めなかった。そのため、県教委がいう主任制の導入には反対した。また学校長も、分会の合意なしには主任制度を強行しないとの文書を、七六年三月、分会長とのあいだで交わしている。校長以下、教職員が一致して教育活動に当たらないと生徒は救われないという共通認識も、このころまでには生まれていた。これを管理職と馴れ合っているとか、湊川分会は御用組合だと非難する勢力も後にあらわれたが、難しい局面を打開していくためには、現場が割れているような悠長は認められなかったのである。

七八年から主任に手当が支給されると、県教委は全県の主任・部長会議を招集し、各校に縛りをかけた。湊川では主任手当を返上して分会が管理し、生徒のためにこれを使う合意をみた。

七八年三月には、計画交流人事が強行される。いうところの強制配転である。

人事交流の方針が突如発表されたのは、七七年十月のことだった。「同一校九年以上勤務者の計画交流を更に積極的に進めるとともに、新採用後四年から六年を経過する教員の計画交流を新たに実施することにより、県立学校教職員構成の適正化、資質の向上、モラールの昂揚、校風の樹立刷新を図りたい」とするもので、それまでは校長間で交わしていた割愛依頼書や、割愛承諾書は、この年度以降の人事事務からこれを廃止する（「昭和五十二年度末人事異動について」）と通知した。

校長の人事権を取り上げ、県教委がその一切を仕切るという計画交流の強行は、教員組合運動に対する締めつけには違いないが、狙いはむしろ解放教育封じにあった。一年目は尼崎工業高校、二年目は湊川に矛先が向けられた。県教委が「当たり前の学校に戻す」として挙げたのが湊川、尼工、青雲高校とその対極にある兵高教組主流の八鹿高校、尼崎産業高校で、県教委はこれらを二つながら封じ込める、巧妙な仕掛けを強行したのである。

兵高教組の、中でも県高支部を中心に人事撤回闘争が激しく展開され、人事委員会への提訴がなされるが、この闘いの進め方に疑義を唱えたのが林竹二で、座り込み闘争やビラ合戦を痛烈に批判し、百年後を見越した息の長い闘いに赴くことの必要を説いた。授業で賢い生徒をつくり、鍛えることに専念すべきだとしたのである。しかし兵庫解放教育研究会の主力部隊は教育労働研究会を組織してこれに同ぜず、解放教育の土台が潰されれば、闘いそのものが成り立たない。直ちにいま反撃すべきだ、そうしなければ百年先もないし、生徒も守れないとした。これ以後、湊川の中心部隊は兵庫解放研と袂を分かつことになる。

双方に言い分があり、それぞれに聴くべき部分もあるが、しかし解放教育を担う団体が分裂したことは、勢いが殺がれる結果を招いたし、湊川にとっても好ましいものとはならなかった。

兵庫解放教育研究会が教育実践を武器に活動し得ていたのは、林竹二の公開授業を組み込んだ七七年八月十、十一日の第四回大会（芦屋ルナホール）までで、報告集『反攻と転生の長途にたつ』が著されたが、事務局の内紛が組織の分裂を来し、湊川高校の教員の大多数は、七九年八月発足の兵庫授業を考える会の結成に加わり、生徒の自立、授業の創造などの教育課題を追究した。事務局は湊川と尼工に置かれた。周りが変質しようとも、生徒や保護者の願い、地域の要求から切れないことを信条に、湊川高校の教師集団は、いっかんして解放教育実践に従った。

湊川高校はまた日の丸、君が代問題でも難しい判断を迫られた。近代日本とアジアの歴史をふりかえるならば、このふたつは、いずれも容認できるものではない。しかし法制化される前から、通知通達によって実質の強制がなされ、管理職試験等で踏み絵とされるなど、反対できない風潮が作られていた。湊川高校も対応が迫られたが、廃校までもがささやかれ、その危険が回避できないことが決定的となる瞬間までは、教職員は物理的に押しとどめることはしないが、同時に管理職も強行はしない合意を取り付けた。

その後、国旗国歌法が九九年（平成十一年）に公布、施行されると、県内の小中高校では十割近い実施率に到り、湊川も叛意をそれ以上、突き出すことはできなくなった。あくまでも抵抗すれば、湊川高校に残留する部隊が根こそぎ配転させられるし、そうなれば朝鮮語授業を守ることもできなくなる。

学級減・統廃合、授業料再徴収

ところで、定時制高校への進学者数が減少したため、統廃合が進められた、としばしば説明される。しかし事実はその反対で、定時制高校切り捨ての施策が打ち出されたことによって、生徒数が減少することになったのである。

県教委は七六年にすでに定時制高校の学級減、統廃合計画を打ち出していたが、湊川高校は、七八年（昭和五十三年）、一学級減が強行された。六七年（昭和四十二年）度にすでに一学級減となり、入学生から三学級になっていたが、この年度の入学生から二学級に減じられたのである。神戸市内の県立高校は、この同じ年、東神戸高校でも一学級減となった。御影高校定時制では募集停止になったので、存続運動がおこされたが、生徒募集の再開は認められず、八〇年度末に廃校になった。

こののち、県立の東神戸、武庫、尼崎南高校と西宮市立西宮西高校の定時制四校が統廃合され、二〇〇一年（平成十三年）四月、新たに県立西宮香風高校が新設された。その二年後には、全日制の県立飾磨工業高校に多部制が併置され、二〇〇六年三月に城北高校も廃校になったので、旧制中学校いらいの定時制高校で存続しているのは、湊川一校のみとなった。

定通制高校の授業料も厳しい情況におかれた。七一年度から廃止されていたが、県教委はこれを取りやめ、八〇年度から月額一、五五〇円を再徴収すると発表したのである。定時制は義務教育ではない、税金を投入するのは県民感情になじまないというのが理由であった。県財政が赤字に転落したのを理由に、受益者負担の原則を持ち出して一方的に再徴収すると決定したため、各定時制高校ではこぞって反対運動に立ち上がった。全日制高校生の授業料値上げも同時にはかられたため、兵高教組神戸県立支部を中心に署名を集めるなど、抗議活動が展開されたが、撤回させることはできなかった。

湊川高校生徒会もこの年、二月八日に総会を開いて、授業料徴収反対を決議した。また同時に、修学旅行参加費用の半額を県が負担していたのも廃止するとしたので、五四年に生徒会が開設し、約十年間実施した資金プール制度を再開した。

再開された資金プール制度は、生徒一人当たり月額三百円を徴収し、生活資金、慶弔費、修学旅行費の支払いが困難な生徒が、五千円から最高三万円まで借りられるもので、一年以内に返却するものとした。なお、「資金出資者で、在籍中借用を受けない者については、その積立金の金額を卒業・転校・途中退学の場合のみ、委員会の承認のもとに返却するものとする」（会則）とした。

しかし実際は返金業務などの会計が繁雑で、生徒から毎月徴収する諸会費が未納の場合にこれを充てるなど、利用件数は数名にとどまった。したがって一種の積み立て金の役目しかなさず、卒業時に徴収する仰星会入会金や、卒業記念品代を差し引く以外は利点もなく、残金が貯金の役目しかなさなかったので、十年後にはこれも廃止することとなった。

なおその後、授業料は年々値上げされ、減免活動が再度、担任教師の業務になった。

また各種奨学金のその後の経過であるが、これも、父母負担解消の精神、成果ともに失われ、部落奨学金を初め、各奨学金はいずれも貸し付けとなり、返済が義務づけられた。

小笠原教育長は、「今までは貧乏人に金をかけすぎた」「教育の場での競争はあたりまえ」と発言し（『県高支部通信』一九八〇年四月二十五日付け）、そのしわ寄せを、もっとも弱い部分が受けることになる。すなわち定時制生徒の就学条件が、その犠牲となったのである。

同じことは通信制高校でもおこった。七七年、生徒数に見合う教員増を要求した県教委交渉の場で、威力業務妨害があったとして、活動家教員が逮捕される事件（青雲高校事件）までおこされた。

4　危機を迎え撃つ

生徒を呼び集める

生徒の入学を呼びかける取り組みは、高校全入運動の流れにそって、かねてなされてきたが、さほど熱心であったとはいえなかった。定時制高校といえども、生徒は向こうから来るものだという気位の高さが、なかったとはいえない。三学期の初めに年間行事として実施される、入学説明のための中高連絡会が開かれるくらいで、それよりも、眼の前におこっている生徒の死活問題に日々追われているというのが、実情だった。

しかし入学者の激減が現実のものとなると、さまざまな対応が迫られる。学校独自の募集案内を作成して、市内の中学校に直接持って回ったり、生徒の家庭や職場に直送したり、中学校の進路指導と提携して、就職生徒の中でまだ定時制高校への進学を決めていない者に働きかけたりした。

一学期には中学校の教師を招いて、入学後の生徒の情報を交換し、二学期には授業を公開して、学習上の工夫をどのようにしているかを披露し、交流した。また給食の試食を組み入れるなどして、他の定時制高校にはない湊川高校の教育環境を積極的に案内した。

なおのち、八〇年代の末には生徒募集ポスタアを作成し、神戸市交通局や神戸高速鉄道、神戸電鉄などの各駅や市内の各公共施設、公民館や図書館、公共職業安定所など、人が多く集まる場所に掲示したりもした。そのほか町内会など公設の掲示板、校区の商店街や市場、銭湯や理美容室などにも広く貼り出し、さらには神戸市の広報、NHK神戸放送局のお知らせの時間なども活用した。
また湊川の生徒募集の特徴として、定時制高校で学ぶ意味、生徒の体験談を募集案内に必ず掲載するようにした。

私は現在三十二歳、レントゲン車の運転手をしています。そのうえ、レントゲンや心電図測定の助手、ツ反の時の腕の消毒などもしなければなりませんが、高校を出ていないため、技師になりたくてもなれません。……すでに三十歳をこえているので、生半可な気持で高校へいけないと思っていたし、他の運転手に勤務のしわよせがいくことが心苦しく、湊川高校の願書を貰いにいくためには一大決心をしなければなりませんでした。試験当日、私ぐらいの年の人もいるし、もっと年上の人もいました。その人は「子供が小学校三年生になっているが、教科書を教えてくれと言われてもわからないのがつらく、それで受験したのだ」と話してくれました。

発表まで不安でしたが、合格者のなかに名前があったことは、なんとも言いようのないうれしさでした。これで念願の高校への第一歩をふみだしたのです。

（一九七六年度「入学募集案内」）

湊川へ入学するまでの私は、人と話すことさえなく、顔もあげないゆううつな女の子でした。それは、私が朝鮮人であって、小学校四年生まで民族学校に通っていて、近くの小学校の生徒たちに「朝鮮くさい」とか「朝鮮向こう行け」とか言われ、石を投げられたりしたことや、日本の学校へ転校して、その担任の先生によけい者扱いされたり、友だちもできなかったし、つくろうともしなかったからです。……一年生のときが、あまりに順調に過ぎてしまったので、この分なら四年なんてすぐだと思っていたら、二年生でちょっとつまずいてしまいました。

そんな折、林竹二先生の授業を受けました。このとき、自分をはじめて見つめた気がします。

（一九八〇年度「入学募集案内」）

生徒募集にもっとも効果のあったのは、このように、教師が懸命に生徒と対している姿を、親兄弟や保護者が受けとめているところにあった。
——湊川へ子供を預けよう。
——湊川高校なら、我が子を一人前にしてくれるかも知れない。
といって生徒を送り込んでくる。また在校生や卒業生から誘われて、弟妹や、仕事場の仲間が入学したという例もずいぶんあった。湊川の教育実践が還流する形で、生徒が集まってくるという事例は、珍しいことではなかったのである。

訪問指導部活動

こうした取り組みの中で試行されたのが、訪問部活動であった。一九七六年（昭和五十一年）度から訪問指導部を校務分掌の中に位置づけ、担当教師がいっせいに長欠、休学中の生徒を訪問し、再び学校へ呼び戻すこととした。新しく入学生徒を募集するのも大切だが、すでに入学した生徒の面倒を見切らないまま、ほうり出している事実に目を背けることはできない。負の面に正直に向き合うことが分会会議で確認され、形を見たのである。主として青年部の教員がその任に当たった。その主旨を、

1. 現在、学校に来て勉強できない人達に、訪問を通じて、学習の機会をつくっていく事。
2. 長い間、名簿には載っているが、いろんな形で湊川高校から切れてきた生徒達に、私達湊川高校教師集団は痛みを感じており、その生徒達の生活実態と関わっていきながら、もう一度目を向け直し、湊川高校につなぎかえす事。

と定めた。いったんは湊川高校に入学し、籍を置きながら長欠、休学せざるを得なかった生徒、あるいはすでに中途退学した生徒でも、その後の事情が変わっていて、再度呼びかければ編入学する見込みのある者がいるかも知れない。復学する可能性のあるそれらの生徒の情報を収集し、連絡が取れた生徒には何度も接触を持って、担当する訪問教師がそれら生徒の実質の担任として、指導に当たることにしたのである。

訪問教師はもともと「長欠・不就学や問題をかかえる児童・生徒の家庭を常時訪問指導する神戸市独自の制度として発足」したもので、一九六〇年四月に始まり、神戸市教育委員会同和教育室の誕生とともに、七一年三月に実質的に廃止されたが、神戸市の同和教育対策を前進させる動機づけにもなった（解放出版社『部落問題事典』）。

しかし湊川高校の訪問部活動はこの年のことだけで、充分な効力が発揮できないまま停止した。単位制の導入、通信制の併用、レポオト学習の達成に基づく出席時数の認定など、教務規定の変更も必至だったが、制度の改革

となると、担当教員の裁量を越えた。また訪問部に配属された教員は、担任以外でなければ機能しないにもかかわらず、現実には、担任を外れた教師が押し付けられたものであるとしか受けとめられず、熱意が殺がれた。丸山中学校で玉本格が実践したような、同和教育の根幹をなす最大最重要な任務が訪問部活動であるとの位置づけが弱く、理解のなさが活力を減じた。困難でもあり、かつ選ばれた教員にしかできない仕事であるとの共通理解が得られない弱さが、活動を失速させた。

その後、八〇年に授業料の再徴収が始まると、長欠、休学の件数がふたたび増大し、進級卒業が危ぶまれる生徒が浮上する。欠席がちの生徒の登校を促し、長欠者を呼び戻す作業を、担任による個別の取り組みから、学校ぐるみの教育事業に昇華させていく必要があった。そのため、一学期の出席状態がよくない生徒を抽出し、夏休みに特別授業を実施して、生徒が二学期、安心して学業が続けられる態勢を整えることとした。これが夏季補習の始まりで、訪問部活動の反省を生かして、全教員が係わることとしたのである。

湊川高校の教師集団は、恐らくどの学校の教師にも負けないくらい、日々の教育活動に勤しんだ。朝から晩まで、文字どおり生徒のために走り回った。といって管理職の命に忠実であるというのではなかった。兵高教組の中でも、湊川分会は強い分会だったし、組合の動員も、ストライキも、十割参加でのぞんだ。県教委とは常に相反する位置にあったが、教員としての権利行使を優先させて、生徒の教育要求を二の次にするということはなかった。それだのに、取りこぼしていく生徒がなくならなかったことも、事実だったのである。

のじぎく学級の開設

長期欠席中の休学生徒を掘り起こし、ふたたび学校へ連れ戻してくる訪問部活動は、また過年度に中学校を卒業したあと、高校進学の機会から取り残されていた勤労青少年を、湊川高校に呼び込もうとする任務も兼ね備えていたが、地域に門戸を開いてする授業の試みもその一つだった。七九年（昭和五十四年）一月に開設した勉強会がそれだ。校外生学級ともいい、勉強会とも称したが、いきいきハイスクウル識字教室や、後の六五年（昭和四〇年）九月に開講した校外生教室と区別するため、ここでは、のじぎく学級と呼ぶことにする。

というのも、神戸市同和促進協議会長・長田村一部協議会常任理事の中山辰巳から校外生学級開設の要請が湊川高校に提出され、それに答える形で、飯野正規校長が県教委に出した承認申請書が、「のじぎく学級（仮称）開設」を謳っているからである。承認申請書は、

1．生徒を理解し、指導を徹底するには、被差別部落の実態に学ぶことが大切である。

2．学校は、地域との連携において、より教育実践をたかめることができる。

3．定時制高校における生涯教育の一環として役立てる。

ことを挙げ、その中で、定時制高校の将来像を生涯教育と結びつけ、今後の方向性を見出そうとする教師集団の意志を表明している。

のじぎく学級はこうして毎週水曜日と土曜日の二回開講することとし、午後六時四十分から八時十五分まで、正規の授業の二、三時限目を使って、一月二十日から別館の生徒集会室（図書室）で実施された。

一月二十日　開校式。

一月二十二日「人間について」（林竹二）。

一月二十四日「大人の童話」（灰谷健次郎）。

一月二十七日「肩こりをなおす体操」（竹内敏晴）。

の予定が組まれ、講師の都合で日程は一部変更されたが、ともかくも滑り出した。これに続く授業は「一人でできるハリ・キュウ」（草野權和）のように、外部から講師を招いたのもあったが、それ以外はすべて湊川高校の教員が担当した。

内容は、「楽しく身につく文字のべんきょう」「外国のことば・日本のことば」「くらしの中の英語」「こよみと数学」「くらしの中の数学」「数のおもしろさ」「計算のしかた」「めずらしい土地・めずらしいもの」「昔の神戸・今の神戸」「役所のはなし」「くらしの中の理科」「自然のふしぎ」「毎日の健康・薬のみわけかた」「病気と食事」等々、この教室のために教材研究したことが、在籍生徒の授業に返っていくものとなるよう工夫し、面白さや平易さも毎回心がけた。

のじぎく学級は、週三日開講した時期もあったが、受講者の固定化が見られたり、家庭の都合や年齢、健康上の理由から連続して出席するのが難しくなった人も現れ、八三年（昭和五十八年）十一月でいったん中断することになった。

戦後の教育はずいぶん進んだといわれているが、中学校を卒業せずに、または形式卒業をしただけで社会に出

ている人は、一九六六年(昭和四十一年)にはすでに百二十万人にも達している(塚原雄太『夜間中学』)。この義務教育未就学者のために、夜間中学校が設立されており、神戸市では七六年(昭和五十一年)に、それまでの丸山中学校西野分校に続いて、兵庫中学校北分校が開校された。夜間中学校設立の意義を考えると、義務教育未就学者を湊川高校が横取りするような結果になれば、本末転倒だ。そのことも考慮に入れつつ、番町地区に隣接する学校として、夜間中学校に繋いでいく努力がなされなければならない。地域に開かれた学校として、番町地区との交流をよりいっそうはかっていくことによって、湊川高校の存在理由を確かめることもできるはずだし、部落問題への理解も進むのではないか。このような考え方から、のじぎく学級が五年間にもわたって続けられたことは、大きな意味があったといえる。

創立五十周年記念祭

のじぎく学級が開設されたこの年、七九年は、湊川高校は創立五十周年に当たっていた。機能停止の状態が長年続いていた同窓会、仰星会も、これを機に教職員と協力して、活動を再開しようとする機運が高まった。

湊川高校の卒業生の中には、各界でずいぶん活躍している人もいる。しかし湊川高校が同和教育を教育方針の中心課題に据えて活動を始めるようになると、母校とのあいだに一線をおこうとする人たちも現れた。旧制二中の夜間としての名門校が、部落や韓国朝鮮の学校に成り下がっていくのは認めがたい、と感じている人も少なくなかったためだ。柄の悪い底辺の生徒たちと我々を一緒にしてもらいたくない、と一斉糾弾以降の湊川を快く思わない人たちもいた。中には湊川高校の卒業生であることを隠す人もいた。湊川の不幸であるとしかいいようがなかった。

しかし七九年といえば、一斉糾弾の嵐が湊川をおおっていた頃からは、すでに十年が経っていた。この時期は一時の荒れた状態から、学校としての秩序を取り戻しつつあった。また定時制の統廃合が現実味を帯びてきて、湊川高校が廃校になるやも知れないという危機感も合わさって、母校の再建に協力しようとする卒業生も現れる。湊川が潰れずに頑張っている姿を広く教育界に示すことによって、定時制高校に対する攻撃を封じ込めようとする意図もなくはなかった。したがって教職員としても盛大に記念祭を実施し、危機を迎え撃つことにしたのであった。

湊川高校はそれまで、文化祭と体育祭を隔年実施してきた。しかしこれを、一九七五年（昭和五十年）から、二学期の中間考査が終わったあとの一週間を打ち抜いて、学校祭として毎年実施することとしたのである。校区の中学校にも案内し、保護者や地域住民にも出席を呼びかけて学校の啓蒙を行ない、生徒募集に繋げた動きに集約していくことも始めていた。

一九六〇年代末におこった学校糾弾の波は、全国的な大学闘争の動きにも刺激され、公教育がぐらざるを得ない戦後の一断面でもあった。しかし旧体制を壊すことに急で、混乱を脱することができなかったのも事実だった。その反省もあって、七〇年代後半になると、湊川高校でも学校を告発する度合いを抑え、文化創造の活動にしだいに力点を移していった。学校祭の動きを、学校の活性化をはかっていく取り組みとし、七九年に予定された五十周年記念祭に向けて、湊川全体が、全力で疾走していくことにしたのである。

準備はその前の年から始められた。七八年十月三十日から十一月三日まで創立五十年記念学校祭を実施し、竹内スタジオによる劇「斬られの仙太」の上演も行われた。

こうして本番の創立五十周年記念祭は、七九年十一月八日から十三日まで、五日間にわたって敢行された。神戸文化小ホールを借り切って、第一日目は式典に続いて林竹二による講演「私が湊川で学んだこと」と、演劇部生徒の劇「磔茂左衛門」の上演で幕を開け、二日目以降は生徒の文化発表、展示、音楽祭、体育祭、公開討論会が次つぎ行われた。最終日は五十周年記念祭の締めくくりとして、竹内スタジオによる劇「田中正造と谷中村の人々」が上演された。

このかん、記念誌『音高く流れぬ――湊川高等学校五十年史』が刊行され、仰星会名簿も作製されて、教職員も卒業生の消息を追うなどの作業に、何か月も忙殺されるということが続いた。

5　孤高をつらぬく

後退を迫られる

十年の時限立法として成立した「同和対策事業特別措置法」は、七九年（昭和五十四年）四月に三年間の延長がなされた。八二年（昭和五十七年）三月に失効すると五年間の時限立法として、「地域改善対策特別措置法」が四月に公布された。「地対法」が八七年三月に失効すると、今度は改めて五年間の時限立法として、四月に「地域改善対策特定事業に係る国の財政上の特別措置に関する法律」を公布。そしてこの「地対財特法」は九二年、九七年にいずれも五年間延長され、二〇〇二年（平成十四年）三月末で失効した。こうして、三十三年間にわたった同和対策の事業は終了する。

そのかん、九六年に「人権擁護施策推進法」が公布され、ついで二〇〇〇年（平成十二年）に「人権教育及び人権啓発の推進に関する法律」が制定されたが、人権侵害の救済に関する法整備は充分とはいえなかった。

同和教育の後退は、同和対策をめぐる法の改変が大きい。兵庫の教育界も国の動きに準じて変化する。そればかりか、八二年、兵庫県は民生同和局を地域改善局とし、県教委同和教育指導室を地域改善対策室と改めた。文部省すら同和教育と呼んでいる時、兵庫県のみ地域改善対策としての教育（地改対教育）としたため、県の内外から強い批判を受けた。

兵同教、各地区同教とも、法が変わったあと、いつまでも同和、同和と言っていては補助金が下りないという主張に押し流されるようにして、組織の整備と名称の変更を求める流れが一気に進む。こうして九九年、兵同教は兵庫県人権・同和教育研究協議会と改称され、さらに二〇〇四年、兵庫県人権教育研究協議会（兵人教）に改められた。この流れは各県とも同じ動きをたどり、やがて全同教も九九年、大会名を全国人権・同和教育研究大会とし、二〇〇九年、全国人権教育研究協議会（全人教）と名称が変更され、一般社団法人となった。

同和教育運動のこの流れは、人権いっぱんに薄められることによって、部落問題がかすんでしまうという危惧を、現実のものとした。大会報告はそれ以降、国際理解や共生社会の実現等々に軸足が移り、いじめや虐待などの個別の事件に関心が向けられていく。問題を歴史的社会的に糾明したり、制度とその内側にひそむ差別意識を問うことは影をひそめ、人権教育か福祉対策か分からないような研究会に、しだいに変わっていった。

他方、差別と人権の問題をゲエム感覚で超えようとする気楽さも見られるようになった。参加体験型学習等がそれで、その分、教育実践が軽くなった。

生徒の就学条件の面では、部落奨学金の改悪が急激に進んだ。部落出身生徒の高校進学者に対する奨学金として、神戸市は六六年（昭和四十一年）に、「神戸市特待奨学金」を創設し、七四年（昭和四十九年）から「神戸市同和奨学金」と改めたが、いずれも給付であることは変わらなかった。ところが八五年（昭和六十年）から八七年（昭和六十二年）にかけて所得制限が導入され、八七年度からは貸与制となった。またこれと歩調を合わせるかのように、県や市など自治体が制度化している各種奨学金も、給付から貸与に改悪され、定時制生徒の経済的な負担はますます大きくなった。

定時制生徒は、教科書代や給食費の補助を受けていたが、会計検査院が生徒の就労状況を全国的に調査し、働きながら学ぶ勤労生徒の実態がなくなっていると断じた。その結果、文部省も九五年（平成七年）度から定時制通信制教育振興奨励費の補助金交付要綱を見直し、夜食費と教科書給与費の対象を、原則として有職生徒に限るとしたのである。

九〇年代はまた情報化社会への対応が、教育界でも叫ばれた。各校ともパアソナルコンピュウタアが導入され、情報教育科目が開講される。こうしてパソコン機器の画面に向かってキイ操作する授業が展開され、人間の顔を見ながらする授業は、脇へ押しやられていった。便利と迅速がもてはやされ、教育に競争原理が導入される。効率ばかりが重要視されるが、負の面も見ておかなければならない。結論が導かれるまでの過程よりも、甲か乙か、答えをすぐ捻り出そうとする。問題行動から教育上の課題が追究されるよりも、犯罪とその防止策の面からのみ扱われる。

その上でさらに付言しておかねばならないのは、教育行政のこの動きが、最先端の教師の動きを縛っていることである。生徒の面倒を最後まで見ていく係わりの姿勢が姿を消し、事件として警察に売り渡し、法的な決裁を求めることだけが正当化される。こうして、生徒を学校から排除する方向がますます強められていった。

湊川高校の評価

このかん、湊川高校の評価はさまざまになされた。中には戦線から離脱し、県教委の言いなりになっているというのもあった。厳しい情況下を生き抜くため、八〇年代は静かに伏せているしかなかった。同和教育の先進校と見なされていた七〇年前後から較べると、失速していると見られるのも、致し方なかった。その理由として湊川分会が消滅し、これを再建しなかったことがあろう。兵高教組主流が反動的な組合に堕してしまったので、反主流は、組合員としての資格を本部から剥奪されたあと、八九年、日教組に直属する兵庫高等学校教職員組合(兵高教)を新たに結成した。しかし兵庫解放教育研究会(兵庫解放研)が分裂したあと、主力の影響力の強い兵高教とも、湊川は距離をおかざるを得なくなる。

それにしても、分会が職場になく、いずれの組合にも加入しない強がりは、負の結果をもたらす。管理職に対する教員個々の力も、結集されないでしまう。

兵庫解放研はその後、機関誌『むらぎも』(『村への通信』改題)を刊行して活動を継続するが、青雲高校事件など、反弾圧闘争に軸足がおかれ、同和教育の実践報告が出されることもなく、同和教育の世界から退場した。

これに対し、湊川高校は尼崎工業高校とともに高校部落研定例会を牽引し、兵庫授業を考える会の例会、大会を中心に研究実践を持ち寄った。授業を考える会は、第一回大会以降、報告集『鏤刻(るこく)』、機関誌『深く結びあうために』を刊行し、実践を世に問うた。湊川高校が理屈に走らず、地道な活動を展開できたのは、授業と自主活動を両輪として、部落出身生徒や在日韓国朝鮮人生徒の自立をはかっていく取り組みを追究してきたからであった。湊川という小さな世界に活動は狭められたが、生徒とともに歩むという旗印を下ろすことはせず、日々の取り組みを続けた。

最大の危機は、湊川と尼工に対する誹謗中傷で、兵庫解放研の悪足掻きとしか受け取れなかったが、これに対し、湊川高校教職員と、授業を考える会はいずれも声明を発表し、湊川高校こそ兵庫解放教育研究会の名称を体することが至当であるとし、解放研との訣別を宣した(一九八〇年四月、声明「解放研事務局と動きを共にすることを当分留保する」、八月「『むらぎも』の誹謗中傷特集に対する抗議声明」)。湊川はそれまで兵庫の解放教育の先頭を走ってきたがゆえに、敵味方の双方から矢が向けられることになる。今ある姿を、かつての仲間から理解されないことも感じていたが、抗弁はせず、それまで湊川高校が取り組んできた実践活動を守り抜くことに腐心した。そうしないと、湊川の門前までたどり着いた生徒の学びへの希求が閉ざされてしまう。まさしく湊川は孤絶した闘いを強いられたのである。

しかし湊川高校が讒言に包まれたことは疑いがなく、悪評も飛んだが、全同教大会などでその後、湊川高校の健在を確かめた全国の参会者から、湊川を誤解していたことを恥じる声や、安心したという感想が数多く寄せられた。

なおここで、西田秀秋について見ておかねばならない。というのも、湊川高校が失速したのは、西田の転出と無縁ではなかったからだ。

解放教育運動を潰すために、県教育行政の意向として、西田を湊川から転出させようとする圧力があったが、西田はそれを逆手にとり、管理職への道を選択した。湊川に骨を埋めると自らにも言い、同僚にも居残るよう要求したことからいえば、自らの意向がかなわない他校への転出は、強制配転と言えなくもなかった。しかし西田の場合は、予期しない形で他校に飛ばされた者たちの計画人事とは違っていた。したがって西田のこの転身を、権力の中枢に食い込んでいったと見るか、行政に取り込まれたと見るかで評価は分かれるが、いずれにしても全面展開の兵庫の運動が後退することになったのは否めない。

西田は湊川高校の卒業生であり、在校時に部落研を創部した。いっせい糾弾のさなか、五名の同和加配教員の一人として着任し、学校運営の中心となる。また兵庫解放研の事務局長、県神戸同教の幹事長、事務局長として専従活動し、兵庫の同和教育を率いた。その功績は大きかったが、反して負の面も強かった。西田は卓越した工作者であったが、性急に過ぎた。理想が高すぎると部隊にかえって隙間を作ってしまう。

湊川高校の欠陥は、したがって組織として動く態勢を作り出すことができなかったことにある。こうしてある者は西田との距離を測りながら従い、ある者は去った。湊川をあとにした者の多くは、二度と湊川に足を向けない形で去り、西田に付いて行った者は多くはいなかった。管理職への道に走った者もそうでない者も、結果的に、湊川を置き去りにした。

西田の転出後、残された教員に課されたのは、いっせい糾弾以降の湊川が追究してきた、生徒とともに歩く教育活動を遺産としてどう守るかということだった。古手と称された古参部隊は弱体で、少数者に転じた。

西田秀秋と並んで、教師と生徒の双方に多大の影響を与えたもう一人の論客は、朝鮮語科の金時鐘だった。西田が狭い路地にこだわって、そこから世間に向かって叛意をあらわにするのに対し、金は海を渡った向こうから風を吹かせる詩人だ。西田は島国から発想し、金時鐘は地球規模のかまえだった。金時鐘は自身にも自民族に対しても厳しく、その同じ厳しい眼で、日本や日本人に対して直球を投げ込んだ。金の眼差しはひとり湊川高校の教員や生徒にのみ留まることはなかった。

金時鐘は、兵庫の解放教育運動内部の独善を修正し、残留部隊の牽引役となって湊川実践を補強した。金時鐘の遺したものは大きく、金がいなければ、湊川は、幼稚な闘争を仕掛けて、早くに潰されていたろう。金時鐘は十五年にわたって在職した湊川高校を、一九八八年三月に退職し、引き続き九〇年三月まで非常勤講師を勤めた。

6　辛うじて、生き残る

負の清算

湊川高校の負の面についても、率直に述べておかねばならない。

というのも解放教育の先進的な実践校である、という栄光の面ばかりが強調されているのは、正しくないからだ。湊川は教師と生徒とのあいだの壁が取り払われていて、職員室にも生徒が自由に出入りしている。いっせい糾弾以降、教師の権威がなくなってしまったこともあるが、友だち感覚がいつの間にか軽い方向、低い次元に流れていく弱点も見られた。

演劇部も同様だ。部落研や朝問研に入り切らない生徒を組織し、文化創造の活動に引き入れていくのは、意義のある取り組みだった。演劇部はたった一度の舞台発表のために、何日も練習を重ねる。本読みから立ち稽古へ進み、本番を迎えるまでには二か月以上をかけねばならないが、役を振った生徒が仕事や家の都合、病気や怪我で休んだり、途中で出て来なくなることもあって、仕上げまでは気を緩めることができない。練習時間も充分には取れず、公欠といって、授業中の部活動を出席扱いとするなど、内規で決められた以上の練習を認めねばならない。そして本番が終わると、生徒は達成感もあり、興奮にも包まれて最高潮に達するが、浮かれているわけにはいかない。直後に引き締めをしておかないと、次回の練習に繋ぐのは難しい。

そのため打ち上げと称して、安い料理屋を借りて反省会をするのだが、未成年を除いて、この日ばかりは酒類も少しは許容した。演劇部が湊川高校の自主活動の分野で果たした役割は認めながら、他方、弱点も総括しておく必要があるのはこのためだ。

こういうのは、しかし湊川高校に限ったことではなかった。近隣の定時制高校でも、忘年会や新年会には飲酒も珍しくなかった。成人の生徒もいるし、職場では当たり前の習わしだから、その延長線上で受け入れている部分もなくはなかったが、これらの悪弊を断ち切っていく努力は、緩慢だったと言わねばならない。

湊川高校はもともと生徒の自治が貫徹していた。文化祭も体育祭も、運営いっさいを生徒会が中心になって行なった。教師が職員室から一歩も出ずにいても、整然となされるのがふつうだった。だから規則や処分で取り仕切らなくてもよかったのだが、一九七〇年前後から風紀の紊乱が指摘されるようになる。いっせい糾弾前後の、生徒の総叛乱の中で、学校の秩序を云々する風は吹き飛んだ。

学校である以上、湊川高校も治外法権が認められていることはない。生徒らしくない行為は不問にせず、処分も行われた。日を限って登校を禁止するというのもあったが、要は同じ過ちを繰り返させないというのが主眼で、懲戒というより反省を迫ることに力点がおかれた。したがって自分を見つめさせるために、教師と生徒が一緒に座禅をするなどのことも行われた。喧嘩やいじめ、器物破損などはこうして処分も行われるが、中でもどうにかしなければならない課題の一つに、喫煙の問題があった。

湊川ではいっせい糾弾以前から、喫煙願いを学校に提出し、認められた成人生徒は、職員室前の吸い殻入れの前で、休み時間に限って喫煙が認められていたが、それが有名無実になっていたのである。しかし問題は、喫煙を悪習とする考えが希薄であったことだ。

八〇年代も半ばを過ぎると、湊川高校は八方をふさがれ、独力で活路を見出さねば凍死もやむなしという情況に追い込まれた。湊川の中心となってきた教員が、計画交流人事の影響をうけて毎年転出し、代わって新卒教員や、管理職試験に合格した、塩漬けと俗称される教員が着任する。中には湊川のこれまでの教育実践に批判的、否定的な教員も配当される。給料が一号俸高いことを当て込んで着任する教員もいる。

総じて、湊川に骨を埋めるつもりで赴任してきた教員はいない。このような人事異動の不当から、長年にわたって築かれてきた同和教育実践を受け継いでいく力が殺がれていったのは、当然だった。しかも西田秀秋が、管理職への道を選んで全日制高校に転出すると、残った教員の力量不足は、だれの眼にも明らかだった。

県教委の指導主事が年一度、教科または生徒指導のいずれかを選んで各校を訪問し、指導助言する行事があるが、これを指導主事ではなく教育長を招聘し、学校視察を企図して湊川の正常化を進めようとした校長もいた。この場合、成功すればよいが、支障が生じれば反撃も大きいことを覚悟しなければならない。

管理職と、湊川の流れを守り続けようとする現場教員とは、思惑は違ったが、県教委の定時制潰し、湊川への攻撃を迎え撃つ先手の攻めを仕掛ける点では、奇妙な一致があった。その一つとして繰り広げたのが校内標語づくりで、学校生活を律する内容の標語を全校生から募集し、来校した教育長や指導主事の眼につくように校内に貼り出した。

井野辰男教育長の視察は、一九八六年（昭和六十一年）十月十七日に実施された。生徒が教育長の講話を聞かないようなことがあれば、学校側の責任が問われるが、同時に教育長の器も試される。井野教育長はこの日、万全の準備をして全校生徒に対した。

どの管理職も規律強化を云々し、生徒が教師に従うことにのみ注力する。それが学校らしさをもたらすと信じて疑わないからだが、湊川では逆効果だ。十代の前半までに人間不信になるような、辛酸を嘗めてきた生徒がほとんどだ。彼らと教師の間には断絶が、入学前からすでに出来上がっているのである。生徒を大事にしてくれる学校であるか、教師であるかを、生徒は本能的につかみとる。その裂け目を、教師の側から先に超えていかなければ、湊川の教育は成り立たない。

教育長の視察は予想以上の成果があり、その後、湊川は風評ほどではなく、教育活動も地道に、むしろ熱心に行なっているとの評価がなされた。結果は湊川を守ることができたし、学校は生き延びることができたのである。

しかし新卒新任教員の中には、規律を強化し、秩序を打ち立てて学校を正常化することが湊川高校の再建だと考え違いする者も現れたので、全国の同和教育実践者からは、湊川は解放教育の看板を下ろしたのか、と疑われる事態も招いた。そういうぎりぎりのせめぎ合いを含んだ内部闘争が続いた。

持ちこたえてきたもの

――今日も机にあの子がいない。

全国の同和教育運動の先覚者たちは、法のまだなかったころから、校区の被差別部落に入り、長欠生徒を学校へ連れ戻す取り組みを始めた。湊川でも、たった一人の生徒に徹底して係わり、被差別の裡にある生徒を起こし、一人前の人間に仕上げていく努力を惜しまなかった。出世するなどという次元を隔絶した、地道な活動が教師の原像だ。

同和対策事業関係の法が終了したあとも、問題は山積したままだった。暗闇に閉じ込められている生徒の実態は、急激には変わらないのに、教育に競争原理が持ち込まれると、学校現場では部落問題が解決したかのような活況を呈し、湊川高校でさえ、同和教育が何かも知らない教員が伸し歩くようになる。

このような中では、解放教育の理想を継承しようとすれば、少数派として異端視される。解放教育を、悪弊として葬り去ろうとする教員が跋扈し、両者のせめぎ合いが、止むことがないようにもなる。すると真面目な議論が交わされるということがなくなってしまう。話し合う前から、双方の立場や結論は決まっているので、あとは相手をいかに打ち崩すかだけだ。湊川高校でも事態は急降下を始める。

八〇年代から九〇年代にかけて、湊川高校に骨を埋めると決意していた教員は他校へ飛ばされた。かわって職業意識が希薄か、管理職候補、新卒新任の採用者など、雑多な教員が次々と転入。こうして、一丸となって湊川実践を維持していくことは難しくなる。そのような中では教員どうしが足並みを揃えるのは絶望的で、会議をすればするほど意見の対立が鮮明になり、教職員が割れる方向に向かう。するとどうしても実践は弱体化し、生徒の教育権を締め出す動きにしかならない。

生徒が自力で生きるのを援助しようと必死に係わり、惜しまない努力を続けてきた古手の教員に対し、生徒を甘やかせていると挑発し、正常化の名のもとに生徒を縛ろうとする者たちが多数を占める湊川に成り代わっていった。林竹二のように、自分のテエマを追い求めてきたことのない教師は、旧態依然の授業に閉じこもり、自らの生きざまを生徒にぶつけて苦闘している教師と対立し、満足のいく授業ができないと、勉強しない生徒がよくないと不平を漏らし、生徒が一方的に処分される。教師だけが楽をし、楽になった分、堕落が始まる。

皮肉なことに、管理職の善し悪しが生徒の幸不幸を決するということもみられた。管理者としての貌だけを見せて教員の前に立ちはだかる職制が着任すると、学校は萎縮する。逆に校長、教頭が教員と同じ方向を向いておれば、学校は活気づく。個々の教師も伸びる。したがって管理職を巻き込むことができるか、否かが湊川の浮沈を決した。平教員はむろん、定時制の管理職は、全日制のようにだれもができるのではない。校長、教頭は二、三年で異動するのがふつうだったから、その分だけ謙虚でなければならない。湊川高校の歴史や、生徒の実態を知らずに、湊川の職務が務まるはずはない。他の定時制高校が勤まったからといって、湊川高校で務まるとは限らない。管理職も平の教員も、湊川では一流かそうでないかが、瞬時に見分けられてしまう。

実践の停滞を余儀なくされ、困難な時代が続いたが、それでも湊川が潰れずに持ちこたえてきたのは、常に地域に門戸を開いてきたからだといえよう。夜間中学校卒の年配者の識字に対する要求に答える努力を、まったくの奉仕活動として継続し、ひいては入学生徒の確保をはかってきた。少数部隊ながらも、湊川高校の歴史的伝統を消さない努力を重ねてきたからである。もしかしてこの期間中に、閉校に追い込まれていれば、湊川高校の九十周年もないことになる。

周辺の定時制高校が統廃合される中で、湊川は辛うじて生き残った。

このころ私は定年退職したので、湊川との係わりもなくなる。これ以降の章は、湊川創立のころまでさかのぼり、定時制高校の源流を尋ねて、この稀有な夜間高校の九十年史を終えることにする。

◉プロムナアド4
定時制、その初期のころ

湊川九十年史などというと、廃校にでもなったかのような早とちりをされかねないので、注を要すると思うので、ちょっとばかり寄り道を。

湊川の初期のころを尋ねてみようとして、ふと気になったのは、戦前の夜間中学（義務制未就学者のための戦後の夜間中学校とは別）、あるいはその後身の、戦後設立の定時制高校がどのようにして誕生し、どのような歴史的経過をたどって今日に至ったかということについてだ。すなわち夜間学校の法的根拠は何かということだが、まるでないのだった。そこで私は教育史を当たったが、これもわずかに尾形利雄・長田三男『夜間中学・定時制高校の研究』があるだけで、概説もなく、探索は困難を極めた。

考えてみれば当たり前だ。〈身を立て、名を挙げ、やよ励めよ〉の時代に、国を挙げて勤労者のための学校が設立されるわけがない。切れっ端の資料でもないか、と湊川高校の倉庫を捜したが、見当たらない。湊川は兵庫高校の夜間だったから、兵庫高校へ聴けば判るのかも知れないが、兵庫とは今はさしての行き来もないので、問い合わせもしかねた。

そのため私は各定時制高校の沿革、校史を繙いたが、湊川どうよう、定本化されたものはまだない。唯一あるのは『兵庫県教育史』や『神戸市教育史』だが、むろんこれらに六九年に兵庫県でいっせいにおこった差別教育糾弾の様子は出て来ないし、湊川高校で始められた朝鮮語授業についての記述も、一言半句ない。無視されているのである。だからこの二著は私には何の参考にもならなかった。

しかしそれでも、湊川には、私の在職期間中の発刊になる、湊川高校五十年史『音高く流れぬ』があり、これが比較的、創立のころの様子をよく伝えている。また戦前戦後の断片は、兵庫県高等学校定時制通信制教育振興会の記録『暁を信じて——兵庫の定通50年』があり、これらによって、創立当初の湊川高校の様子がしだいしだいに明らかになっていったのである。そこには部落研のほか、安全会や生徒互助会のことも、記されている。

付記　本文は、『パンの木』第二七三号「兵庫の定時制または湊川の記述をめぐって」（二〇〇八・一二）、『パンの木』第二四二号「湊川史の難しさ」（二〇〇九・九）、『パンの木』第二七〇号「定時制に関する文献」（二〇一二・一）を一つにまとめたものである。

第五章――夜学の、開設

1　湊川創立

夜間中学講習所の開設

湊川高校の創立は、一九二九年（昭和四年）のことである。この年の二月十八日、兵庫県告示第七十四号によって、兵庫県第二神戸夜間中学講習所（定員四百名、各学年百名）が、県立第二神戸中学校（旧制二中、現在の兵庫高校）内に設置され、四月一日に開所されたのが始まりである（所長は、第二神戸中学校、上野可然校長が兼任）。

講習所はしかしすぐ、三年後の一九三二年（昭和七年）六月二十七日、兵庫県告示第五百九十五号によって、兵庫県立第二神戸夜間中学と改称された。また修業年限も、四年から五年に改められた（学長は、上野可然所長が引き継ぐ。なお同年六月三十日、二中校長、吉野平蔵が学長兼任を命じられる）。

こうして一九三四年（昭和九年）三月十八日には、第一回の卒業式が行われ、二十名の卒業生が送り出されることとなる。卒業式のことは、「昼間の中学とは異なり特に夜間を選んで刻苦勉励を余儀なくされている少年達だ、……将来必ずや立志伝中の人がこれら少年のなかから出ることであらう」（『大阪毎日新聞附録』一九三四年三月十八日付け）、と各氏名に続き、それぞれの現職と将来の希望が報じられている。

ところで、県内の夜間中学講習所の開設は、湊川の開校よりも一年早く、一九二八年（昭和三年）のことだった。この年、県立第一神戸中学校内に兵庫県夜間中学講習所と、県立神戸商業学校内に第二神戸商業学校（現在の長田商業高校）の二校が開校されている。

しかし兵庫県夜間中学講習所の入学志望者（定員百名）は「年齢に制限がなかったので、なかには二〇歳、三〇歳代のものもまじって」（『兵庫県教育史』）おり、四倍強の四百三十名に達した。そのため増設がはかられ、湊川と同時に、兵庫県御影師範学校内に兵庫県御影夜間中学講習所（定員二百名、各学年五十名）、県立姫路中学校内に兵庫県姫路夜間中学講習所（定員二百名）が、それぞれ設立された（以上、いずれも男子）。また兵庫県告示第七十五号によって、県立第一神戸高等女学校内に兵庫県夜間高等女学講習所（定員二百名）も同時に開かれ、あわせて四校が、いずれも二九年に開校した。

なおこの時、兵庫県告示第七十三号によって、兵庫県夜間中学講習所を、兵庫県第一神戸夜間中学講習所と名称変更している。

ではなぜこの時期に、夜学が開かれることになったのだろうか。

一九二九年といえば、世界中が大恐慌に見舞われ、農村は疲弊し、都市には失業者があふれた。労働争議も各地で繰り返され、その捌け口を国外に求めた政府は、三二年には上海事変を引き起こし、一挙に十五年戦争に突入していくその前夜にあたっていた。おりからの経済不況で、中学校や実業学校への志望者が減少しており、二八年一月十八日、水野文部大臣が、「夜間中学・二部授業制度の確立が必要」との談話を発表する（『神戸市教育史』）。

国のこの方針にいち早く応えたのが、兵庫県だった。こうして、「夜間ニ於テ中学校程度ノ高等普通教育ヲ為ス」ことを目的とした、修業年限四年の講習所が神戸に開設されることになる。入学資格は、「尋常小学校ヲ卒業シタル者又ハ本所ニ於テ之ト同等以上ノ学力アリト認メタル者」であればよく、授業料は月額二円五十銭と定められた（兵庫県令第八号『兵庫県夜間中学講習所規程』）。

授業は一時限四十五分とし、午後五時三十分に始まり、九時に終了する一日四時限を充て、学科は、修身及び公民、国語及び漢文、英語、歴史、地理、数学、博物、物理及び化学、実業、図画、体操で、週二十四時間。第三学年と第四学年は、実業科を学修する甲組と、それ以外の乙組の二組に分け、修身及び公民以外の科目での授業時数の増減を認めた。そのほか、五月、六月、九月、十月、十一月の第三日曜日には、昼間五時間以上の野外教練が課された。

このころ、官庁で働く生徒の日給が六十銭だったから、授業料が二円五十銭というのは四日分以上に当たる。生徒にとっては高額で、せっかく入学しても、卒業する五年後には脱落する者も少なくなかった。卒業者数が三割から四割にも減じてしまうことが、何よりもよくそれを物語っていた（湊川高校五十年史『音高く流れぬ』）。

講習所の職員については、前述の『夜間中学講習所規程』でこれを見ると、所長一名、講師及び書記若干名で構成されている。書記はいわゆる事務職員なので、授業は「生徒ノ教育ヲ掌ル」数名の講師によってなされていたに過ぎなかった。

夜間中学と改称

しかし先に述べたように、一九三二年（昭和七年）六月、名称が改められ、夜間中学講習所から夜間中学に改称される。湊川のほかの四校も、兵庫県第一神戸夜間中学講習所は兵庫県立第一神戸夜間中学（のちの東神戸高校）に、兵庫県御影夜間中学講習所は兵庫県立御影夜間中学（のちの武庫高校）に、兵庫県姫路夜間中学講習所は兵庫県立姫路夜間中学（のち、城北高校）に、それぞれ変更された。また兵庫県告示第五百九十六号によって、兵庫県夜間高等女学講習所は兵庫県立夜間女学校（のち、諏訪山女学校）に改められた。

なお、第二神戸商業学校は昼間と同格の学校として認可されていたため、この年度での名称変更はなく、後述する専検問題がおこることもなかった。

夜間中学はおおむね講習所と変わらなかった。違っているところは、修業年限が五年制となり、第四学年と第五学年は、実業を学修する者を第一種課程とし、それ以外の者を第二種課程としたこと、それにともなって、学科も修身、公民科、国語漢文、歴史、地理、英語、数学、理科、図画、実業、体操と改められたことである。

そのほか学年が四月一日に始まり、翌年三月三十一日に終わるとしたことも、学年を二学期に分け、第一学期を十月十五日までとし、第二学期を十月十六日からとしたことも、講習所と変わらなかった。また休業日や野外教練も講習所に準じている。休業日を祝日、大祭日、日曜日、創立記念日としたほか、八月一日から十五日までを夏季休業、十二月二十五日から翌年一月七日までを冬季休業としたのは同じだが、春季休業は、講習所が三月二十一日から三十一日までとしているのに対し、夜間中学は四月一日から七日までとしているのが違っているくらいである（兵庫県令第三十六号『兵庫県立夜間中学学則』）。

ではなぜ夜間中学と改めたかということだが、「最初の夜間中学講習所が開設された時は、その卒業生には昼間の中学校卒業生と同等の資格が与えられる見とおしであった」（『兵庫県教育史』）が、兵庫県夜間中学講習所の場合、県立一中の校舎と設備を開放し、一中の教師が教育に当たり、一中生と同じ資格と誇りを持たせると宣伝したため、先に述べたように、定員の四倍強の受験者が殺到する事態となったのである（『神戸市教育史』）。

しかし実際は夜間中学を卒業しても、昼間の中学校卒業生と同等の資格を得ることはできなかった。というのも文部省の方針が変更され、認可が下りなかったからである。したがって高等学校を受験する場合は、生徒は専門学校入学資格検定試験（専検）に合格しなければならなかった。「そこで学校当局では専検受験を奨励したところ、大半の生徒が受験勉強のため学校を休んで、神戸市立図書館に通いつづけ」(『兵庫県教育史』)たので、講習所の危機ともいうべき事態まで生じたのである。

そのため夜間中学講習所に換えて夜間中学とすることとし、修業年限も四年から五年に改めねばならなかった。しかしその後、正式に夜間中学が認可され、中学校卒業者と同等の扱いを認められて専門学校入学の資格が得られるのは、翌三三年(昭和八年)七月の文部省告示まで待たねばならなかった。「したがって昭和七年に四か年の修業年数を終えて卒業した第一回の卒業者は、ついに中学校卒業の資格を得ることなく、卒業せねばならなかった」(『神戸市教育史』)のである。

いずれにしても、夜間中学生には向学心と忍耐力が要求され、それに耐える生徒を育成するという教育理念が貫徹されていたのはいうまでもなかった。もともと数倍の競争率を突破して入学してきた優秀な生徒であったとはいえ、身体が頑健でなければ勤まらない。入学生徒が途中で脱落しないようにする条件整備は、皆無だったのである。

2　戦時下の夜学

灯火管制

日本を取り巻く情勢は厳しさを増し、日中戦争は引き返すことができない泥沼に嵌まり込んでいった。一九四一年(昭和十六年)、ついに太平洋戦争に突入、日米戦争が本格化するが、このかん日独伊三国同盟が締結され、国内では大政翼賛会が結成される。軍の横暴はとどまることを知らず、教育方針も、軍事色一色に塗りつぶされていった。「御国のために死ぬ」のが美徳とされ、生徒は、「鬼畜米英」をたたきこまれたのである。

大東亜建設を国是として進められた戦時下の教育に応える形で、一九三九年三月五日、湊川の生徒定員も、二百五十名から三百名に増員される(謄写版刷りの湊川高校『学校要覧』の中には、五百名に増員したと記述しているものもあり、真偽は不明。定員の倍増は、施設設備面からも不自然なので、ここは、三百名とした別の記述に拠った)。この年はまた、狸が出ると言われたそれまでの木造の校舎にかわって、鉄筋の校舎が建て替えられることとなり、翌四〇年八月三十一日には竣工し、九月からは新校舎での授業が始まった。またこの年、十一月十日には、皇紀二六〇〇年奉祝式も行われる。

そしてさらに、四三年（昭和十八年）四月一日には、第二神戸夜間中学が県立湊川中学校と改称され（校長は、二中校長酒井栄太郎が兼任）、第二神戸夜間中学は自然廃校となった（校名は初め夜間中学講習所、次に夜間中学、続いて中学校、高校と替わり、それに伴い、管理者も所長、学長、校長と替わるが、『学校要覧』はなぜか、すべて校長と記述されている）。

このころには、軍事教練も徹底して行われた。戦争が長期戦の様相を呈し始めた四〇年には、すでに体力章検定が実施され、四三年には新たに行軍が加えられる。生徒は砂袋を運んだり、新湊川の土手を競走させられたりした。配属将校の権限は校長をもしのぎ、行軍は日曜日も登校して行わなければならなかった。

この年はまた学徒出陣が始まり、工場労働力の不足を補うために、学徒戦時動員体制確立要綱が決定される。昼間の中学校、高等女学校、実業学校では川崎重工業、川崎造船、川崎航空機、三菱造船、三菱電機などの軍需工場への勤労動員が課された。湊川中学校は夜間のため、生徒は昼間労働に従事しているとして勤労動員は免れたが、四四年には学徒勤労令が出され、すべての中学生が工場に配置されることとなる。

一九四五年、本土決戦が告げられると、戦時非常措置法により、修業年限が一年短縮されて三年制となり、湊川中学校でも、繰り上げ卒業を命じられて、兵役に赴く生徒もあらわれた。

四五年は、神戸もまた大空襲を受け、死者六千五百人、重軽傷者一万五千人もの犠牲を数える。この数はB29爆撃機編隊による三月十七日と、六月五日の大規模のものを挙げただけだが、この時期は空襲警報が連日のように発令され（神戸新聞出版センター『兵庫県大百科事典』）、停電すれば授業が中断されるということもしばしばだった。

前の年、四四年には、昼間の二中から派遣された時間講師も、二中の生徒とともに市内の工場に動員された。その上、専任教諭も五名に減っていたため、正規の四時間授業が行われることもなく、多くても三時間授業がやっとであった。さらに四五年には専任教諭も一名となり、一日一時間の授業しか行われないようになる。灯火管制が厳しくなり、暗幕から明かりが漏れると警防団から厳重注意をうける。登校しても二十名足らずの級友と顔を合わせるだけで、授業が今日はないといって、帰宅を余儀なくされる日も珍しくなかった。
戦時下の湊川に学ぶ生徒の様子を伝える回想が、湊川高校五十年史『音高く流れぬ』にあるので、次に引いておこう。

——仕事の関係で、晩飯食べない時があります。そのままで学校へ行きますと、一時間目の授業がすんでくる(ママ)と腹がへり、胃がいとうなってくるんです。二時間目になって来たら胃がいたみましてねえ。バンドをきつうにしめていました。（大河嘉行）

——四時半には会社を出て、長田の本通（現在の商店街の入り口、栄太楼菓子店の場所）に「力餅」という食堂があり、そこで急いでうどんを食べ、学校へかけつける毎日でした。冬の寒い日など、ストーブも火鉢もなく、ガタガタふるえた日、遅れるために、夕食もとらずに登校して空腹に苦しめられた日など、それ等と闘いながら皆、懸命に勉強した事がなつかしく思い出されます。（多田申寿）

——帰りにラーメン食べたいう話あったけど、これは僕も経験ありますけど、これは四年か五年のときの経験で、一二年生は焼きいもでした。まだ小遣いがそこまでありませんから。（白井幸雄）

なお、「当時の生徒の日給は九十銭、一カ月の給料は平均十八円というのが普通で、田舎から出てきた生徒のばあいは、下宿代が二十五円であったから、とうていやっていけず、住み込みを探すしかなかった。ちなみに、このころの物価は、米一升四〇銭であったから、かつかつの生活を送るしかなかった」（『音高く流れぬ』）ようであった。

二中夜間の選良(エリイト)意識

一九四〇年（昭和十五年）に校舎が建て替えられるまで、創立以来、湊川の生徒は、校門が卅六橋の前にあり、番町地区の真ん中を歩いて通学していた。全員が苦学生であり、貧困や差別が何かを熟知している生徒ではあったが、「部落出身生徒が入学する例はほとんどなく、……『二中の夜間としてのよき伝統』は、結果として部落を切り棄てたところで成り立っていたのであろう」（『音高く流れぬ』)。部落に対する差別観もなくはなかったと思われる。二中夜学の選良として、自らの置かれた苛酷な情況を乗り越えて、それを誇りにして戦時下を乗り切ってきた自負が、上昇志向をはぐくむと同時に、夜学を卒業したことを恥として、自分の名前も出してほしくない、という者もあった。

湊川の不幸ということについてもふれておかねばならない。のちに見るように、戦後、湊川高校は差別や貧困の苛酷な条件と闘っている生徒をいち早く受け入れ、後期中等教育の機会均等の課題に応える教育実践を展開するが、いわゆる七〇年前後から校風も変容し、底辺の学校と見なされるようになる。すると卒業生の中には、二中の夜学を卒業した経歴も隠し、母校の同窓会、仰星会の行事にさえも非協力であるという実態もあらわにされることもあった。

湊川中学校は、敗戦をはさんで、五年間しかなく、しかも授業が行われることも容易ではなかったことを考えると、この時期の生徒は、勉学への意志は強く持ちながら、思いが充分果たされなかったといってよい。この時期に作られた兵庫県立湊川中学校校歌が創立三十周年記念『仰星会名簿』(一九五九年)にあるので、戦時下の湊川の生徒の心意気を歌詞から感じ取ってみよう。

一、水上清く流れて尽きず　湊川辺に屹然立てる
真理の道の学舎こそは
われらが母校　湊川中学校

二、鷹取の嶺に夕陽沈み　星影高く仰ぎて励む
希望の道の学舎こそは
われらが母校　湊川中学校

三、摂津の海を静かに望む　学窓いまや南風吹き和む
自由の道の学舎こそは
われらが母校　湊川中学校

四、世紀の鐘のひびきて渡る　時こそ今ぞ若人起たん
理想の道の学舎こそは
われらが母校　湊川中学校

(作詞　十三回　黒木博文・旧職員　藤原留治／作曲
旧職員　金健二)

◉プロムナアド5　部落研の創部はいつか

部落出身生徒たちを初めとする一九六九年の学校糾弾は、尼崎から姫路までの高校に飛び火し、一斉糾弾と呼ばれて、兵庫の解放教育運動史には欠かせない重要事であったが、『兵庫県教育史』を繙いても、まったく触れられていない。この年に湊川に着任した私にとって、いわば原点となった出来事でもあり、私が自分史を書くとすれば、特筆しないわけにはいかない。

そしてその起点となった部活動が湊川の部落研活動だが、これも右の『教育史』には一言半句、記載がない。ただしかし私も調べていて、部落研の始まりが何年のことだったかといえば、実のところ特定できないでいたのである。

前にも記したから繰り返さないが、当事者の西田秀秋さんが他の出身生徒と福地幸造先生に呼び出され、その日から部落研活動を開始するのが二年生のとき、六一年一月のことだとしながら、別のところで、あれは五九年のことで、二年溯ると訂正しているからである。

近代民衆の記録『部落民』（新人物往来社）の編集を手伝ったとき、西田の言に従って作成した年表は、五九年一月、西田らは福地を囲んで集まりを持ったと記しているが、六一年にも同様の記載があり、精査する必要があった。結論をいうと、五九年というのは恐らく西田の記憶違いで、六一年が正しいと思われる。

というのも、湊川高校部落問題研究会の一年の歩みが雑誌『部落』（六二年三月号）に掲載されており、そこには「昭和三十六年、冬休みの夜」、「職員室で何とはなしに遅くまで話しあった」と証言しているのである。しかも文責は西田である。

そこで私は西田の経歴を洗い直してみた。というのは西田は五九年に湊川高校に入学したと書いているが、またあちこちで、湊川に二年に編入学したと語っている。だから五九年一月はまだ湊川の生徒でないのは確かだ。

しかし確証を得たいので、私が湊川に勤務していたころ、事務室金庫に厳重保存していた指導要録で、西田の湊川入学年月日をたどろうとしたのだが、問い合わせると、焼却してしまったという。仕方がないので、今度は西田の最終勤務校、神戸甲北高校を訪ねて、西田が自分の履歴書をどのように記載しているか、当たってもらうことにした。

近年は個人情報保護を理由に、検分は断られることが予測されたので、学校関係者が事実確認して、私にはその結果を教えてもらえばよい、と申し出た。すると二日後、結果を知らせる電話がさっそく事務長からあり、西田は六〇年四月入学で間違いないという。本人は初め五八年入学と書き、二重線でこれを消して六〇年入学と書き直している、とも付言された。部落問題研究部の創部は、やはり五九年ではあり得なかったのである。

ところで、ではなぜ西田の経歴が問題になるかというと、それによって部落研の創立年が立証できるからだ。

しかし私はこうした検証よりも、西田と行動を共にしてきた直感から、福地から出身をおこされた西田が部落研を創部するまで、二年も費やすはずはなかろう、という思いの方が強かった。よくも悪くも、突っ走るのが西田だからだ。

またその年、六一年夏に部落解放要求貫徹請願運動大行進が行われ、その参加協議を契機に、部落解放同盟番町支部が結成される。西田の性急さから想像すれば、五九年から二年も経なければ番町支部が作られなかったというのは信じがたい。活動に目覚めた青年たちは、一散走りに走っているからだ。それはともかく、部落研も、番町支部も、開始は一九六一年のことと考えるのが妥当だと思われる。それはともかく、長年の私の疑問は氷解した。

付記　本文は、『パンの木』第二八八号「長年の疑問」（二〇一三・六）に、『パンの木』第二五五号「湊川高校史の誤りを直す」（二〇一〇・九）を加えて、一つにしたものである。

第六章——自由自治の、時代

1 定時制高校の発足

学制改革

一九四五年（昭和二十年）八月十五日。

敗戦によって国も改まり、教育制度も一新される。戦地から復員し、徴用に狩り出されていた生徒も帰ってきて、学校にも活気が戻ってきた。教員も、四六年には専任教諭が三名から五名に増員され、生徒定員も四七年四月一日、三百名から四百名となった。学年も、戦争のために短縮されていた三年制が、四年制に改められる。

勉学の環境はしだいに落ち着きを取り戻していった。空襲警報もなくなったが、しかし敗戦直後の電力不足から授業中に停電し、生徒が暗がりの中を下校しなければならない夜も、ずいぶんあった。そのため、

──みんなでお金を出し合い、五番町二丁目の南側にあった小さな工場でカーバイトを買って授業を受けたが低賃金と高物価時代で確か二日分しかなかったように思う。たまりかねて、級友と二人県教委へ嘆願書をもって、カーバイトの配給でもしてくれと頼みに行ったが、予算がないとか何とか言ってことわられてしまい、それからは級友が工場から、こっそり持って来るにぎりこぶし程のカーバイトや、先生が持ってきてくれた一本のローソクや、誰かの懐中電燈等で、黒板を照らし、話だけ聞くよりしかたがなく、ノート等書けるわけがなかった。

（藤元達雄）

（『縣立湊川高校新聞』一九五九年七月二十日付け）

定時制高校が発足するのは、一九四八年（昭和二十三年）のことで、湊川中学校も四月一日、校名が県立湊川高等学校（校長は第二神戸新制高校長、永松忠雄が兼任）となる。同時に校章、校歌も作られた。校章は生徒から募集し、ユウカリの葉に「高」の字を入れた二年生の岡本利夫の図案が採用された。校歌は、湊川高校の卒業生で、職員でもある三道集三が作詞し、ＢＫ専属作曲家の齊藤登に作曲を依頼して作られた。歌詞は、

一、青史も潔き湊川　深き流れにいやまして
　きそいて立てる若人よ　聞けや自由の黎明の鐘

われらが母校　われらが母校　湊川

二、みどり色濃き鷹取山や　夕陽映ゆる須磨の浦
この高殿に灯の入りて　冴ゆる星影自治の学舎
われらが母校　われらが母校　湊川

三、静かに暮れる武陽原　月影移り年ゆけど
変らぬ誓いひたぶるに　永久の真理を極め行く
われらが母校　われらが母校　湊川

四、ああ新生の意気高く　文化の国の礎を
築きて共に進まばや　理想は高き大使命
われらが母校　われらが母校　湊川

こうして本格的な定時制高校が始動するのである。

なお、昼間の県立第二神戸新制高校は、四八年八月十六日、県立第四神戸女子新制高校と統一し、県立兵庫高校となる。湊川高校長は引き続き兵庫高校長、永松忠雄が兼任する。

しかし第五回生が卒業する五〇年三月まで、湊川中学校が併設されており、四八年三月には、県立湊川中学校の第一回生が卒業しているが、この前後は三年で卒業する学年もあり、四年で卒業する生徒も入り交じっている。また中学校から高等学校に編入学する生徒もいて、学籍を追うのも困難だが、やがて高等学校に一本化されていく。

このような中にあって、一九四九年（昭和二十四年）、十四校の夜間高校が糾合し、兵庫県夜間高等学校連盟（夜高連）が結成された。加盟校は県立の武庫、東神戸、湊川、長田商業、神戸工業、姫工大付属、城北、松陽（浜の宮、大久保、加古川分校）と、神戸市立の兵庫、楠、湊西、湊、大和田、明石市立の明石東高校で、二万名を擁し、翌五二年には機関紙『兵庫夜間高校連盟新聞』を創刊している（代表は湊川高校長、永松忠雄）。運営は校長部会、教職員部会、生徒部会に分かれ、教員と生徒が協力して諸問題の解決に当たることとし、湊川高校生徒会はその中心となって、夜間生の条件整備に注力した。取り組んだのは配電問題、三角定期、給食の三大運動であったが、ほかにも暖房設置、運動場使用、夜間大学の拡充設置、進学問題などが取り上げられた。

戦後の電力事情から夜間もしばしば停電し、勉学に支障が生じた。そのため米軍政部や関西電力と交渉し、授業時間中の全面配電を獲得している。通学定期割り引きは自宅から学校か、または勤務先から学校までしか適用されていなかったが、これを自宅－勤務先－学校－自宅の間にも認めよと神戸市交通局や電鉄会社と交渉し、大

阪や京都の高校にも呼びかけて三年がかりで、三角定期を認めさせた。給食については後で述べるが、湊川高校の発足時はララ物資による脱脂乳の配給（「日本、朝鮮、沖縄で敗戦後に生活に苦しんでいる人びとを救うために」（藤原辰史『給食の歴史』）、一九四六年に結成されたアジア救済連盟が日本の学校に給食物資を配給）しかなく、その改善を求めた。五一年頃になってようやくパンと牛乳の校内販売が実現する。

湊川高校は、五〇年（昭和二十五年）四月一日には生徒定員が六百名に増員され、男女共学が実施される。しかし共学に対する途惑いは尋常ではなかった。前年に実施の通達が出されると、学校側も生徒会の意向に委ねるとし、どのように対処するかを生徒総会にはかった。すると、

——男子校としての面目が立たない。

——女子が入学すれば勉強が遅れる。

などの意見が大まじめに出され、結果は圧倒的多数で否決してしまったのである。しかしアメリカ軍政部の勧告でもあり、県教委の通達ともなればやむを得ない、ということで最終的に受け入れることが決まる。一年目は、転入生の応募が一人だけあり、職員会議も、

——どうせ一日か二日で辞めるだろうから、許可してもよいのではないか。

という消極的な受けとめだったようである。

定時制を志願する生徒はその後はぞくぞく増え、五二年（昭和二十七年）四月一日、定員は八百名に増員された。これ以降、五〇年代を通じて、自由自治を掲げた生徒会が主体の、いわゆる湊川高校の最盛期に入っていく。

そしてやがて一九五四年（昭和二十九年）十月十七日には、創立二十五周年記念式典が行われた。

勤労青少年の教育機関

勤労青少年に対する教育機関を概観すると、今まで見てきたような戦前の夜間中学校がまずある。しかしこの旧制夜間中学校は学校数、生徒数とも少数で、勤労青少年はこれ以外には青年学校や、各種学校で学ぶほかなかった。したがって昭和初期の児童は、小学校六年の義務教育（尋常小学校）を終えると、高等小学校に二年間学び、その後は実社会に出て働いた。中学校に進学できた者はわずか二割ていどだった。

兵庫県の場合は、事情が少し違った。県立夜間中学講習所がそれで、水野文部大臣談話を受けて、「当時の長延

連知事や川崎末五郎学務部長のきも入りによって」開設され、「その直接担当者である池田多助神戸一中校長は、東京の夜間中学や正則英語夜学校等を視察し、あるいはアメリカやイギリスのイブニングスクールを参考にするなど、その設計に腐心した」(『兵庫県教育史』)。

青年学校は一八九三年(明治二十六年)創設の実業補習学校と、一九二六年(大正十五年)創設の青年訓練所を統合して一九三五年(昭和十年)に発足したが、これは正規の学校体系の枠外に置かれた社会教育の機関だった。青年学校には、高等小学校に進むことのできない尋常小学校卒業者には二年の普通科を設け、普通科修了者と高等小学校卒業者には男子五年(地方によっては四年)、女子三年(地方によっては二年)の本科を設けた。そしてこの普通科二年と本科五年(地方によっては四年)とを三九年以降、義務制とした。

次に各種学校であるが、各種学校の歴史も古い。一八七九年(明治十二年)の「教育令」で規定されたのが始まりで、明治中期から後期にかけて、産業の発展とともに学校数、生徒数ともに増えた。昭和期まで続けられたが、戦時期に衰退する。

このほかに青年学級があるが、これは戦後すぐ、一九四七年頃に東北地方の農村青年のあいだで、夜学校の形で自然発生的におこった青年運動であった。五三年には「青年学級振興法」が制定され、社会教育の一形態として展開されたが、その後、農業人口の減少や高校(全日制)進学率の上昇とともに衰退した。

定時制高校はしたがって旧制夜間中学校と、青年学校の機能を再編する形で、戦後発足した。すなわち定時制課程は、中学校を卒業後、経済的な理由などさまざまな事情で働かざるを得ず、全日制高校に進めない青少年の、後期中等教育を受ける機会を保障する目的で設けられた制度で、一九四八年、全日制課程と同時に発足した。

発足当初は、夜間において授業を行う課程と、特別の時期及び時間において授業を行う課程に区別され(「学校教育法」)、修業年限も三年を越えることができると定められていたが、五〇年、両課程をまとめて「定時制の課程」とし、修業年限を四年以上と改めた。また教育内容も全日制の課程と同等で、全定とも同一の卒業資格を与えるものとされた。そのため学校数、生徒数とも、その後しだいに増え、活気を呈する。

兵庫県では四八年、旧制中学校夜間の県立九校、市立八校のあわせて十七校が、夜間の課程をおく独立校として発足した。むろん湊川高校もその一つだ。なおこの年の九月以降にも全日制の併置校や分校が発足し、翌四九年には、定時制本校は併置校十八校を含めて三十六校となり、分校は六十二校が、地域の要望にもとづいて新設された（兵庫県高等学校定時制通信制教育振興会『暁を信じて』）。

なお通信教育も定時制と同時に始まったが、制度上の制約があり、五五年までは、通信のみでは高校の卒業資格が得られなかった。通信制高校という呼び名が確立したのも六一年以降で、この年、「学校教育法」が一部改正され、「通信制の課程」となった。全日制や定時制と並んで独立の課程となった。

2 自由自治の学校

定時制高校の推移

定時制高校の推移を見ると、学校数、生徒数ともしだいに増え、一九四八年（昭和二十三年）に二千五百六十九校だったものが、五四年（昭和二十九年）には二千九百九十三校を数えている。しかしこの年を境にわずかずつ減少し、十年後の六四年（昭和三十九年）には、約三分の二の二千百四十一校になっている。

その主な理由は、分校の減少が大幅に進んだためで、五五年に「地方財政再建促進特別措置法」が制定されたことが大きい。赤字の市町村は、分校経費負担金がまかなえず、分校の統廃合を余儀なくされた。昼間定時制分校の場合、実態は全日制と変わらないことから、地元の要望で、全日制へ移管されたものも少なくない。分校数は五一年には千五百六校を数えたが、六四年には七百三十一校にまで減少した。

生徒数もこれと同じ推移をたどる。発足当初、四八年には十七万九百八十二人であったが、翌年には三十四万七千百二人と倍増し、五三年には、五十七万七千百六十二人（高校生徒総数に対する比率は二十二・七パアセント）に達している。しかしこの年を境に、全日制への進学率は上昇するのだが、それに反し、定時制の生徒数はわずかずつ減少している。農村から都市に流入した若年労働者の進学率が低迷したためだが、その要因として、定時制の施設、設備の不備、専門教員の不足、雇用主の無理解がある。また定時制にさえも進学させられるだけの経済的な余裕が家庭にない、などが挙げられる。その結果は全日制の脱落者が四・三パアセントであるのに対し、定時制のそれは三十五・一パアセントに達している（一九六四年五月一日現在の脱落情況）のを見ても、その違いは歴然としている。

次に、兵庫県の定時制高校について、その推移をたどってみよう。

兵庫県の定時制高校の絶頂期は五〇年代、六〇年代の約二十年間で、一九五三年には、定時制本校は独立校十七校、併置校二十九校の計四十六校、分校数も八十二校に達している。生徒数も五二年（昭和二十七年）から六八年（昭和四十三年）までの十六年間は、毎年二万人を超えている。五九年（昭和三十四年）には最高の二万七千八十四人を数え、県下全高校生徒数に占める定時制生徒の割合も、五一年から五九年までは、いずれも二割か、それに近い数字を示している。六〇年代に入ると二割に満たなくなるが、それでも、七〇年代になるまでは一割を切ることはなかった。

生徒数が増大したといっても、定時制高校が発足した頃は、専用校舎はむろん、独自の設備もなかった。夜間課程においては照明も暖房も不充分で、ことに冬の夜は生徒は薄暗い教室で、寒さと空腹に震えながら授業を受けねばならなかった。教員も、全日制などとの兼任教員がほとんどだった。また農山漁村の分校においては、教室も小中学校の間借りが大半で、働く者に学問は不要との考えから、生徒募集も難航し、廃校寸前にまで追い込まれた学校も少なくなかった。

概して生徒の健康状態、身体状況は充分とはいえなかった。身長、体重とも全日制生徒より劣っており、結核性疾患による罹病率も、高校全体の生徒と較べて二倍の高率であった。そしてその理由も、食生活の不規則にあることが報告されている。

このような実態から、勤労青少年に対する教育の振興策が打ち出され、定時制高校の教職員の配置や、生徒の就学条件を整備する動きも、その後少しずつ進められていく。その中心になったのは、五一年に結成された全国高等学校定時制通信教育振興会、全国高等学校長会定通部会、全国定時制主事協会、全国高等学校夜間教育協会などの四団体であった。

法的には、五一年制定の「産業教育振興法」をうけて、五三年にはまず、「高等学校の定時制教育及び通信教育振興法」（以下、「定通教育振興法」と略称）が制定され、設備や運営費を国が補助する態勢が整えられた。続いて五六年には、「夜間課程を置く高等学校における学校給食に関する法律」が制定され、五七年度から、夜食費に対する国庫補助の道が開かれた。また六〇年には、「定通教育振興法」を一部改正し、教員の職務の複雑さ、困難さに対して、定時制通信教育手当が支給されることになった。

自由自治の学校

湊川高校の綱領は、〈誠実〉〈協同〉〈自由〉〈自治〉の四つで、戦後教育の始動の時期でもあったが、自治活動が保障されたことは、学校の機運を盛り上げる大きな原動力となった。自治会はのち、生徒会と呼ばれるようになり、活動も活発になって、湊川高校は神戸市内の定時制高校の中でも、中心的な位置を占めた。

しかし校舎を兵庫高校と併用しており、施設設備も昼間全日制の借り物でしかなかった。校名は別でも校長は兵庫高校長が兼任しており、夜間の実情を校長が熟知しているわけではなかった。そのため、湊川高校の生徒会活動も条件整備が掲げられ、生徒の健康と安全、充分な学習環境など、要求は多岐にわたった。また生徒の意見や諸要求を糾合する場として新聞の発行が始まる。紙名は『湊高新聞』(THA　SOKO)で、創刊号は四八年七月十日であった。

校内新聞としては、これより十年ほど前に年一回、『松柏』が発行されたが、校内連絡のための機関紙でしかなく、学年学級を横断する活動とまではいえなかった。なお『湊高新聞』は、第八号(五〇年三月二十五日付け)からは『県立湊川高新聞』(THA　MINATOGAWA)と紙名を改め、六四年四月十三日までに第七十一号が発行されている(以後は現物が残っていないので、いつまで出されたか不詳)。

『湊高新聞』創刊号はさっそく教室問題、電灯問題、教員の充実、理科文科制の創設を取り上げている。教室は以前は二階を使用しており、黒板ガラス等は生徒が金を出し合って修理したが、電灯設備のない一階に移らされた結果、雨天は暗く、運動場から聴こえる音がやかましいので静かな教室、または三階を要求する声が高まっていると伝えている。また学校図書の整備を訴えてもいる。

全教師と生徒が一丸となって、よりよい学校を作っていこうという試みも、湊川高校では早くから行われた。校内の諸問題について、「職員会と生徒会の役員、代議員及び各委員の連絡を円滑にするため毎月期(引用者註――学期の誤記か)一回開催する」(五二年二月四日施行「生徒会会則」第二十二条）としたのがそれで、校内連絡会と呼ばれた。教師側と生徒の側の、いずれか一方の力に振り回されることがないように、両者が協議する態勢が作られたことは、戦後民主主義教育の画期をなした。こうして、自治会としての組織（四七年四月発足）が、やがて生徒独自の要求も打ち出すようになり、生徒会としての活動が始まっていくのである。

校内連絡会で協議されたのはさまざまで、後年、六九年（昭和四十四年）に部落出身生徒による教育要求が学校糾弾への傾斜を強めると、学校中が慌ただしさに包まれ、落ち着いて会議を開いておれなくなる。また生徒会の中にも、部落に対する偏見に乗じた形で学校の正常化を要求する声があらわれ、放置すれば部落研と、部落研に敵対する動きが衝突し、生徒会が分裂していくことも懸念された。学校としてはそのような事態は避けねばならず、連絡会の方式は一時中断されることとなった。

本来なら、混乱が落ち着けば校内連絡会は再開されるのがふつうだが、教師と生徒がその後、ことあらためて連絡する機会を設けなくてもよくなった。ホオムルウム活動や家庭訪問をつうじて、ふだんから緊密な関係を作っていくことが実現したためだが、いずれの学校にも特有の、教師の権威が崩壊したというのが真相だった。しかも職員室への生徒の出入りは自由という雰囲気が一気に作り出されると、もはや一枚の扉、一基の衝立で生徒との関係を仕切る欺瞞は、教師の側からもよしとしない気風が生まれる。

しかし他日、教員が規則を厳しくし、生徒を取り締まる学校に変質するかも知れず、そうした事態を避けるために、校内連絡会の条文は生徒会規約にそののちも残されることとなった。すなわちそれは湊川高校の、自由自治の伝統を受け継いでいこうとするあらわれでもあった。

部活動もまた盛んに行われた。五一年（昭和二十六年）には新聞部、演劇部の活動がもっとも活発だったが、文化系クラブではほかにも図書、コオラス、映研、文学、茶華道部などがこれに続いた。体育系クラブでは野球、卓球、陸上、テニス、ソフト、バスケット部などが盛んで、文化系、体育系をあわせて十九クラブ、二十九同好会が活動し、四校定期戦を初めとして、他校とも競い合った。

四校定期戦というのは、湊川高校のほか、青溪（のち東神戸）、武庫、城北の、かつての夜間中学講習所の後身の四校で組織された競技の場であった。対外的な活動はこのほか、兵庫県夜間高等学校連盟（夜高連）の体育大会などがあり、成績面で、湊川は常に上位を占めた。

なおこの時期は、生徒の風紀の乱れを指摘する意見が表明されることも珍しくなく、学生服を着用しない男子生徒や、上級生になるほど服装が華美になる女子生徒の現状、未成年生徒の喫煙を取り締まる必要等々が生徒会でも論じられている。また校外から侵入する事例も報告され、困惑している生徒の様子もうかがわれる。しかしまだこの時点では、番町地区への正しい認識が取り出されることはなかったし、部落問題や在日朝鮮人問題への言及は皆無だったのである。

3　働く青年たちの群れ

名ばかりの定時制

湊川高校は、一九五六年（昭和三十一年）三月、「懸案及び要望事項」をまとめ、県教委にあてて提出している。この中でもっとも緊急を要する課題として取り上げたのが、給食設備の整備であったが、ほかにも照明設備の整備、専任養護教諭の任用、旅費予算の増額を求めた。しかし容易に進展はせず、要望はこののち、毎年のようになされた。

給食については項を改めて述べることとするが、あとの三点については、大要次のように訴えている。職場から学校へ急行する生徒の健康の問題は急務で、眼筋肉の疲労から眼精疲労症を誘発し、姿勢も前屈みとなって健康を害するので、教室はすべて蛍光灯に切り換えられたいというのが照明設備問題である。補足すると、屋外運動場の照明設備に補助金を支出する措置を政府が決めたのは、湊川からの要望が出されたあと、はるかに遅れた六三年のことだったが、その目的は体育の振興をはかるというものであった。実施に当たっては、特別の法令によらずになされたが、これは当時、普通教室の照明基準が五十ルックスを下ってはならないと高等学校設置基準で定められていたのに対し、規格以下の灯数が大半で、近視や乱視が増加している実態が、現場から指摘されていたことによる。このように、照明問題ひとつをとってみても、定時制高校生に対するものは後回しにされている。

次に、養護教諭の任用についてであるが、昼間の養護教諭一名が兼務する形で（月手当六百円）、全校生徒八百名の健康管理、伝染病の予防、疾病の早期発見、傷病者の応急処置、罹病者の治療処置等は到底不可能で、人件費節約は本末転倒である、としている。そしてさらにこれらを要望する細目として、いくつかの例を挙げているが、化学実験中に火傷した生徒、体育授業中に足を捻挫した生徒をそれぞれ保健主事（担当教諭）が授業を中断して車で病院に連れて行かねばならなかった。春秋二回のレントゲン検査の結果、四パアセント（約二十名）が精密検査を必要とし、五月中旬の眼疾検査では二十五パアセント（約百三十名）がトラホオムに罹っており、これも保健主事が授業を自習にして病院まで引率した。養護教諭の洗眼は二か月を要した。毎年実施している身体検査も、その集計は養護教諭だけではできず、事務職員の助けを借りて実施せざるを得なかった。ために定員化することが必至だったのである。

このように高等学校といっても名ばかりで、教科担当や養護教諭ばかりではなく、学校長も同様だった。専任校長がおかれていたのは松陽、川西の二校だけで、ほかはすべて全日制高校長が兼務していた。しかしこれでは学校の管理運営の面からも支障を来す。そのため専任校長を定時制に配置せよ、との要望が出され、湊川高校でも生徒会の決議は繰り返しなされた。

その結果、一九五九年十月にまず、併設独立校の尼崎市立城内高校に県費で専任校長が発令される。そしてさらに六二年（昭和三十七年）には湊川、神戸工業、神崎工業の県立三校にも、それぞれ専任校長が置かれることとなり、湊川高校は四月一日、独立校の校長として小林幸之進が任命された。校舎は昼間の全日制、兵庫高校との共用であるため、教室はむろん、職員室、事務室、図書室、保健室以外の施設は、兵庫高校の借り物でしかなく、設備の不備はその後も変わることがなかった。

生徒の安全と健康

湊川高校に限らず、定時制高校の生徒はそれぞれに通学条件が不安定で、職場や家庭の事情が急変すれば、たちまち学校生活を継続できない。そのため湊川高校では、生徒がこうむる不測の事態に備えて、一人当たり年額三十円を徴収する「資金プール」を新設し、五四年（昭和二十九年）度の生徒総会（五月二十日）で、これを決議する（『湊川高校新聞』第二十八号）。「資金プール」は細則の決定が後回しにされたり、運用の困難も加わって充分な機能をなし得なかったが、その精神はのち、安全会に受け継がれることとなった。

湊川高校ではこのように、当初から生徒の安全と健康に係わる課題が急務とされた。折から、前橋市で開催された全国定時制高等学校主事会総会で、兵庫県代表として参加した湊川高校主事（現教頭）で、県主事会長の佐々木高明がその実現について問題提起する。大学や京都府、大阪府でも互助会、共済組合的な動きが模索されており、翌五五年度の兵庫県主事会で本格的に取り上げ、神戸地区がその任に当たり、給食とともにこれを進めることにしたのである。佐々木高明は「我が湊川高校から始めるんだ」と決意を新たにしたという。

湊川高校では、教師と生徒が協力して学校運営に当たっていく態勢が作られていたと前に述べたが、佐々木主事はさっそく生徒会役員にはかり、生徒代表の中垣正文らの尽力でこの年、五五年十一月十七日の生徒総会において、生徒健康保険組合の設立を、全会一致で決議するに到る。これがのちの兵庫県定時制高等学校安全会への第一歩であった（『会報』第一号）。

時あたかも定時制高校分校統合と県立学校授業料値上げ問題が取り沙汰され、湊川高校においても、これらへの反対運動が生じていた。そのため、健康保険問題についても、全県的な取り組みが検討されることとなった。健康保険組合の運営も、自費のみで実施しようとすれば、財源問題が障害となり、県市に補助を要請するしかない。こうしたことから、湊川高校一校のみで実行することは困難で、佐々木主事とも相談のうえ、県立夜間四校の生徒会が中心となって、兵庫県高等学校教職員組合会館（高教組会館）に何度も集まり、五六年六月二十九日、夜間高校生の苛酷な実態を、阪本勝知事の出席を求めて訴え、急展開する。

七月一日、各校より教師一名、生徒二名の委員を選出して、神戸地区定時制高校健康保険組合設置促進委員会を結成、九月十日、ふたたび阪本知事と懇談、兵高教組会館に校長、主事、生徒代表、県教委、教組が出席した。この年、十一月二十日、阪本知事は県社会保障審議会に「定時制高等学校の医療保障制度の樹立方策」を諮問し、翌五七年二月県会で県費三百六十六万八千円の助成が承認されたのである。

こうして五七年（昭和三十二年）七月十六日、ついに兵庫県定時制高等学校安全会が、全国に先駆けて結成される。設立の趣旨は、保健衛生思想の普及啓発、保健予防事業の推進、医療費自己負担の軽減の三項目で、理事長は湊川高校長、永松忠雄が就任した（五八年からは湊川高校長、中田光雄が引き継ぐ）。登下校の際、または家庭や職場で生徒が病気にかかったり、負傷しても、健康保険に加入している者は少なく、学業を続けられる生徒は限られている。その結果、治療費や入院見舞金を支給し、生徒の負担を軽減する道が開かれることとなった。

これらの経緯からも解るように、安全会の運営は初めは生徒会のほか、兵高教組の代表も評議員として参加していた。しかしその後、兵高教組が勤評闘争や安保闘争と取り組んでいるうちに、安全会との連絡も途絶え、生徒代表も学校が交代し、退職校長が専従となると、次第に会の性格や空気も変わっていった（兵高教組『定時制生徒互助会の現状について生徒のみなさんに訴えます』）。人件費がふくれあがり、不足分の補いのために事業主から寄付金を求めようとして紛糾し、校長会と主事会が中心となって、六二年には兵庫県定時制高等学校生徒互助会に組織が改変された。同時に教組や生徒の代表は理事会から離れた。

安全会から互助会へ組織替えすることになったもう一つの理由は、六一年から導入された国民皆保険制度にあった。安全会は、国保などの保険未加入生徒を甲種会員、加入生徒を乙種会員として、それぞれの医療費の自己負担分を保障することを目的として始められた。定時制高校生に対するこの医療保障制度は、全国的にも注目を集め、五九年には「日本学校安全会法」が公布され、たちまち文部省を動かし、六〇年には日本学校安全会が設立されることとなったのである。

ところが国民皆保険が始まると、先進的なこの取り組みは一転、好ましくない烙印を押された。すなわち健康管理事業は県教委体育保健課の仕事であり、外郭団体が運営するのは保険業違反であるとまでいい、そのため安全会は一定の目的を達したと総括され、こうして定時制生徒の医療保障から、就学奨励事業へ組織の抜本的改組がはかられることとなった。

生徒互助会はその後、事業も新たに死亡弔慰金のほか、結核や眼科歯科検診、救急薬の配布、勤労生徒の表彰、就学奨励金（千円から五千円までを無利息で貸与）などが加えられた。財源は、県市からの補助金で事務費をまかない、事業費は、生徒から徴収した会費（一年生と途中入会者は入会金二十円、会費は毎月二十円）で運営していたのだが、昼間定時制高校の全日制移管が進むと、互助会員生徒の減少が懸念され、そのこともあって、翌六三年には財団法人化されることとなったが、六九年には青雲高校の全生徒が加盟することになり、財団法人兵庫県定時制通信制高等学校生徒互助会に改称された。こうして活動は遅滞を免れることとなったのである。

4　施設設備の要求

完全給食の実現

湊川高校が早期に給食制度を導入することにしたのは、前述したように、入学生徒の半数以上が卒業時までに脱落している「芳しからぬ歴史的事実」があり、これを見過ごすことができないという深刻な見極めにあった。この「夜間学徒の哀史」(『給食要覧』)を解決するために、学校安全会が制度化されたが、あとの一つが完全給食の実施であった。

定時制高校の給食の法的な裏づけは、「夜間課程を置く高等学校における学校給食に関する法律」による。その第六条は国の補助についても定めているが、しかし法が施行されたからといって、すべての夜間高校で給食が開始されたのではなかった。湊川高校は法成立の直前、五六年(昭和三十一年)三月にすでに給食設備の整備についての要望を県教委に提出しているが、ここでは「高等学校設置基準」第二十四条に「夜間において授業を行う高等学校には、生徒数に応じて、必要な給食施設を備えなければならない」と定めていることに留意している。

夜食といっても、それまではパンの販売のみで、一九五三年度より牛乳の販売が加わったに過ぎなかった(『県立湊川高新聞』第二十三号)。県教委あての「懸案及び要望事項」(一九五六年)によって夜食の実態を見ると、在籍生徒八百名のうち、十五パアセントが健康を損ない、退学者として脱落しているが、その要因は給食設備がないからであるとしている。希望者には、昼間の兵庫高校の食堂を利用してパン(十円、補助なし)、牛乳(十五円、補助なし)、うどん(二十円)の軽食を実費販売しているが、これだけでは充分ではなく、完全給食を望む生徒が多いと訴えている。利用は毎日約百二十人(全生徒の約十八パアセント)で、うどん七十人、パン、牛乳はそれぞれ六十人だが、「月給前約半月程は利用者が減る有様で一ケ月続けて利用しているものは約七〇名程である」。

すなわち夜間給食に関する法が制定されても、給食の実施がいっせいに始まったのではなかったことを告げている。五八年一月にはまず湊川高校と、尼崎市立城内高校で完全給食が開始される。県下のすべての定時制高校で、パンと牛乳の給食が実施されたのは、六一年四月のことだが、学校や生徒の動きは各校によってさまざまだったのである。

湊川高校では、完全給食を要求する決議が生徒会でもなされており、五七年七月には、学校給食補助金交付申請を、県教委にあてて提出している。続いて九月、学校給食開設準備委員会を発足させるが、これが学校ぐるみで給食の実現に向けて取り組んでいく始まりであった。開設に要する費用として、約五百万円の捻出が試算されたが、全日制のように、育友会や同窓会から寄付金を徴収することはできない。そのため、県教委にも陳情し、副食材料品は給食協会から小中学校と同じく、市販の三割の安値で納品されることが可能となった。また寄付の申し出が指定業者から寄せられるということもあったが、ほかにも、生徒会や育友会も給食会計を援助し、教職員もボオナスを一部差し出すなどして調達した。教職員や生徒も、身銭を切って事に当たるということをしなければ、湊川高校一校が給食制度を始めることも容易ではなかった。

給食調理室についても、初めは兵庫高校の既設のものを増改築する案が検討された。しかし、新規独立の建築でなければ補助金が出ないということで、八百名の生徒全員の給食を可能とする白亜モルタル塗り鉄板葺き木造平屋付属建物倉庫一屋、総建坪二十八・一坪の、湊川高校唯一の独立建造物を建てることが決まり、調理室はその年の十二月に着工、翌三月に校舎南側に完成した。

こうして五八年（昭和三十三年）四月八日、給食が開始されることとなったのである。喫食は一時限目終了の六時十五分から、二時限目開始の六時四十分までとし、各当番が給食調理室に食罐食器を取りに行き、配膳、返却を行なった。給食費は一日二十五円、週六日、年間二百十日実施し、給食費は年五千四百円（月額四百五十円）を徴収した。

乏しい食料事情下にあって、食生活の改善をはかることが給食に対する戦後の主流だったが、湊川高校ではそれよりも、健康管理に重点をおいた。そのため給食を生徒指導のいっかんとして捉え、これをホオムルウム活動の重点に位置づけた。各担任は教室で生徒とともに給食を取り、生徒と接触する機会として有効に使った。したがって給食の例外はもうけず、全員が給食を取ることとした。そのため、弁当持参者だとか、寮生で二重食になる生徒には、各家庭や事業所の了解を得る方策を講じ、学校給食の定着を第一義とした。給食が体質的に合わないなど、やむを得ない事情のある生徒は、医師と相談の上、「給食一時停止願」届けを提出させた。また給食費の納入が困難な者には「資金プール」を利用し、運営費が不足して給食が実施できなくなることがないよう配慮した。

他校が学校給食に出遅れたり、失敗したのは、全員完全給食に踏み切らなかったことと、学校教育のいっかんとして取り組まなかったことにあると結論し、さらに問題点として、施設設備の補助が少ないこと、栄養士や調理師等の人件費や維持費が充分ではないこと、生徒負担が大きいこと、給食を授業に支障がないよう、短時間にすませねばならない必要から、配膳室兼食堂の設置が不可欠であるのに補助がなされていないことにあった、としている。

なお給食調理員は三名（栄養士一名、調理師一名、炊事婦一名）で、うち栄養士について五八年四月より県費支弁となったが、他は生徒給食費で負担した。先の「夜間高校給食法」第五条は、施設設備の経費は高等学校設置者の負担としているが、それ以外の経費は生徒負担とすると定めているからだが、人件費が県費支弁となるのは、六八年の育友会事件を待たねばならなかった。

給食調理室はその後、床面をタイル張りとし（五八年八月）、手洗水道を増設する（六〇年十月）など手直しされ、五八年には神戸市長賞を、五九、六〇の両年は連合保健会から、優良施設としてそれぞれ表彰された。

暖房設備の獲得

……背中を丸めこむようにして黒板に向う姿は只でさえ不自然な私達の一日の生活を一層困難に追い込んでいる。十二月、一月、二月ともなれば零度に近い日が幾日と続き時には零下の日が数日続いて出席率は冬を示す温度計のように下り短縮授業もやむなきに至っている。……

これは一九六二年（昭和三十七年）三月一日の、三学期生徒総会における「暖房装置要求」決議文の一部である。ストオブ設置の要求はこの年度、六一年九月の二学期生徒総会でも取り上げられていて、少数の賛同で運動を進めるのではなく、ホオムルウム討議を踏まえ、しかも「生徒と先生が一丸となってぶつかってゆかなければならない」、と確認していた。

というのも、職員室前の寒暖計が零度以下を示すと、授業を打ち切って下校するのがそれまでの習いで、当時の生徒会は、ストオブ設置の必要性を学校側と何度も話し合っていた。しかし生徒の大多数は、暖房設備よりも給食設備の充実を求める声の方が強く、ストオブ設置要求は、一時停止の状態だったのである。

そのかん、生徒による調査活動も独自に続けられ、生徒会では石炭、石油、ガス、スチイムのそれぞれの長短について、比較検討を行なっている。石炭ストオブは常に火種を作っておかねばならず、消火のため、だれかが当直をしなければならない。煙突も耐用期間が一年しかなく、不経済だ。教室も煙で黒くなる。無煙炭もあるが、値段が三倍かかる。石油ストオブは石油を注入しさえすればだれでも使用できるが、火災の危険も大きい。スチイムは高額だし、ボイラアマンの人件費も負担しなければならない。

こうして、生徒会はガスストオブの設置を要望することとしたのであった。ガスストオブなら栓を閉めれば安全だと結論された。

当時の生徒会の志の高さを示しているのは、勉学がはかどらなかったり、挫けそうになる現実を「酷暑酷寒の厳しさにすりかえ」、ストオブがないことを言い訳にするのではない、と決議にも述べていることであった。その上で、「定時制高校が今なお貧弱な設備状態と差別にさらされた儘存続されている状態を考えれば」、ストオブ設置要求は実現すべき緊急の課題であるとし、

1. 暖房装置を早急に設置すること。
2. それに関する費用及維持費は県当局で負担すること。

の二項を決議し、決議は直ちに中田光雄校長、中村宏策県教育長、阪本勝県知事あて送付され、代表が県議会にも押し出して、要求を突きつけたのである。

その結果、六二年度から、各教室に二台の石油ストオブを設置させることが実現した。県下の定時制高校での最初の出来事であった。これ以降、冬季の気温が急激に下がっても、生徒は勉学を続けることができるようになった。

六二年十二月に作成された「湊川高校ストーブ使用要項」によれば、石油ストオブの使用期間は毎年十二月一日から翌年三月終業式まで、教室での授業のみとし、合

併教室、化学教室は原則として使用しない。石油ストオブの点火は始業二十分前とし、消火は終業時の二十分前とする。また「点火、消火、保管庫格納は各組共ストーブ実行委員、ホームルーム実行委員、代議員の計五名が行う」と取り決めた。ストオブの管理や使用について、生徒が責任を持って当たることが読み取れる。これは生徒会の自治とも関係するが、初めはストオブを各組に貸与する形を取っていたためで、灯油代は生徒の負担（月額三十円）であった。

なおこの六一年九月の生徒総会では、合併授業の廃止や専任教員の増員、生徒の風紀問題、柔道部と部落研同好会の部昇格問題も討議されているが、これについては別のところでふれる。

5　部落研活動の始まり

出自を明らかにして生きる

一九六一年（昭和三十六年）一月三日、湊川高校職員室に、その日当直だった教員の福地幸造を囲んで、西田秀秋、西脇忠之、井上孝夫の三人の部落出身生徒が集まった。戒めを破り、部落を名乗って生きることを決めた者たちの、初めての話し合いで、この日が実質の湊川部落研の始まりであった。この日のことを、西田は次のように述べている。

湊川高校の職員室（現在の家庭科教室——改築前の旧校舎の——引用者註）にはあのおり、石炭ストーブが真中においてあって、そのまわりを囲んで、私は遅れてきた者として、そこに坐っていた。

二十二歳になっていて、肺病上りの私には燃えているストーブの炎は一層、顔にほてりをおぼえていたが、私は先生を含む彼らを警戒していて、私のいつものやり方で、喋りながら相手との距離を測っていた。一貫して私は先生に毒づいていたようだ。放っといてくれ、部落を解放したけりゃお前らでやれ、俺は俺でやる、ひとしきり喋りながら、結局のところ、せわしなくスコップで石炭をストーブの胴腹に放りこむ、次には火ばしで灰をかき落とす、タバコをまた吸う、せわしなく動くこの初老に思えた男にひきずりこまれていったのだろう。

（「わたしの先生」『婦人教師』一九七三年七月号）

研究会は毎週金曜日の夜に開くこととし、その翌々五日、加えて星陵高校教員の小林末夫と、出身生徒の表野の六名が湊川高校で協議し、湊川と星陵の二校間で部落出身生徒の交流会を月一回の割で実施することを決める。交流会は両校生のほか、兵庫高校、山手女子学園、常盤女子学園、朝鮮学校からも参加者を得て、県下高校部落研定例会の基礎が作られた。

湊川高校の部落問題研究部は、最初は同好会として出発した。活動は初め、出身生徒相互の生活の中身を執拗に出させていくことを徹底した。顧問の福地幸造は、語りの作風とも呼ばれた「この方法をわたしは中国風に『担白運動と飜身運動』と名づけていた」といい、さらに次のように続けている。

> 「ハッタリをいうな」「ええ恰好いうな」というダメ押しをされながら、彼らは自らの生活点検、つまり事実認識の方法をこの「担白」の中で、身につけ始めていたといえよう。一年生のAなど、途中で泣きだした。勿論一方自分のへてきた貧困のつらさが、鼻さきまでジーンとつきあげてきて、切なくなってきたということもあるにはあったにしろ、その生活事実への把握に対するフヤケたつかみ方に対して、もう一つの別な事実が対置されていく。そのことによって、悲惨な事実を語っていることの、その事実をもっと客観的につつきだして、とらえ直すまで、この連中たちは「恰好のええこというな」というつき上げをやめなかった。このことは連帯意識をつよめた。
>
> （『部落教師』）

出身生徒を起こし、それぞれを繋いでいく作業がこうして始まっていった。働きかけても逃げる生徒、部落研には近寄るなと妨害する教師もいて、紆余曲折はあったが、三月以降、一年生八名、二年生七名、三年生七名、四年生一名による集まりが定例化される。また部落の歴史や実態を調べ、文化祭に資料展示するなどの取り組みも続けられ、文集も次々と発行された。文集には一家の来歴、各自の生い立ちが綴られ、部落の現実を見据えて、差別に抗して生きていく態度表明が掲載された。

部落出身生徒は、どのような中学時代を終えて、湊川高校までたどり着いたのであろう。

――中学二年の時だった。室内（むろうち）の人はガラが悪いから嫌いやけど、あんたは別やというNさんの言葉に何の怒りを感ぜず、むしろ番町はほんまにあかん、そやからこないに言われるんやと思うのが常であった。

又、二年の終り頃になると、就職組と進学組の調査があった。ある度ごとに私は進学ですと答えていた。進学などできないことは一〇〇%わかっていた。父の仕送りがもうなくなっていたんだから。そしてドタン場になってから、やっと小さい声で就職しますと先生にいったものであった。

三年生で三学期頃、私は一人の男の子からミツコシと呼ばれたことがあった。部落民のことを四ツ、番町の人のことを彼はミツコシと呼んでいたのだった。ホーキをもって追いかけ、コテンコテンに彼をやっつけたが、就職も落ちた直後だっただけに、怒りはバクハツしていた。

二度目の就職試験。学科試験パス、そして面接。数日たってから、一通の不採用の通知。理由なし。理由をきくすべもしらずして、ただ番町にいたらあかんのや。ゴム屋にいく他あれへんのや……。

(『部落研の仲間たち』第四号)

ここには、身を隠すようにして耐えてきた生活と、同時にそうした生活じたいが差別であると認識し、さらにそれを乗り越えていく姿が映し出されている。

番町地区改善運動との係わり

湊川高校にはそれまで社会科学研究同好会があり(五八年、部昇格)、社会問題の一つとして部落問題を取り上げ、研究誌「部落」第一号を発行していた。巻頭には福地も寄稿(「部落問題とは」)しているが、部員の意見は大半が、部落差別は民主主義に背くものであり、我々は無関心ではいられない、とするものだった。部落出身生徒が、その出自を明らかにして行なう活動ではなかった。校内にある差別を自分たちの生活と結びつけて、厳しい現実に立ち向かっていく活動は、部落研の誕生を待たねばならなかったのである。

同好会として地道に活動を続けてきた部落研は、同年九月の生徒総会で部への昇格が協議され、翌六二年三月、正式に承認される。そしてこの日を境に、校内外で幅広く活動していくこととなる。他校との交流も積極的に進められ、湊川高校はその中心を担っていった。また出身生徒の交流の場として、山田彰道の指導で六四年四月、兵庫県高等学校部落問題研究部連絡協議会が発足する。事務局は兵庫県高等学校教職員組合神戸県立支部内におかれ、『高校部落研ニュース』も次々と発行された。

部落研は、番町地区に根を張った解放運動も、同時に展開していった。

湊川高校で部落研が産声を上げたのと軌を一にするかのように、番町地区では土の会が活動を始めている。番町在住の奈良征夫の呼びかけで、前年から準備がなされていたもので、六一年一月十四日、長田厚生館で発会式が行われた。二十二名の会員の中には、落合重信のほか、湊川高校生の西田秀秋、西脇忠之の両名も名を連ねている。土の会は地区の老人の世話をしたり、小中学生に勉強を教えるなどのボランティア活動が主だが、水平社の伝統を受け継ぎ、部落民として自覚をもって差別問題と取り組み、教育水準の向上をはかっていこうとする有志の会で、番町公民館で週二、三回活動を始めた。しかし番町支部発足までの準備的なサアクルで、すぐ消滅した。

ところでこの年の夏、部落解放同盟による部落解放要求貫徹大請願運動が展開され、国民大行進が九月下旬に兵庫県を通過することになると、番町地区では土の会を中心に行進隊を受け入れることとなった。そしてこれを機に、有志二十数名によって九月十日、部落解放同盟番町支部が結成されたのである。

番町地区は神戸市最大の都市部落で、狭い地域に密集した住民の生活は極めて厳しく、教育、就労、民生、医療、住宅等のいずれの分野においても、改善は急務だった。ひとたび大雨が降り続くと、新湊川はあふれ、住宅は浸水する。すると共同水道、共同便所が多く、それも一か所を約二十所帯が使用しているため、赤痢や疫痢などの伝染病が蔓延し、日本脳炎も多発する。こうしたことから、伝染病の根絶の問題は、必須の課題であった。

番町地区改善運動は、一九六三年（昭和三十八年）に入って、一気に押し進められていった。八月二十日には、番町診療所が設立される。しかし西尻池公有地のバラック住宅が放火されるということがあり、新湊川ぞいに野天生活を強いられた罹災者の生活保護が打ち切られた。そのため行政闘争が六三年の初めから取り組まれ、この闘いの中から、十月には長田生活と健康を守る会が誕生している。蚊帳と蒲団の支給を求めてこれを勝ち取り、伝染病予防注射の接種も認めさせた。

さらには鉄筋アパアトの建設を要求して、六四年六月十八日には番町住宅要求組合が結成されているし、六七年九月八日には車友会も作られた。前者は不良住宅をなくして、安い家賃の住宅建設と上下水道の完備を要求したものだ。また後者は、仕事保障をはかるためには運転免許の取得が欠かせないが、そのためには字の読み書きができなければならない。識字の必要が、こうして解放運動の正面に据えられたのである。

なおこの期間、六三年を境に、神戸市内の丸山、苅藻、兵庫などの各中学校で、生徒による暴力事件が多発する。高校進学を旨とした差別選別の態勢は、就職する生徒を切り棄て、置き去りにされた生徒が卒業式前後に荒れるという事態が出来（しゅったい）する。そしてその多くは部落出身生徒や在日朝鮮人生徒であったことから、湊川高校部落研は番町支部と一体となって問題点を追及し、校内外の差別との闘いを果敢に展開していった。

一九六六年（昭和四十一年）には、同和対策審議会答申完全実施要求国民会議が組織され、大行進が神戸を通過した際も活動の中心となったのがそれだ。そしてこれらの活動が背景にあって、湊川高校はこの後、解放教育運動の拠点となっていくのである。

6　生徒の声、地域の願いに応える

落第生教室

一九六三年（昭和三十八年）三月、湊川高校は進級判定会議で、開校以来初めて、四十五名もの大量落第生を出した。あと一年で卒業できるという三年生は、そのうち二十四名。欠席する、授業に出ても大声を上げて廊下を走り回る。中には授業中に花札賭博を開帳する者。教科点は軒並み欠点。留年はこれらの生徒を狙い撃ちしたのではなく、判定基準に基づいて決まった。しかしそれでも、当の生徒たちが、素直に受けとめるはずはない。

判定会議の結果が伝えられた瞬間、血相を変えた数人が職員室になだれ込む。

――やい、落ちてんのは皆、わいらばっかしやないか。

――こんな学校、二度と来たるかい。

――どの先公からしばき上げたろか。

留年が決まると大半の生徒は退学していく。悪の道に転落する生徒もいる。いったん受け入れた生徒を、最後まで面倒を見るのが教師の努めではないのか。留年生の

対策をめぐって、二日間にわたる長時間の職員会議が開かれ、最終的に十一対九の僅差で、

1. 三年生二十四名を各クラスに分散せず、一組にまとめた促進学級を編成する。

2. 全教師は担任の福地幸造を中心に、全員卒業まで面倒を見る。

ことが決まった。落第生を一列横隊にして、強制的に、彼らだけのクラスを作るというのが福地の原案で、学年主任の石塚一石のほか、後藤和人、新林優、吉田弘らが協力を申し出た。福地とともに促進学級の提案者となった教頭の山本徳美、「全責任は自分が取る」と強力な後ろ盾となった校長の小林幸之進らの支持も大きかった。これが落第生教室と呼ばれる授業促進学級の、始まりであった。

これの背景にあったのは高校全入運動（高校進学希望者全員入学運動）だった。全入運動に賛同して、六〇年度の入学考査では湊川の教師集団も、湊川高校を志願した生徒全員の入学を許可した。当然のこと、問題生徒の入学も増える。理念で全入を受け入れても、生徒に責任を持った対応ができなければ、無責任の誹りを免れない。この二年間、生徒の教育要求に応えてきたとはいえなかった。その結果が、大量の留年生を出してしまった。その反省が、落第生教室の着手に到る要因ともなったのである。

しかし生徒が納得して、促進学級を受け入れる保証はない。自棄になり、学校を辞めるという生徒がほとんどだったが、福地は一人ひとり呼び出し、

——入った学校はどんなことがあっても卒業するのだ。ヤメタラ承知せんぞ。手前らがヤメたら、この学校が静かになるというて誰がよろこぶのや。ちいと考えてみろ。尻に帆をかけて逃げだすような負け方をするな。

と話をつけていく。

新しく三年生に進級した六名の生徒が、自分たちも友人となって協力したい、勉強もできる限り応援すると申し出て、三十名で新学期が始まった。このような申し出をする生徒を育ててきていることは、湊川の誇りでもあった。落第生教室を出発するにあたって、福地は生徒に次の三つのことを宣言する。

——ええか、よう聞いておけ。この教室の基本的な原則を示す。一つ。あたりまえのことはあたりまえにやる。二つ。そのことの実行を断固として要求する。三つ。教師側への不満、要求は、整然と、クラス全体の意志としてもってこい。逃げださない。この三つを一年かけて明

らかにし、クラスの道筋とする。そして全員、進級する。

むろん毎日が順調に進んだわけではない。学校へ出て来ると決心しても、一つのクラスに自分たちを集めて何をする気だ、と教師不信も募るし、劣等感にも苛まれる。

——俺たちの気持ちなど、だれも解ってくれない。

わざとわめき散らし、廊下を走り回る。一方で特別クラスに編成された気安さも感じながら、落第生ということへのひがみから抜け切らず、心を劈くことから自由になれなかった。そのような時、福地は、

——この教室は鍛錬の場だ。お前ら、チンピラづいているが、何の真似か。それで通ると思っているのか。親不孝者め。

と怒鳴り、容赦なく生徒を鍛えた。福地の要求は厳しく、言うことを聞かない生徒は教室から抛り出し、授業を受けさせないこともあった。また公開反省会を開いてホオムルウム討議にかけ、徹底した相互批判をさせることによって、生徒が自主的に反省するよう指導した。それまで箒一本持ったことのなかった生徒が掃除をするようになったし、給食当番もするようになった。欠席も減り、指名されれば素直に立って教科書を読むなど、少しずつ変わっていった。この教室に編入してきた六名の生徒と、初めは意志の疎通も充分ではなかったが、卒業間際には垣根もとれていく。学校中で最も騒がしいクラスではあったが、支え合う関係も、作られていった。

こうして三年生、四年生と二年間を終え、落第生教室の生徒は二名が病気のため退学したが、残る二十二名は、クラスに編入された六名と合わせた四年一組として、二十八名全員が、六五年二月二十八日、卒業を迎えたのである。全校卒業生は百二十八名。

——一人も取り残さない教育が、どれだけ私たちに感動と勇気を与えたか。私たちには踏まれても踏まれても生き続け、芽ぶき続ける雑草のような根強さが深く秘められた気がする。

と総代が答辞を述べたあと、落第生教室を代表して吉田正夫が、卒業式としては異例の謝辞を述べ、二年間の総括をした。

——福地先生がよく言われた、「まとめて面倒みるの や」という、このクラスに育った私たちは、本当によかったと思っています。あの時、カアーッとなって、学校をやめていったならば、きっと、「ヤクザに就職」したかもしれないのです。

——私達は、今日、全員無事に卒業していきます。欠

点だらけの学校生徒であったことを、恥ずかしいと思っています。それでも、「やっぱり、学校にきてよかった」「卒業まで、ガンバッテよかった」と、しみじみ思うのです。最後まで、私達を、手放さなかった先生方に、御礼をいいたい気持ちで一杯です。

――在校生徒の中にも、なやんでいる生徒たちが、きっといると思います。私達は、「二度と、このようなクラスがつくられてはならぬ」という、福地先生の言葉通り、この様なクラスがつくられる以前に、この生徒たちにも、どうか手を貸してやっていただきたいと心から願っております。どうかお願いします。

「『仰げば尊し』『ホタルノ光』を、これだけの感慨をもって歌った卒業生は、なかったのではないか」、と『神戸新聞』はこの日の卒業式の様子を伝えた（六五年三月二日付け）。

教室の記録は、福地幸造『落第生教室』、兵庫県立湊川高校教師集団『ほえろ落第生たち』に詳しい。また小説化された後藤和人『燃えろ青春！』もあり、実現はされなかったが、独立プロ「日映」によって映画化も企画された。実践は、差別教育にもなりかねない危険もともないながら、それを打ち破る感動をもたらした。

福地も記しているように、「この『落第生教室』は、直接、部落の父母とかかわっていない。『教室』の生徒たちは、すべてが部落出身者ではない」（『落第生教室』）にしても、湊川高校の流れを変えたばかりか、同和教育史上も、貴重な実践となったことは確かであった。

校外生教室

校外生教室が開講されたのは、一九六五年（昭和四十年）九月十一日のことだった。この日のことを、『神戸新聞』は、

〝侵入者〟集め授業。
――県立湊川高に異例の進学塾。

と報じている（六五年九月十二日付け）。

正規の生徒ではない生徒を湊川高校では非在籍生徒と呼んで、積極的に学校へ呼び込む取り組みを始めた。これは公立学校が地域に門戸を開いた初めての試みであり、教育史上、画期的なことであった。第一回目の授業は七月七日に行われ、兵庫県教育委員会の承認を得る（事実上、黙認）など、手続き上の問題もあって、二か月間の試行期間を経て、九月に正式に発足した。

湊川高校では、隣接する番町地区の青年たちが夜間に

電灯の点っている校舎内に入り込んで来るのは、珍しいことではなかった。しかしこの年は件数も格別で、毎晩十数名の少年が大声を上げて廊下を歩き回り、在校生との揉め事も頻繁におこっていた。

部落研の創設とも係わってきた福地幸造が尼崎工業高校に転出し、番町地区の青年たちと係わる教師が少数となったことが、その要因として考えられる。しかし直接には、この年の入学生の中に影響力の強い生徒がいて、その友人たちが、彼を尋ねて学校に出入りするようになったことが大きかった。それにしても対応は遅かった。職員会議で取り上げられたのは、四月下旬、これらの少年たちの一人を門衛が教室まで追いかけ、授業中に少年を廊下に連れ出すという事件がおこったためである。しかも授業者が知らん顔をしていたことから、教師の態度や責任のあり方をめぐって、部落研から学校に要望書が出されて以後のことであった。

職員会議は五月から七月にかけて、多い時は週三回、総計十一回開かれた。賛否両論があり、議論は難渋したが、番町地区の青年を物理的な力で排除したり、警察に引き渡しても、根本的な解決にはならないこと。番町地区の実態を考慮せずに実施しても、差別をかえって深めるだけであること。それよりも、地域の青年を積極的に受け入れ、彼らに勉強を教えるのが正当で、教師の立場にかなった方策であるとして、校外生教室を開講することに決したのである。そのことは取りも直さず部落解放に寄与するものとなる、ということに意見の一致を見たのである（反対なし、棄権三）。

また部落解放同盟番町支部からも、これら学校側の提案に対して全面的に協力するとの申し出がなされた。高校全入運動が闘われたことがその背景にあったが、部落研の卒業生も、塾を開くなどして番町地区の青年を湊川高校に入学させる運動を進めていくこととしたのである。

ここで、坂本行一校長名で県教委あてに提出された「同和地区青少年に対する講座開設についての陳情書」（六五年十月七日付け）から、その概要を見ておこう。

これによれば、校外生教室の期間は、翌六六年三月三十一日までとし、毎週水曜日と土曜日の二日間、午後六時四十分から九時五分まで（二、三、四時限目に相当）、一〇七教室を使用して、集団カウンセリング及び英数国社理の五教科の授業を開講する。対象は、中学校の課程を終えた向学の意志を持つ青少年で、受講許可は地域の確実な団体の推挙を受けた者を学校長が認めた者とした。

ただ正式な生徒ではないので、授業料は徴収しないが、規律はすべて本校生徒に準じ、開講日以外は校舎内への立ち入りは禁じるとした。

こうして二十二名の青少年が登録し、授業を受けることとなった。開講説明会では勉学の決心が未だつきかね、

――わいが高校へいくなど、夢にも考えてみたことはなかった。一生の一大事やから、一晩考えさせてくれ。

という者もいたが、その多くから、

――わいらも、ほんまは勉強したかったんや。

という声が出され、自分たちで風紀委員を選び、掃除当番も決めた。そして、教室で煙草を吸わない、本校生を殴らないなどの取り決めもして、開講式にのぞんだのである。

授業は後藤和人、吉田弘、下野信明、新林優の四教員のほか、丸山中学校からも訪問教師の玉本格など二名が加わり、合わせて六名の教師に部落研の卒業生も参加して実施され、翌二月まで続けられた。開講は、校外生の希望もあって途中から週三回（火曜、木曜、土曜）、午後七時三十分から九時五分まで（三、四時限目）に変更された。基礎学力もそれぞれに開きがあり、残業のため欠席しなければならない者もあって、必ずしも順調とはいえなかったが、全期間を通して平均十二、三名が受講した。常連は七、八名であった。

こうして半年後の三月七日、修了式が行われ、そのほとんどが六六年度の入学試験を受けた。結果は四名が合格した。そのうち部落研に定着したのが一名だったことは、それだけ差別の現実が厳しかったことを裏づけている。他は校外生だと明かせば周囲から部落民だと見られるとして、教室出身者からも一線を画したのである。

校外生教室は二年目も続けて実施され、二十五名の登録があったが、一学期中に開店休業の状態に追い込まれた。受け入れ態勢の順延や、仕事との両立が難しくて出席者が激減したのがその理由だった。暴力や恐喝に類することはなくなったが、喫煙などは改まらず、校風は悪くなったという意見もあり、生徒の中には、一部の教員の請け負いになっているという冷ややかな見方をする者もなくはなかった。偏見から来る差別観も根強かったし、部落対策にしか過ぎないという批判も寄せられた。概して、部落解放の観点からの位置づけが弱かったのも事実だった。

しかしそれにしても、校外生教室のこの取り組みは、落第生教室に続く湊川の、その後の方向を決める実践と

して、大きな意味があった。部落解放同盟番町支部からの要求もあり、神戸市教委も、校外生教室を援助した。青少年課が六五年度は二万八千円の補助金を支給した(六六年度は三万円)が、これは同和対策審議会答申(六五年八月十一日)に応えた行政の、最初の動きでもあった。

◉プロムナアド6 兵夜高連について

創立期の湊川のことを調べているとき、当時の生徒会新聞に交ざって、兵庫夜間高校連盟の新聞を見つけた。このころの印刷物は、生徒会新聞も活版印刷に出していたようで、文字面は読み取れるが、惜しむらくは全号が揃っていないことだ。この『兵庫夜間高校連盟新聞』第二号(一九五四年七月十五日付け)一面に、次のような投稿詩が掲載されている。夜間生徒の心情を吐露した詩で、作者は内橋克人(兵庫高)とある。

かなしみ

きみは　かなしくはないか/きみの其の油だらけの/きみの其の精魂こめた仕事が/明日、多くひとをかなしみにうち沈めるということが/ああ/きみには　かなしくないのか。

其処にあるのは/それは　機関銃の砲身だ。/其処にそれ　センシブルに並んだ丸いものは/それはバズーカの弾丸だ。

明日死ぬひとの　かげとかげが/それその辺りに漂っている。/此の弾が/此の爆弾が/おやを殺し/兄弟を殺し/こいびとの臓物深くくい破り/美しい野畠の山々を炎え尽し/ああ/ぼくは耐えられない。

きみよ/ひとよ/グラィンダーの建物をゆする激しい響は息子を奪われた老婆の怒りに聞えないか。

此の火薬の/此の銅板の/破片に　しみつく/明日の血が/きみの顔に映えている。

ひとよ。/悲しみのひとよ。/ああ/燃える　燃える。／直ぐ其処に燃える　血色する／黄昏れが――

かなしくはないか。

作者は経済評論家の、あの内橋克人さんではないだろうか、と思ったが別人だった。内橋さんも同時代に神戸で高校生活を送っておられたので、ついそう思い込んでいた。また兵庫高とあるのは、神戸市立兵庫高校（現摩耶兵庫高校）のことではないかというのが私の見立て。

この当時、ずいぶんと多くの人が定時制高校で学んでいる。それを調べたいというのが予ての私の念願で、全国的にも谷川俊太郎、佐藤忠男、粱石日、仲代達也、桂枝雀などの人があるし、灰谷健次郎も確か市立兵庫高校の卒業ではなかったかと思う。

これは私が定時制こそ学校と思い、関係の人を追ってきたからでもあるが、ここでは別の話になる。

第七章——湊川高校は、今

1 湊川高校と兵庫高校

兵庫高校との確執

湊川高校と校舎を共有している兵庫高校は、県下でも有数の進学校で、旧制二中いらいの伝統が受け継がれている。生徒も大半が選良意識を有していて、定時制の湊川高校に対する優越感も根強い。湊川高校は兵庫高校の夜間だったが、独立し、専任校長が置かれると、両校は完全に別々の学校になってしまった。

根本的な問題は、両校の存立基盤や教育目標の違いにあった。卒業を前にした生徒に、母校に誇りを持てと校長が訓示する。兵庫高校の場合は、立身し、やがて出世して社会の頂点に立て、とする叱咤だ。これに対し、湊川高校の場合は言葉どおり、定時制を卒業したことを隠さずに生きろという意味である。弱者を踏みつけるような生き方はするな、というのが真意だ。このように、発せられる言葉は同じであっても、その意味するところは、両校では天地ほどの違いがあった。

兵庫高校と湊川高校では、隣接する番町地区住民に対する接し方も、対応が違った。校内に入り込んだ地区の青年を、兵庫高校の守衛が排除しようとした事件を契機に、湊川高校では、先に述べた校外生教室が発足するが、兵庫高校では何らの対応もなされず、教訓も何一つ残されないままだった。六七年六月にも同様の事件がおこり、兵高教組神戸県立支部と部落解放同盟番町支部の抗議をうけている。このことは、前にも述べた。

一九六六年（昭和四十一年）には、同和対策審議会答申完全実施要求国民会議が組織され、行進隊が八月、神戸を通過。六九年には、同和対策事業特別措置法が制定されるが、その背景には何があったか。神戸の学校現場と番町地区の様子が見て取れる事件でもあるので、この兵庫高校差別事件について、そのあらましを少し詳しく見ておこう。

中学校から排除された番町地区の青年たちは、行き場を失って市内を徘徊するか、隣接する湊川高校ふきんを屯するほかなかった。六月九日午後八時頃のことだった。校門から出ようとした三人に、兵庫高校教員Hが「待て！」と呼び止め、「お前らはここの生徒か」と誰何し、傘で一人の生徒の胸を突いた。「違う」と答えると、Hは用務員室に連れていき、「家はどこか」と訊ねた。警察官のような問い詰めをするので、「何どう」と答えると、Hは「それはどこの言葉や」と聞く。「番町や」と答えると、「番町いうてどこの言葉や」と馬鹿にしたように聞くので、生徒が「やかましい」と言うと、Hは「お前かわいそうな奴や」と言った。これに対して生徒が腹立ちまぎれに「殴ったろか」と返すと、Hは警察を呼んだ。

湊川高校長もこの騒ぎに校門前まで出て来て、校内立ち入りは許可していること、夜間は湊川高校の管理下にあるので、兵庫高校教員の指図を受ける法がないことが明らかにされ、長田署員もそのまま引き上げたが、このときHは「俺は正真正銘の日本人や。お前らは人間と違う卑怯もんや」と言ったので、生徒が「殴るぞ」というと、Hは「やったろか、道場へ来い。俺は柔道四段や」と言い放った(西田秀秋編『部落民』)。ほかにもプウルに入り込んだ少年が兵庫高校の教員に殴打されるなど、この種の事件は数え切れないほどおこっていた(兵高教組神戸県立支部『県立兵庫高校差別事件に関する報告』)。

そして六九年。湊川高校では差別教育の構造を根底から突き崩す糾弾闘争が展開されるが、その中心的な役割を担って一斉に躍り出ることとなったのが、中学校暴力事件の当事者だった。彼らはしかしまだこの時点では学校教育の厄介者、はみ出し者でしかなかった。

その後の兵庫高校と、湊川高校との関係について付け加えておくと、同年十一月、兵庫高校の生徒が書いた投書を、同じ教室を夜間使用している湊川高校の、三次試験で入学した一年生が発見したことから、湊川高校ではすぐさまホオムルウム討議が尽くされ、兵庫高校に問題提起することになった。投書は「授業中の先生の冗談について」と題されており、ある教師が授業中によく「夜間の奴にはろくな者はない」とか、「煙草を吸う女は子どもを産む資格がない」とか、「座り込みをする奴は勉強できない奴だ」とか、中風や癲癇の人を馬鹿にした発言をするが、兵庫の生徒は教師のこの発言をどう受けとめているのか、というものだった。湊川高校の教師集団も事態を重く受けとめ、冗談をいった教師個人の謝罪を求めてすむものではないとして、兵庫高校長あて抗議し、兵庫高校との協議を行なった。

一斉糾弾はこの時期には兵庫工業高校、県立神戸商業高校などにも波及し、兵庫高校でも、部落出身生徒たちによる差別教育反対の生徒集会が行われていた。自覚した教師たちによって部落研活動を保障する決議がなされ、育友会費の公開、政治活動の自由を認めるとの学校声明もなされていたので、湊川高校からの先ほどの抗議についても真摯に話し合われた。協議の中で、家庭科室や音楽室、プウルを使わせてほしいとの湊川からの要望を、育友会費で作ったものだから貸すことができない、と兵庫高校が拒否したり、育友会費から手当が出ないので湊川の講師は引き受けないようにしよう、とこれまで教員が申し合わせていた事実も追及された（兵庫高校分会編『兵庫高校の問われてきたもの』）。

　その後、両校連絡会が学期ごとに開かれ、双方から問題点を提示していく態勢が築かれたが、言い分がかみあわないこともずいぶんあり、確執は、校舎改築をめぐっても微妙に見え隠れした。

校舎改築問題

　校舎改築の問題が浮上したのは、一九八九年（平成元年）のことである。六月十二日、兵庫高校が校舎の建て替えについての説明会を、県教育委員会学事課と共同で、地域住民に対して実施することが判明。湊川高校としては、寝耳に水のことだった。しかも県都市住宅部営繕課が作成した図面は、湊川への配慮が一切ない改築案だったのである。すなわち兵庫高校が光のよく当たる南側を占有し、湊川高校はその後ろ側に、まるで付属物のように配置されているものだった。兵庫高校を中心とした図面を作ったあと、空いた所に湊川高校をはめ込んだような設計で、湊川高校の廃校を見越して描かれたようでもあった。番町地区に隣接した夜間高校としての湊川の役割無視も甚だしい。

　湊川高校は兵庫高校と同じ校舎を使用しているので、改築計画の相談が湊川高校になかったというのは言語道断で、ただちに校舎改築問題検討委員会を設置し、兵庫高校作製の改築案は容認できないとの見解をまとめ、県教育委員会と兵庫高校に送付したのである。

　校舎改築問題が浮上して以降、湊川の卒業生たちの動きも急を極めた。その後、教職員と卒業生による抗議行動があいつぎ、県も八月初めには、湊川を兵庫の昇降口棟に閉じ込めていた最初の案を取り下げ、専用部分を正面の本館三階に一部移すことを約束。今後の改築計画は、湊川高校の要望を聴きながら進める、と回答したが、湊川の要求が認められたのは、七月十九日の検討委員会で補足提案した専用の給食室、工業・家庭科教室、図書室の新設、夜間照明設備の完備と校舎内の上履き使用を撤回させたくらいで、正門は既設のものを残し、校舎東側の道路にそった敷地内に遊歩道を設けることや、体育館へはホオムルウム教室と同じ階でつなぐようにせよという要求は、聞き入られることがなかった。また急な階段を二階分降りなければ体育館へは行けず、年配者の負担を軽くするためのエレベエタアの設置要求も見送られた。工事の進行を少しは食い止めたが、改築案を全面的に見直させるまでには到らなかった。

　なぜかなれば、校舎改築案は数年前から周到に持ち上がっており、兵庫高校の同窓会が、同校出身の県会議員を動かして推進してきたものだったからである。

　工事は、同年十二月十日に着工、校舎は一九九三年（平成五年）九月二十四日に完成した。兵庫高校は竣工式をにぎにぎしく挙行し、玄関には同校卒業の妹尾河童作の舞台装置模型が飾られた。また校長室の前には記念室が作られて、同じく卒業生の画家、東山魁夷や小磯良平などの絵画が収納展示された。

　しかし湊川高校は、耐用期間がまだ終わっていないという理由で改築工事から取り残されていた給食室が、移設されないうちに阪神・淡路大震災に遭遇。五年間も工事が延ばされたままであったために、竣工式を行うこともできなかった。給食室はその後、九九年（平成十一年）十二月十九日に完成し、翌二〇〇〇年一月十二日、ようやく完成記念行事を行なうことができたのであった。給食室はそれまで運動場の片隅に押しやられたような恰好で、冬場だけでなく、雨天の日も不便を強いられていたが、ここに教室と廊下でつながった同じ校舎内で、念願の給食をとることができるようになった。

　湊川高校の給食室は、県立学校の給食施設としては初めてドライ方式の厨房が完備され、ドイツ製の最新式コンベクション・オオブンが据え付けられるなど、設備も一新された。給食室はまた生徒集会室としても利用され、文化祭、予餞会などの学校行事や、新入生オリエンテエション、保護者会などの学年行事等、多目的の活用も可能となった。

2　隣国理解を深める

中国語・ハングル講座

兵庫県教委の事業として、県立高校生に開放した中国語・ハングル講座が始まったのは、一九八七年（昭和六十二年）のことだった。この年、年頭の記者会見で突然、井野辰男教育長が構想を発表したことから、学校としての対応が求められることになる。全日制高校生が土曜日の放課後、講座開設校が設置した授業を履修すれば、外国語の正規の単位として認定するというもので、学校間の枠を取り払った新しい試みだった。

講座開設校は、夕方の時間にも教職員がいて、生徒の管理が可能な定時制高校とし、国際化時代の要請に応えて、中国語とハングル講座を開講したもので、臨時教育審議会が示した単位制高校を、近隣の外国語教育の実施と結びつけて具体化しようとしたのである。初年度は初級のみとし、翌年以降は中級、上級の各講座を開講する構想が示された。報道後に名乗りを上げた定時制高校は外にもあったが、湊川高校では、全国的にも初めて朝鮮語を導入した実績があり、担当者の努力が認められたものと受けとめ、受け入れを積極的にはかった。また最寄りの駅から近いことも、好条件であると思われた。

しかし担当者については湊川の教員とも面識があり、連絡を密にできる講師を派遣するよう求めた。というのも、ハングル講座が湊川の朝鮮語授業を吸収し、いずれは閉鎖される恐れがないでもなかったからだが、結果は県教委が湊川のこの要求を認めなかったので、全面的な協力は控えざるを得なかった。講師は、中国語が朱鵬（九三年度からは陳英招。神崎工業は李暁真）、ハングル講座が成楽源（九一年度からは全斑楽）が任命された。

こうして、ともかくも中国語講座は湊川高校と神崎工業高校（翌八八年度からは姫路北高校が追加）、ハングル講座は湊川高校で開講されることとなった（それぞれ一講座、四十五名）。県教委が四月一日付けで出した募集要項は、開講の趣旨を、「国際化時代の今日、英語だけではなく、より多用な外国語の教育を積極的に展開する。また、国際理解教育の観点からも、特に古来から日本と密接な関係にある近隣諸国との親善・交流が必要である。／本講座はこの趣旨のもとに、中国語、朝鮮語に対する興味・関心を持つ高校生のニーズにこたえようとするものである」とした。

実施時間数は、原則として週一日（一日二時間）、年間七〇時間（二単位相当）で、湊川は土曜日午後四時から六時まで、神崎工業は金曜日午後五時から七時までで、都合により長期休業中に授業を行うものとした。湊川高校実施の分は、初年度は中国語講座が二十校から四十五名、ハングル講座は十五校から三十四名が集まった。開講式は五月九日、閉講式は翌年二月六日に行われた。

ただ、韓国朝鮮問題に対する県教委の認識は低く、開講式で担当者がハングル語と連呼したり、湊川高校の管理職も日の丸を掲げようとしたので、国際理解への努力に水を差すことになるとして、取り下げさせるということもあった。朝鮮問題への無理解、非協力はしかし各高校現場も、教組も同様だった。中国語講座は人気が高かったが、ハングル講座は開講式までに応募者が十七名しかなく、急遽、二次募集を実施しなければならない有り様だった。

兵高教組も、単位の認定は生徒の在籍校がするのが当然で、教育課程に対する各校の自主性を犯している、と賛意を示さなかった。湊川高校長が講座修了を認めたのを、各校の校長が追認するかどうかはそれぞれの学校に委ねられているのだが、そのためには、各校とも単位認定の基準を改訂しなければならない。それを県教委が各校に命ずるのは問題があるというのが兵高教組の主張で、両講座とも校外におけるカルチュア・センタアと変わらないとした。在籍校の教職員が関与しない講座の単位認定が強行されるのは認められないというのである。しかし根底には、湊川への悪意や韓国朝鮮に対する偏見が隠されていたのが真相で、隣国理解に向けた各校教職員の意欲を殺ぐ結果となった。

その後、県立高校に総合学科が導入され、神戸市内でも九七年度から神戸甲北高校が中国語や韓国朝鮮語の授業を始めると、受講希望者も伸び悩み、学校の枠を超えた中国語講座、ハングル講座は一定の役割を終えたとの判断がなされた。また二〇〇二年（平成十四年）から週五日制が完全実施され、土曜日の開講が困難となったこともあわせて、十五年間続けられた両講座は、この年の三月で幕を閉じることとなった。修了者はそれぞれ延べ、中国語講座四百四十二名、ハングル講座百八十名を数えた。

韓国修学旅行

修学旅行は、四年間の定時制高校生活を締めくくる最後の学校行事であり、生徒にとっては思い出も深い。

最近でこそ旅行の機会は少なくないが、七〇年代までは、国内の観光地といえども、定時制高校生が数日間の旅に出られるのはめったになかった。そのため、綿密な計画が立てられ、班構成や部屋割りにも細心の注意を払って、毎年実施されてきた。物見遊山や単なる慰安旅行として実施されることもない。年配者生徒や障害者生徒とともに楽しい修学旅行が実現できることも、湊川高校では特に重要とされた。

修学旅行は所要を往復百二十時間以内とするなど、厳しい規程があり、経費もそれに見合う旅程となると、八〇年代までは、信州から東京、九州か東北が定番で、北海道または九州、沖縄方面は、九〇年代に入ってからであった。飛行機による旅行が認められたからでもある。しかし二〇〇〇年（平成十二年）からは、海外への修学旅行も認められることとなった。

こうして湊川高校でもこの年、十月四日から七日まで、四年生二十七人が三泊四日の日程で、韓国への修学旅行に初めて出かけた。参加した生徒にとっては、異文化を実体験する、またとない機会となった。以下、この年の日程のみ、やや詳しく見ておくこととする。

一日目は、関西国際空港から釜山金海空港まで、飛行機で一時間二十分。昼食は古都慶州で石焼きピビンパ。午後は天馬塚、佛國寺などを見学後、コオロンホテル泊。慶州は新羅の中心で、全盛時代には七十八万人もの人口があったといわれる。

二日目は、京釜高速国道を北上。独立記念館、韓国民俗村を見学してソウル泊。ソウルタワアから眺める夜景は圧巻で、生徒もしばし旅の疲れを忘れた様子。夕食はプルコギ。

三日目は、宿舎のオリンピックパアクホテルを出発して景福宮を見学。光化門はバスの車窓から。午後は数人のグルウプに別れてソウル市内を自由行動。ロッテワアルドで遊んだあと宿舎へ。三日間とも食事は豪勢な韓国料理を満喫。海鮮寄せ鍋、冷麵、トック、チヂミなど。キムチは食べ放題。

四日目は、遊覧船に乗って漢江から市内を眺め、高麗食品でショッピング。青磁や白磁などの焼き物、人参茶、韓国海苔など、土産をいっぱい鞄につめてソウル金浦空港へ。午後二時二十分の飛行機に乗り、関西空港に三時五十五分着。

パスポオトの取得、携行や言葉の習得など、慣れないながらの学校行事ではあったが、事故なく帰神。湊川高校には朝鮮語の授業があり、韓国朝鮮籍の同級生も教師もいる。そういう環境が三十年も前から作られていることから、朝鮮語授業の復習の意味もあり、韓国修学旅行はその後も意義のある学校行事として、毎年実施されている。ちなみに、参加した生徒は感想を次のように語っている。

――自由行動は不安でしたが、ついてくれるガイドさんがしっかりした人で、短い時間ではありましたが、ソウルの街を回れて楽しい旅行でした。

――独立記念館では、日本人が韓国の人たちに戦前してきたことを認識した上でしっかり付き合うべきなんだと思いました。

――もう少しハングルを勉強して、今度は韓国語だけでしゃべるようにしたい。

ここには、素直な心で隣国と付き合っていくことが大事であり、過去の日本と朝鮮の歴史に思いを致しつつ、よき隣人として対していこうとする生徒が、湊川高校で作り出されている事実を確認することができる。

3　生涯学習の場として

いきいき識字教室

一九九二年（平成四年）、兵庫県教育委員会の事業として、いきいきハイスクール創成事業が始まった。

兵庫県の高校現場では、それまで不祥事が続出していた。神戸高塚高校では一九九〇年（平成二年）夏に、校門圧死事件がおこった。続いて九一年（平成三年）三月には、県立農業高校で、校長が入試の採点を改竄するよう部下の教諭に指示し、不合格者を合格させる事件が発生した。そのため、重なる汚名を挽回する手段として、いきいきハイスクール創成事業が計画され、開かれた学校づくりの推進が謳われたのである。県教委はほかにも、ゆとりとうるおいのある教育環境の確保にむけて、公立高校で全校一律に四十人学級を実施し、図書館の冷房化や、すべての普通科高校にコンピュウタアを設置するとした。前に述べた兵庫高校の改築も、その一環だった。

県教委が示したいきいきハイスクール創成事業の趣旨は、「各高等学校は、生徒、家庭及び地域の実態を踏まえ、各学校が独自の発想で特色ある教育実践に意欲的に取り組むことにより、いきいきとした活力ある学校づくりを推進する。／また、本事業の実施が生徒の自主性を育成することや地域の活性化に寄与することも、そのねらいとする」というもので、事業の内容は、

1．文化、体育、勤労生産・奉仕等、特別活動の領域にかかわる活動。

2．地域とふれあい、地域とともに学び、地域に貢献することができる学校外における活動。

3．国際理解教育、環境教育、消費者教育等にかかわ
　らせて展開する活動。
4．その他、創意ある集団活動。

の四点が挙げられた。そして計画、実施は各校に委ね、実施校にはそれぞれ百万円を経費として配分するとしたのである。いうまでもなくこれは竹下登首相が各市町村に一律に一億円の交付金を配分した、いわゆる「ふるさと創成事業」と同種の発想だった。

湊川高校ではこれを、以前から夏季休業期間中に行なっていた朝鮮問題研究部の勉強会を基盤に、さらに拡がりのある国際交流事業として展開することとした。校外生教室、のじぎく学級の歴史もあり、地域に門戸を開いた識字教室の開講が求められていたからでもあった。対象は湊川高校の在校生のほか、卒業生や地域の住民、また神戸市内の二校の夜間中学校、市立丸山中学校西野分校と兵庫中学校北分校にも協力を呼びかけ、継続的に実施するものとしたのである。識字教室は、湊川の生徒募集に繋げた取り組みにも連動できるし、学校の活性化を呼び起こすことにもなる。こうして湊川高校の特徴を生かした事業として、県教委の承認も得て始まった。

なお途中から、いきいきハイスクールは呼び名が変わり、二〇〇〇年度から、クリエイティブ21となったが、国際交流事業の趣旨には変わりがない。テエマも、第一回目から一貫して「アジアをみぢかに感じよう」とし、目標として、

1．近隣アジア諸国の言語・生活・文化・歴史を学び、
　国際理解を深める。
2．神戸市内の在日外国人との交流を深め、共に学ぼ
　うとする精神を養う。
3．地域の人達の生涯学習に寄与し、地域に貢献でき
　る人間を育成する。

の三点を掲げた。

日程を前期（七月下旬）と後期（八月下旬）の併せて十日間、いずれも夕方六時から一日三限の授業を組むことにした。漢字学習が中心だが、そのほか、朝鮮語の授業、近代日本とアジアの歴史や在日する人たちのおかれている状況などの講演や映画、ヴィデオの上映。歌や手話などの時間を設けたり、アジアの食文化を味わうなど、趣向もこらし、さらには期間中の日曜日を使って、日本の中の朝鮮文化を訪ねるバス研修旅行を毎年計画し、教室から飛び出してする勉強を実施した。その概要は、後でふれる。

しかし夏休み期間中だけではなく、ふだんの月の第二、第四土曜日も、学校が休業日で教室が空いているため、午後六時から八時まで（二〇〇六年度からは午後三時から五時までに変更された）、年間をつうじて識字教室を続けることにした。初めのうちは第二土曜日だけだったが、二〇〇二年度から毎週土曜日が完全休業日となったため、それ以降は月二回実施することになった。土曜日が休業日となっても、定時制高校生は未組織労働者がほとんどであるから、仕事を休めるわけではない。教員だけが休みを取っているのは公平さに欠けると受けとめた年来の教員が、いわばボランティアとして勉強会を組織し、運営にも当たった。

地域に開かれた学校

長田区の識字教室の始まりは、部落解放同盟番町支部による識字教室に由来する。また車の免許取得が仕事保障や生活改善に繋がっていくとはいいながら、文字が読めないばかりに試験に合格できないのをなくするために、車友会の活動が始まった。番町支部による識字教室は、このように文字の読み書きを解放運動と結びつけて行われた。そしてこの活動を湊川高校の卒業生が担ったことは前にもふれた。

ところで湊川高校の識字教室のような勉強会は、夜間中学校や定時制高校の教員、各区公民館の職員たちによって、神戸市内の数か所で開かれている。ひまわり教室のように、阪神・淡路大震災以降に誕生した教室がほとんどだが、それらの教室が連携し、交流しようという意見が持ち寄られ、一九九九年（平成十一年）三月、第一回神戸識字交流会が神戸市教育委員会の主催、財団法人神戸国際交流協会の後援を得て、長田公民館で開催された。そしてその後も継続して年一回、三月の日曜日に開かれている（二〇一〇年までに十二回実施）。識字交流会には湊川高校も積極的に参加し、その年に卒業する年配者生徒が生活体験を発表してきた。

これらの識字教室に参加する人たちは、初めは在日韓国朝鮮人がほとんどだったが、近年はニュウカマアと呼ばれる、主として中国、ヴェトナム、フィリピンなどのアジア各国や、ブラジル、コロンビアなどの南米諸国から出稼ぎほかで渡日した人たちと、その子弟が増えている。したがってかつてのように、奪われた文字と言葉を取り戻す識字を目標とするよりも、外国人のための日本語教室の要素が強くなっている。湊川高校のいきいき識字教室の対象生徒も、その例外ではない。
いきいき識字教室の記録は、各年度の終わりに集録が刊行されているので、その足跡をたどることができる。ここで湊川高校国際交流学習が毎年実施している講演会や映画会、音楽会から主なものを挙げて、その実際を見てみよう。

上映した映画は、「潤（ユン）の街」「族譜」「アリラン」「愛の黙示録」「海女のリャンさん」「清河への道」などの、韓国朝鮮問題に関した作品が大半だが、ほかには中国やフィリピン、インドネシアなどのアジア映画、「太陽の子」のような沖縄問題を扱った作品も取り上げられている。また夜間中学校の問題を扱った映画「こんばんは」も上映された。さらには趙博の歌とトオクや朴明子の一人芝居「柳行李の秘密」、東方文化芸術団などの公演も行われた。

特別講座は、文東載、金時鐘、高貞子、神田裕、尹基、金慶海、徳富幹生、吉岡光政、草京子、桂光子などの講演、特別授業を次つぎ実施している。

なお、朝鮮文化を訪ねる日帰りの研修旅行については先に述べたが、ここではその初期のものを挙げておく。

・一九九二年八月二十三日。近江路と朝鮮文化（雨森芳洲庵ほか）。
・一九九三年八月二十二日。牛窓と朝鮮通信史（海遊文化館・本蓮寺）。
・一九九四年八月二十一日。京都と朝鮮文化（高麗美術館・広隆寺・耳塚・清水寺）。
・一九九五年八月二十日。奈良と朝鮮文化（高松塚壁画古墳・石舞台古墳・飛鳥寺）。
・一九九六年八月十八日。在日一世たちの老人ホーム「故郷の家」（堺市）。ほか四天王寺、鶴橋国際市場、リバティおおさか。

九七年からは、行き先がこれまでの分と重なるものもあるので、それ以外の主な研修地を挙げると、丹波マンガン記念館（京都府京北町、現京都市）、浮島丸殉難慰霊碑（舞鶴市）、韓国船救護記念公園（福井県小浜市）、ウトロ地区（宇治市）があり、長島愛生園（岡山県）では、在日の元ハンセン病患者、金泰九さんの話を聞き、園内を見学した。

4 阪神・淡路大震災と湊川高校

三千人の避難所となる

一九九五年（平成七年）一月十七日午前五時四十六分。神戸市長田区をマグニチュウド七・二、震度七の都市直下型地震が襲った。直後の被害の実数は、家屋の全焼三千九百三十棟。全壊一万二千五百十五棟、半壊九百九十四棟。死者九百七人、負傷五百三十三人を数えた。湊川高校はその日のうちに避難所となり、二千五百人（しかし実際は二千八百人とも、三千人とも言われた。日や時間帯によって人数が異なり、正確な数はつかめていない）が教室、廊下、講堂、体育館、運動場いっぱいにあふれた。一期と二期に分けて新築された校舎の連結した二棟がずれて、建物間に二十センチメエトルもの透き間が生じ、屋根がめくれ、壁もはがれ落ちた。骨組みが剝き出しになり、無惨な姿がさらされたが、新校舎は完成したばかりで、夜明け前の時間帯でも白く浮き上がって見えた。近隣の住民が、高台に建つ湊川高校に吸い寄せられるようにして駈け込んだのは、自然の成り行きだった。

出勤した教員は、その日から避難住民の世話活動に忙殺される。湊川高校の会議室は、たちまち兵庫高校・湊川高校対策現場本部となり、両校の教員は合同で避難者への物資の確保、食料の分配などに当たった。神戸市の防災担当者も常駐し、生徒や全国から支援に駈けつけたボランティアも加わった。保健室は臨時の救護センタアと化し、各地から駈けつけた医師や看護師が医療活動に従事した。授業どころではなかった。

各担任は、生徒の無事を確認するため、家庭訪問や職場訪問に追われた。電話も繫がらず、市内を走り回るしか、全体像を把握することができない。公的な避難所ばかりではない、余震の恐怖におののき、公園や河原に張ったテント小屋で避難している家族も少なくなかった。在日外国人の中には、差別を恐れて避難所を避けていた人たちもいた。

電気は早期に回復したものの、ガスや水道の復旧は遅れ、湊川高校は自然休校となる。授業が再開されたのは二月九日のことで、初めは一限三十分、一日四限の授業で、生徒は八時過ぎには下校した。講堂に避難する住民の協力を得て、卒業式は二月二十六日に実施され、四月からの授業はほぼ平常どおりに戻された。しかし五月に予定された修学旅行は、避難している生徒もまだいて、中止された。体育館や運動場には夏場まで避難する人たちがとどまった。その数は九百名を下らなかった。

仮設住宅は県下の各地に建設されたが、神戸市西区や北区の造成地が大半で、片道一時間をかけねば通えない遠隔地のために、入居を躊躇せざるを得ない人が続出した。独り暮らしの老人や障害者、通院や介護を必要とする人たちは、避難所を出たくても出て行けなかった。なじみのない土地、顔見知りの人がいない仮設住宅に追いやられて、孤独死する例も数多く報告された。

震災はだれをも平等に襲ったと言われたが、復興復旧から取り残された人たちは、まぎれもなく部落住民であり、在日外国人であった。総じて、差別や貧困に苦しんできた人たちが、衣食住の一切を奪われ、なおかつ言葉が通じないことに難渋した。湊川高校の周辺でも、室内商店街は壊滅し、露地もなくなった。更地が各所にでき、再利用されないまま放置された。子供たちの声が消え、街から住民がいなくなった。仮設住宅は一時の夢でしかなく、その先の不安は募るばかりだった。

メディアも、番町地区のすぐ隣りまでは来て取材したが、被差別部落についての報道はなされなかった。韓国の取材班が来日し、関東大震災のような事件がおきないかを案じた。数日後には杞憂であったとして帰国したが、そのこともあって長田の韓国朝鮮人の様子は、靴産業の震撼とともにさかんに取り上げられた。しかし部落住民の被害状況の報告は、部落解放同盟兵庫県連合会や神戸地区県立学校同和教育研究協議会が聴き取り調査した以外は、まったくなかった。

県教委がまとめた県立学校の被害状況は、県下百七十四校のうち百五十二校（神戸市内の県立学校は、二十九校のうち二十六校）にのぼっている。うち七校は建て替えが必要であり、補修しないと利用できない学校は十一校、その他の補修を要する学校は七十三校、被害総額は推計百三十三億円であった。兵庫高校・湊川高校が倒壊をまぬがれたのは新築直後だったからだが、昼間の兵庫高校は一年生が神戸甲北高校に、二年生が鈴蘭台高校を借りて授業を再開し、新学年からは鈴蘭台西高校運動場に建設された仮設校舎に丸ごと移った。したがってそのかん、九月二十六日に復帰するまで、兵庫高校の留守中の校舎を守ったのは湊川高校の教職員であった。

県立高校の生徒は全県で二十五人が亡くなったが、湊川高校はさいわい死者はなかった。しかし全壊十八人、半壊七人。事業所が潰れ、家や仕事もなくなって、生徒は勉学どころではなくなった。職業安定所へ行っても、家屋の取り壊しだとか、瓦礫の撤去だとかの仕事しかなく、作業現場が片道一時間以上かかる遠隔地でも、選り好みはできない。そのため授業が再開されても、登校できない生徒が続出した。

県教委は震災によって住居が全半壊または全半焼となった生徒、主たる生計者が死亡、行方不明、失業などのため、所帯収入が著しく減少した生徒を対象に、九五年一月から、授業料を免除する措置をとった。しかしそれも十二月までの一年間しか認められなかった。

震災から学んだこと

震災は何一つよいことはなかった。人命や土地建物財産はいうまでもないが、仕事や隣近所の付き合いなど、人間関係や、人が育ってきた過去も一切が失われた。そのうえ、これから先の夢も奪われた。しかし絶望だけではなかった。希望もまた持つことができたのである。

湊川高校の年配生徒、尹五烈（当時、七三歳）は十九歳で日本に渡って来た。苦しいことばかりの毎日で、自分は死んでも日本の土にはならない、骨は祖国に埋めてもらうと決めてきたが、潰れた家の下敷きになっていた時、近所の日本人が声をかけてくれて毛布や食べ物を持って来てくれた。

――このことがあって私はふっ切れました。日本人に対する不信もとれました。もう思い残すことはありません。喜んで日本の土になります。神戸は私のふるさとです。

と言っている。

また湊川高校の勉強会、いきいき識字教室の参加者、金音田（当時、七八歳）の体験談。金音田は地震で腰を打ち、寝込んでしまった。すると十代、二十代の日本人のボランティアの女子学生たちが、アパアトの七階まで水を汲んできてくれたり、食料を持って来てくれたり、薬を買って来てくれた。音田は礼をしなければならないと思った。見れば彼女たちはテントの中で寒そうに、寝袋にくるまって寝ている。風邪を引いているので病院で薬を貰ったが、治らないという。手にはあかぎれができている。そこで音田はキムチのおじやを炊いて食べさせたら、汗をかくほど温もり、二日ほどで治った。春休みが終わると、彼女たちは大学へ戻ったが、週に一度、手紙が来る。韓国朝鮮語の勉強をして、ハングルで書いてきており、それ以来、文通を始めている。日本に来て五十年ぶりにハングルで手紙を書ける嬉しさを感じている、と金は感慨深げだ。

在日韓国朝鮮人と日本人との交流が深まっていることは、湊川高校ならではの避難所報告だが、このような場面は、年若い世代でもいくつも見られた。

兵庫県教委は、九七年一月十七日、阪神・淡路大震災二周年教育復興シンポジウム「防災教育・災害時の心の健康に関する中央研修会」を文部省、神戸市教委と合同開催し、被災高校生による体験発表を行なった。湊川高校からは卒業生（震災当時、三年生）の郭慶之（カクキョンチ）が、「国境を越え、共に生きる」を意見発表した。

> 僕は在日韓国人です。郭という本名は、兵庫県立湊川高等学校に入学し、朝鮮語の授業などを通して、自分の民族のことを学び、韓国人としての自覚を持ち、そして取り戻しました。……震災から二年の月日が過ぎても、この神戸は震災の傷跡があちこちに残っています。……今から七十四年前の一九二三年、あの関東大震災の時には、朝鮮人が「井戸に毒を入れている。火をつけ回っている」という悪いデマにまどわされた日本人によって、多くの朝鮮人が虐殺されました。あれから長い年月が流れていても、在日韓国朝鮮人に対する偏見、蔑視が未だ残っている中、また悪いデマが流れ、虐殺が再び起こりうるのではないか。不安な気持ちが頭をよぎりました。……
>
> 二日後、同胞の団体事務所で、食糧や衣類を配るボランティアをしました。……そこでは、日本人も韓国朝鮮人も関係なく助け合っていました。そこで見た物は、僕が思い浮かべていた不安を打ち消してくれる光景でした。あの関東大震災の時ではありえなかった事。
>
> あの阪神・淡路大震災で、はかりしれない大きな犠牲を被りましたが、人と人が助け合って生きる事、国籍の壁を越えて手をつないで生きることの尊さを知ることが出来ました。……僕たち在日韓国朝鮮人の若者が五十年先、六十年先、歳をとっている頃には、互いの民族を尊重し合って、同じ地域に住む住民として、仲間となって暮らしていることを、今一番に望んでいますし、この震災で助け合っている姿を見て出来るという確信を持ちました。……

二月、三月は寒い時期で、変動はあったが、三千人近い避難者がひしめいていた。避難所には自治組織が作られ、班長が選ばれたが、要所々々には湊川高校の卒業生が配置についていて、学校との連絡調整に当たった。これらの卒業生がいたことによって、避難所生活は順調に行われることができたのである。部落研活動もし、林竹二の授業も受けた田中吉孝も、その一人だった。

——自分たちは湊川で世話になった。今その恩返しをしなければならない。

と、田中は言い、黙々と避難住民の取りまとめに従った。

5　夢を、夢のままにしない

「故郷の家・神戸」の誕生

解放教育が下火となって以降も、地域に門戸を開いた勉強会を継続してきたことは前に述べたが、震災後、この識字教室が起点となって、神戸に特別養護老人ホオムが作られることになった。「故郷の家・神戸」の誕生がそれである。

故郷の家は、韓国孤児の母といわれた尹鶴子(ユンハクチャ)の長男、尹基(ユンギ)（田内基）が一九八九年、堺市に設立した老人養護施設である。尹鶴子は田内千鶴子といって、日本人だが、韓国で木浦共生園を創設した夫、尹致浩(ユンチホ)が、朝鮮戦争で行方不明になった後も、韓国に踏みとどまって、孤児養護の施設を守り続けた。しかし日本が韓国を併合し、皇民化政策を強制してきたため、解放後も、日本人に対して悪感情を抱いている人がほとんどで、田内千鶴子は、日本人であることを隠して生きなければならなかった。チマ・チョゴリを着、キムチを食べ、衣食住のすべてを韓国式にして後半生を送ったが、しかし亡くなる直前、梅干しが食べたいと言うのだった。

尹基は、日本で長年暮らしてきた韓国朝鮮人にも、母と同じことが言えるのではないかと考えた。祖国に帰れない事情の在日韓国朝鮮人は日本に何人もいるが、韓国朝鮮人のための老人ホオムは日本にはない。差別が厳しいため、日本人の前では朝鮮人であることを明かさず、一度も発することさえしなかった朝鮮語が、死ぬ間際にふっと口をついて出る。キムチも食べたいだろう。伝統家具もあり、アリランやトラジの曲も流れている老人ホオムがあれば、どれだけか救われるであろう。母国語で話しかけてくれる職員がおれば、なお心穏やかになれよう。

そういう施設が日本にあればという夢物語が実現したのが「故郷の家」だが、堺市のこの施設を湊川高校の国際交流事業、夏の研修旅行（一九九六年）で訪れた卒業生の金容星（キムヨンソン）は、

——神戸にもこんな施設があったらええなあ。

と思った。

金容星は夜間中学校（丸山中学校西野分校）にも通い、湊川高校でも学んだ。そして文字を覚えたい、漢字が書けるようになりたいとの長年の夢がかなえられた。しかし神戸には震災で困窮している在日韓国朝鮮人が多い。それも独り暮らしで、日本の施設にも入れずにいる人がいる。今度はその恩返しがしたい。自分が働いて貯めた金を寄付してもよい、と尹基に訴えたことから、長田区真野地区に二〇〇一年、故郷の家・神戸が誕生することとなったのである。

故郷の家・神戸はその後、在日韓国朝鮮人だけではなく、広く日本人も受け入れて、まさしく共生社会の実現を目指す施設として、地域に溶け込んだ運営が続けられている。湊川高校から始まった夢物語は、こうして現実のものとなったのである。

阪神大震災では、日本語が解せない外国人は避難所の開設情報も、食料や物資の支給情報も閉ざされた。そのため韓国朝鮮語による震災情報を、民団西神戸支部から発信した。九五年一月に放送を始めたFMヨボセヨがそれだ。また鷹取教会から、九五年四月にヴェトナム語、スペイン語、フィリピノ語による放送、FMユーメンが始まり、やがて両局が九五年七月に合併して、多言語・多文化コミュニティ放送局、FMわぃわぃが開局、第一声が翌九六年一月、鷹取教会内から発せられ、地域に根を下ろした活動が続けられている。

湊川高校で学んでいる年配者生徒の動向も、折にふれ、FMわぃわぃで紹介され、放送を聴いて、湊川高校入学の後押しをされた人もいる。このかんの様子は、矢野陽子によって一人芝居「ワルルル…」が劇化され、長田ばかりでなく、全国各地で上演されている。楽士は趙博（チョウバク）が務めた。

外国人教員の任用の問題

外国人教員の任用問題をここで見ておく。朝鮮語の担当教師として、在日朝鮮人が兵庫県で公務員として採用

されたのは、金時鐘をもって嚆矢とした。一九七三年九月一日のことで、続いて期限のない講師として七六年、劉精淑（リュウジョンスク）が着任した。金時鐘は日本統治下の祖国朝鮮で師範学校を卒業しており、大学講師の任にもあったが、歴史の然らしめる事情によって、卒業証明書の交付が容易ではなかったこともあり、実習助手だった。

ところが劉が退職し、その後任として八五年、方政雄（パンジョンウン）が採用されると、方は長らく一年更新の臨時的任用の扱いを受けた。その背景には、長野県で梁弘子（ヤンホンジャ）問題がおこったことによる。身分が常勤講師に切り替わったのは、九二年度からであった。九一年一月の「日韓法的地位協定に基づく協議の結果に関する覚書」で、外国籍の教員に対する任用については、「身分の安定や待遇についても配慮する」ことがうたわれたからである。しかし直後の、九一年三月の文部省教育助成局長通知では、「日本国籍を有しない者」が任用できる職種は教諭（または助教諭）に準ずる職務の、「期限を附さない常勤講師」であるとしたからである。

そのため一年ごとに退職、採用を繰り返さねばならないそれまでの身分上の不利益は、多少は改善された。しかし授業や生徒指導など、職務上は教諭と何ら変わることのない任務を担わされているにも係わらず、主任の指導助言の下に職務しなければならないという、不当な扱いを強いられた。方は経験年数からいっても遜色なく、〇六年からは生徒指導部長になり、翌〇七年度も引き続いたが、〇八年度の校務分掌から主任職を解任するという事件が勃発した。抗議の結果、主任の位置には留まったが、県教委、校長とも、主任手当の支給のない学年主任を命じた。了解はできないが、ひとまず受け入れて交渉はその後も継続された。しかし事態は改善されず、膠着状態が続いている。

公立学校の外国籍教員は、〇八年には全国で二百十五名を数えているが、任用面ではそれぞれ、方と同様の問題を抱えている。高等学校における朝鮮語授業は、韓国語、韓国朝鮮語、ハングル講座等、名称はさまざまだが、国際理解教育のいっかんとして全国的な拡がりを見せている。しかし教科書も手作りのものしかなく、そのため「高等学校韓国朝鮮語教育ネットワーク」が九九年に設立され、授業者の実践交流も始まった。交流会は関東、関西、九州四国ブロックでも開催され、兵庫県の窓口は方政雄が担当し、おもに湊川高校を会場に、県内の韓国朝鮮語授業者の共同研究が続けられた。

外国人教員を、不利益のまったくない教諭として採用する任用問題が解決されれば、方政雄の後に続く在日韓国朝鮮人生徒たちの夢も開かれる。方はその魁となろうとしているのである。

差別は、無知から

差別は無知から生まれる。自身で確かめもしないで、偏見を鵜呑みにし、しかもその間違った考えを人に伝える。湊川の流れを守ろうとする者たちは、それら有象無象とのせめぎ合いの中で、遅々たる歩みを続けねばならなかった。

朝鮮語への敵対は、朝鮮語をなぜ優遇するのか、という形であらわれた。中学時代から英語が解らないまま放置され、英語を忌避する生徒に、その上まだ朝鮮語を教える必要があるのかと強弁し、自らの努力を放棄して恥じない。英語と朝鮮語の選択制を主張したのはそのためだったが、選択制にすれば、役に立つからとの理由で、おおかたの生徒は英語を選ぶ。結果的に朝鮮語が潰されることになる。そこでは朝鮮語に対する無知どころか、悪意が透けて見えた。九〇年代になって解放教育が退潮に向かうと、その傾向は一段と強まった。

高等学校学習指導要領が改訂されたのを機に、社会科では九九年度から三、四年生の選択科目として「国際理解」を導入した。表向きは国際化社会の到来という時代的な要請からだが、真意は、朝鮮語が潰されるかも知れないという危機感からだった。アジアと日本との関係を扱うことができれば、朝鮮語授業時間数が減らされる事態がおきても対応できる。朝鮮語を守るためには、外部からの圧力だけではなく、現場教員の認識の低さにも留意し、対処しなければならない。善意だけでは朝鮮語は守れないことを、教務部や指導部はいつも心していなければならない。その意味で、湊川は普通の学校にはない緊張をいつも強いられた。

一方、生きた英語に生徒が接することを目的に、各高校現場に外国語指導助手（ＡＬＴ）が配置されることになった。湊川高校も週一回来校したが、この程度では、英語科教員の負担を減ずる効果しか生み出せなかった。朝鮮語担当者の講師身分と較べると、ＡＬＴの待遇は破格で、この面からも、方政雄の常勤採用が急がれた。

攻撃は、在日韓国朝鮮人生徒を本名で呼ぶ問題に対しても、執拗になされた。本人が嫌がっているのに、無理やり本名を強制するのは人権問題だという、倒錯した論法が放たれる。さらには、湊川高校では本名を名乗らされるから在日朝鮮人生徒の入学者が減ったなどという不正確な情報を流し、湊川の路線の改変を迫ろうとする。しかもこの種の発言が、兵高教組などの活動に熱心な教員からなされたところに、階級意識のなさが露呈していた。韓国修学旅行で、参加生徒が率直に感想を述べ、韓国朝鮮理解を深める成果があったことは前述したが、新たに着任した校長や教員の中には無知、偏見、悪意をさらす者が絶えなかった。日本人生徒に加害者意識を植えつける独立記念館や、西大門刑務所を見学させるのはよくないと吹聴したり、生徒の希望を無視した旅程を画策して、非難を浴びる出来事もおこった。

問題は、このような幼稚な言動を恥じない教員を湊川高校に配置する県教委の見識のなさである。兵高教組もまた組合員の間違った考えを是正せず、野放しにしていることで、在特会などの動きと、根は一つであるというしかなかった。

湊川の教育活動は、夢を夢のままにせず、就学保障や教育内容の改善をはかってきたことにある。しかし九十年をたどると、少数者や弱者に優しい学校教育は、容易にはできないことも、知らされた。

◉プロムナアド7
福地幸造の仕事

このたび私は、神戸学院大学の講座（歴史文化特別講義「湊川高校教育実践」）を担当し、一月十五日（二〇一八年）、最終講義が終わった。講座を受け持つことになった経緯は前に述べた（『パンの木』第三三一号「締め切り日のある仕事」）ので繰り返さないが、受講者は最初の一、二回がすむとぐっと減ると聞いていたのに、最後まで教室一杯を維持できたのは幸いだった。最大の理由は、担当の水本浩典教授の指導が適切で、先生ご本人も、一受講生として毎回座り続けてくださるなど、過分なお心遣いを賜ったことだ。識字教室に関心のある大学院生や、夜間中学校で全教師生活を送られた草京子先生などの学外の聴講生も、熱心に聴いてくださった。

思ったのは、何の益にもならないような面白くもない定時制高校また湊川の話に、最後までよくつきあってくれた学生への感謝だ。初め、教職課程の講座と思っていて、よき教員になるための話を準備したが、私のような者の話を聞けば、教師になりたくなくなるのではないか、と思ったし、採用試験も不利になるのではないか、と案じられ、講義内容を何度も手直ししたり、話の進め方も迷ったが、みんな真面目で、受講者にはずいぶん助けられた。またパソコン機器を使う今風の授業法に慣れず、苦労したが、この方は共同担当の方政雄先生に任せっきりで、送り迎えも含めて方さんの助けがなければ全うすることはできなかった。

　しかしもっと困ったのは、湊川高校の話をする場合、番町地区にふれないわけにはいかない。近年の教育事情から察してはいたが、高校時代までの学生に、部落問題の基礎的な知識がない現状では、部落は恐いという偏見を引き起こす恐れがある。このことについても以前私が湊川高校で生徒向け研修をしたとき苦心した（『パンの木』第二九〇号「気懸かりだったこと」）のと同様で、いささかも変わりがないので、略す。

　という難しさもあったが、しかし神戸学院大学で今回、このような講座を担当する機会が与えられなかったなら、私も、西田さんを中心にした動きから一歩も出ない湊川高校像しか描けなかったろう。西田さんをよく思わない人は、いっせい糾弾の時代を唾棄したいだろうが、それでは一九六九年とそれ以降の湊川が正しくは伝えられない。

　といって、校長や教頭が記録する学校日誌ばりの、生徒の姿がまったく出てこないような九十年史は面白くない。

　今回私は、福地幸造先生を軸として湊川高校を振り返るものとし、講義概要も、「福地幸造の仕事」と章立てすることにした。すると、取り上げ方もずいぶん違ってきて、従来の湊川高校像の限界を脱することが、できそうな気もしてきたのである。

　その意味でも、水本先生のお誘いに端を発した今回の試みは私には有り難く、感謝のほかはない。

（原題「神戸学院大学の講義を受け持って」二〇一八・一）

終章——定時制の、あるべき姿

1　湊川の、これから

定時制のあるべき姿を模索する

定時制高校の将来像を考えようとすれば、先行きは決して明るくない。県教委からは毎年、生徒数の減少は問題だ、効率がよくない学校は統廃合するという施策が示された。しかし生徒が本当に減ってしまったのかといえば、中学卒業者のうち、高校へ進学していない者は相当数に達する。定時制高校入学希望者を掘り起こす努力がなされているかといえば、そうはいえない。

定時制高校は今では年配者や障害者生徒、中学時代まで不登校に到っていた生徒も数多く通学している。しかしそれらの生徒が一日も休まず出席し、卒業している事実を考慮すれば、数校を統合して一校に集中するのは、定時制の将来のためにならない。夜間に学ぶ勤労生徒の場合も同様だ。職場や家庭から学校までの距離が遠ければ、支障が大きい。何より生徒の勉学への意欲が殺がれる。大方の生徒が持たされてきた人間不信を解消するためにも、統廃合では効果が期待できない。手作りでなされる少人数、小規模校こそ、目標達成は得られる。

すなわち、定時制でなければできないような教育が、今後さらに考究されることが必要であろう。基礎学力の充実、漢字や日本語、世界各国の、とりわけ近隣の韓国朝鮮語、中国語などのアジアの言語の習得、各種資格の取得、情報技術の獲得などの多数の講座が開かれていて、勉学の喜びが味わえるような学校が志向されるべきだ。体力健康の増進をはかったり、栄養や調理の基礎を学んだり、看護や介護、または福祉に従事する専門的な知識や技能を学ばせて、地域や高齢者、障害者に奉仕する人材を育成するなどのことも必要だ。生涯教育の機関としての有効な活用が、定時制高校によって実現されるならば、これに越したことはない。また美術、工芸、書道、音楽、演劇など、芸術分野の初歩が学べる機会が保障されるならば、なおよい。

むろん定時制高校本来の役割が忘れられてはならない。働きながら学ぶ生徒を受け入れるのは、定時制高校の原点だった。中卒後すぐ就職した者、または未就職者、あるいは全日制に進学できなかったり、進学したくなかった過年度卒業者を積極的に受け入れるのは当然のことだ。社会が全体として青少年に責任を持つのは、二十一世紀の課題でもある。十年後、二十年後の日本の、なくてはならない人材を育成するためのもっとも相応しい学校として、定時制高校の役割が見直されるべきであろう。

義務教育の段階から、学校という世界に収まり切らなかった生徒や、ゴンタくれとして忌避されることがなくはなかった青少年が、定時制高校で学んだことによって、恥ずかしくない人間になれた、という体験談はずいぶん聞いている。しかしそのためには、定時制高校は四年制が望ましい。そのくらいの年数をかけなければ、生徒は一人前にならないし、学校としても、安心して社会に送り出す人材を作れない。

ところが文部省は、一九八二年（昭和五十七年）度実施の改訂学習指導要領で、卒業単位を八十五単位以上から八十単位以上に引き下げた。定通制高校の生徒は、実務をもって職業に関する各教科、科目の履修の一部に替えることができること、大学入学資格検定試験（大検）合格科目について、それに相当する高等学校の各教科、科目の単位を履修したものと見なすことができるとしたのである。

続いて八八年（昭和六十三年）には、『学校教育法』を一部改正して、定通制課程の修業年限を四年から三年以上に改め、必要単位を修得したものは、三年でも卒業できるようにした。さらに、九四年（平成六年）度実施の改訂学習指導要領では、定通制高校においては、大検合格科目を、高等学校の単位として認定できるようにしたのである。湊川高校も校則を改め、大検合格単位を加えて、八十単位以上あれば三年でも卒業できるとしたが、高卒扱いにならなかった点が違った。大検はその後、二〇〇五年（平成十七年）から、名称が高等学校卒業程度認定試験（高卒認定）と改められた。

何らかの事情で全日制高校を中退し、定時制高校へ転編入しなければならなかった生徒にとっては、これらの制度改正によって救われた者も多い。全日制高校在学時に取得した単位と、湊川高校で取った単位を合わせ、不足分は高卒認定に合格して単位が認められれば、三年間で湊川高校を卒業することも可能だからである。ところがこの制度が、定時制高校本来の目的を歪めている事実も、疑いがなかった。定時制高校在学が、高卒資格取得のために利用されるということも、おこるからだ。昼間は予備校で受験勉強に励み、高校卒の資格を取るためにだけ夜間定時制高校に籍を置く生徒が出てくることも、予測された。

全日制高校に絶望したり、受験教育の犠牲になった生徒が、自らの意志に反して昼間の高校を過ごすよりも、夜学に転じて、職業も年齢も国籍もさまざまな人たちと接し、幅広い生活体験をしながら高校生活を終えるのは有益だが、そのためには、三年間で卒業するより、じっくり四年間をかける方が望ましい。四年生は、定時制高校卒業のための、総仕上げの学年だ。一年間か二年間しか定時制高校で学ばずに卒業するのと、苦労して一年生から登校し続けてきた生徒とは、重みが違う。

二〇一〇年春の高校授業料無償化の影響で、定時制高校の入学者数が増大した。定時制高校の存続のためには好条件だが、しかしこれらの生徒の多くが、高卒認定試験を併用して三年卒を選べば、定時制高校の存在意義は、根底から壊されてしまう。昼間定時制や、昼夜間二部制や、通信制を取り入れた定時制高校など、多様な学校の在り方が模索されるのはやむを得ないが、基本は働きながら学ぶという、これまでの夜間定時制高校の形態が踏襲されているのが望ましい。

なくてはならない学校

定時制高校が四年制であるべきことを述べたが、湊川高校に関してこれを補足するなら、中途転校してきた生徒の場合、あるいは朝鮮語授業を一時間も受けずに卒業してしまう事例もおこり得る。すると朝鮮語授業を湊川高校が開講している趣旨に反する。また修学旅行は最終学年の四年次に実施されるのがふつうだが、湊川高校では二〇〇五年度から三年次で実施することに改めた。三年卒業の対象者が少なかったので、この措置も有効だったが、今後、三年生卒の生徒が半数以上を占めるようにでもなれば、四年生卒業の生徒は、落ちこぼされた形があらわになる事態が危惧される。そうしないためには、三年生卒業はあくまで例外としての位置付けをしておかなければならない。修学旅行も四年生実施に戻すべきかも知れない。

ところで湊川高校は、面白い学校である。卒業の時期を迎えると、年配生徒の必ず二人か三人は、おずおずと、しかし真面目な顔をして、

——落第させてもらえませんか。

と訴える。卒業しても湊川高校のような勉強ができる所がないからだ。卒業証書を手にすることは何よりの励みになるが、しかし現実には、一つでも字を覚えたい、学べる所がなくなると、覚えたことも忘れてしまうし、

それが心配だという。

湊川高校はまた駆け込み寺の要素が強い。生徒はむろん、卒業生までも、困ったことがあると飛び込んで来る。息子や娘の教育相談、あるいは親、知人たち。渡日したばかりの外国人を連れて来ることもある。また法律問題や借財にからむ難問を抱えて相談に来たり、助けを求めてくるから、一種の避難所、アジイルの様相を呈する。公共の機関を紹介したり、弁護士事務所に同行する教員もいる。湊川高校は、生徒以外の人にとっても、なくてはならない学校だ。

しかしまた皮肉なことに、県教委にとっても、湊川高校がなければ困る有り難い学校だった。全日制高校で進路変更を迫られた生徒や、どの定時制高校からも入学を断られた生徒の保護者から、受け入れてくれる高校がないか、県教委に打診する。中には毎日のように電話をかけてくる。困り抜いた県教委は、湊川高校を紹介できることで面目が果たせた。その意味でも、湊川高校は有用だった。

このような観点に立って、湊川の将来像について考えてみる。

湊川高校は地域に開かれた学校を、自他ともに認めてきた。番町地区に隣接していることから、被差別部落の要求を受けとめ、差別・人権の問題を教学の根本に据えてきた。内外の厚い壁に阻まれて、押し潰されそうになりながらも、困難な教育実践と取り組んできた教職員や、卒業生たちの苦闘に背かぬ学校経営が、これからもなされねばならないだろう。

長田区はまた、在日韓国朝鮮人の居住率が全国的に見ても高い地域である。近年は中国人や中国残留孤児といわれた人たちの子孫、ヴェトナム人、南米諸国から渡日した外国人、また日系二世、三世も少なくない。古くからの国際都市でもある神戸で、これら外国人との共生を育んでいく営みは、湊川高校の場合、別けても重要である。

阪神・淡路大震災の体験から、日本人と外国人とが助け合う姿を多く見てきた。湊川高校では、部落出身生徒や在日韓国朝鮮人生徒とともに学び合う関係を作ってきたが、その方向が、歪められるようなことがあってはならない。公立高校で朝鮮語授業が、全国に先駆けて開講された経緯も想起すべきである。国際交流事業としての校外生教室、識字教室が取り組まれてからも、すでに半世紀が経っている。

すなわち湊川高校は、国際化、高齢化、情報化という二十一世紀の日本を見越して、そのいずれの課題にも正面から挑み、とりわけ被差別層、底辺の教育要求に答えていく運動の先陣を切ってきた。このことと、湊川高校の将来像を切り離して考えることはできない。その意味で、湊川高校はなくてはならない学校であるし、なくしてはならない学校である、といえよう。

2　原初の学校

教師の資質

湊川高校の教師が無知であってはならないものは何か。いうまでもなく部落問題であり、在日韓国朝鮮人問題である。むろん沖縄奄美の問題も、障害者の問題も、理解がなければならない。また中国や、ヴェトナムの問題についても、熟知していなければならない。しかし、ここでは神戸長田という土地に限定して、まずもってこの二つを挙げる。

その上でさらにその前提として、教師の資質について触れねばならないであろう。

定時制高校には、現代日本のさまざまな生活矛盾を抱えている生徒が入学してくる。湊川高校の生徒は、差別や貧困の悪条件と苦闘している生徒が圧倒的だが、彼らと正面から、しかも水平の関係で向き合おうとすれば、権威によるのではなく、裸で生徒の中に入っていく覚悟が求められる。

ただしかし、これは何も定時制高校に限ったことではない。すべての教師になくてはならない性向である。それなのになぜ定時制高校の教師の資質を問うのかをいえば、全日制高校の教師は務まっても、定時制高校ではそうはいかないからである。

ところが行政や、教師の多くは、認識が全く異なる。全日制高校が務まるのだったら、定時制ならもっと容易いと思っている。勤務も楽だし、授業も難しくないと思いがちだ。中には、昼間はアルバイトもできると思っている不心得者もいる。その上、定時制手当も支給されると聞けば、御の字だ。

一九九〇年代になると、湊川高校に転入してきた教員は、あるいは新任教員も、この傾向を強めた。授業内容も教師主導、教科書一辺倒で進めるのをよしとし、不都合な問題がおこっても、生徒の所為にした。処分を生徒に科し、教師が問われることはない。そしてこの深層には、教師は被害者であるという意識だけがあった。

しかもこの停滞の季節、雌伏の刻に教育行政の右傾化が重なる。二〇〇〇年代になると、教育の効率化が学校現場に踏み絵を踏ませる。学力能力至上の風潮を作り上げ、その背景のもとに教諭を監督指導する。主幹教諭を新たに導入し、身分上、給与上も格差を設けた。学校が安定してくる二〇一〇年代になると、湊川高校も例外ではなく、全日制高校の基準に合わせようとする動きが加速する。校則を厳しくし、違反した生徒を厳罰に処する。

では一方の教師はというと、教師も同様に厳しくしているという。生徒が規則に違反しているのを見逃さないように、教員への締め付けを強化し、規則に甘い教師の勤務を評定するという。湊川高校が取り組んできたのは、しかし生徒を賢くすることであり、また確かな集団として鍛えることだった。そのために授業の工夫をしたり、生徒の自主活動を組織することに注力した。

生徒を律するのが正しくないというのではない。規則を押し付け、生徒に一方的に非を認めさせるのが教育的であるなどということはない、といっているのだ。

なぜこのような勘違いがまかり通っているかをいえば、一つには教育環境の変化があろう。定時制高校には定時制にしかないよさがあることを見抜く力が、教師になくなっているからである。定時制高校の生徒は一段劣っているから、全日制に近づければよいとするこの時代遅れの浅薄な考えから、抜け出せないでいるのだ。それも全日制から転勤してきた教師に、その傾向が強い。もう一つは、やがて全日制に戻り、あるいは管理職となって出世するために、学校を秩序化する大義名分をひけらかしているのである。定時制に全日制の風を吹き込もうとする魂胆。この倒錯した思い込みは、生徒のことを考えての行ないではない。

そもそも、全日制高校を基準とするのが間違っている。正しくないものに合わせても、学校はよくならない。定時制高校の生徒は入学以前からすでに追い込まれている。だから自らが排除される前に、生徒の方から学校を見限り、自主退学してしまう。自主退学といえば聞こえはよいが、積極的に退学届けを出すという形をとらずに、教師の前から消えていくのである。

定時制高校のよさが解らない教師を全日制から異動させる県教委の、人事方針がしたがって根本因だろうことは確かだ。その意味で、県教委の責任は大きい。

大事なことは、生徒を教えることではなく、地域や親、生徒から学ぶことである。この当たり前のことが無視されていることが、問題を複雑にしている。さらに言えば、何から学ぶかということだが、湊川高校の場合、部落問題や在日韓国朝鮮人問題から学ぶということに尽きる。それしか、ない。

したがって、湊川高校の教師であるためには、教師自身が湊川から学び取っていくのでなければならない。生徒の現実、部落や朝鮮から学ぼうとしない教師は、湊川高校に何年勤めていても、湊川のことは解らない。学校史や湊川の教育実践、湊川を作ってきた教員たちの意見や、卒業生徒の答辞など、教材は満載だ。これらから謙虚に学ぶことが必要だ。そうすれば、湊川高校に着任した一日、あるいは一時間、または一瞬間であろうとも、湊川が解るであろうし、湊川の教師になることもできるであろう。

生徒の条件

湊川高校について生徒は、自由な学校だと評する。規則で生徒を縛ったり、何かというと親を呼びつけたり、退学を迫ったりすることが少なかったからだ。ほとんど毎年のように、どうしようもないと思われる暴れん坊も入学して、苦労して担任が係わってきたという事例は数限りがない。中には、遊んでいても卒業させてくれる、と後輩に吹聴している不心得者もいるが、自由を勘違いしている。湊川高校は自由だが、何をしてもよい学校ではない。事改めて言うこともないが、弱者を差別してもよい自由など、ない。

生徒に対する偏見を持っている教員は別として、多くは点数や授業態度だけで生徒を落第させることはなかった。しかしそうかといって、勉強しないで卒業できるわけがない。知識も必要だが、よく覚えているということよりも、人間としてどれだけ賢くなったか、を見分けた。

湊川高校はむしろ厳しさを要求した。部落出身生徒には村を隠さずに生きよといい、在日韓国朝鮮人生徒には本名を名乗れと迫った。名乗れば差別にさらされるが、隠していても差別はなくならない。同じように差別を受けるのなら、むしろ開き直って、隠さずに生きていく、といって生徒たちは巣立っていった。決して楽な道を歩け、とは指導しなかった。また被差別の裡にある当の生徒を囲む一般の生徒にも、部落や朝鮮とともに生きることを常に要求した。学校はぬるま湯のようなもので、厳しい現実から隔てられているが、社会に出れば、厳しさは容赦がない。その時、一人でも闘っていける人間でなければ、差別に打ち勝ってはいけない。

生徒の中には、中学校を卒業してすぐ入学する者もいるが、仕事もせずにぶらぶらしていたり、いったん働いてから入学する者もいる。それら過年度卒の入学生のほか、全日制高校を中退して転編入する者もいる。学力や身体的な条件、経済的理由などはさまざまだが、多くは、自分ほど不幸な人間はいないと思って落ち込んでいたり、気分が萎えていたりする。しかし部落問題や在日韓国朝鮮人問題を突き付けられて、自らが加害者であることにも気づかされると、いつまでも自分だけが被害者であるとはいっておれなくなる。

在学中は居心地のよかった湊川高校を卒業する頃になって、生徒は初めて湊川高校のありがたさに気づく。湊川に来なかったら知らずに過ごしてきた差別の問題や、人間とは何か、等々を考えることができるようになった、と卒業文集に書いた生徒がいる。あるいはただ何となく生きてきた日常を、これでいいのか、と踏みとどまって考えることができた場所が湊川高校だった、と語った生徒もいる。

一九九〇年代に入ると、湊川高校の生徒の層も変化してきた。そしてこれは他の定時制高校でも同様に見られる現象だが、いじめ問題の多発によって、中学校時代に不登校、または登校拒否を続けてきた生徒の入学が始まる。夜間中学校卒の高齢者生徒の受け入れも進んで、全体的に、働く生徒の割合が減少してきた。むろんこれには不況も重なっている。

しかし年若い生徒に向かって、担任は仕事に就くよう指導した。おおむね、働いている生徒は学校も休まず通学し、卒業する率も高い。有職生徒は朝早く起きて職場に出かけ、仕事が終わるとそのまま学校にやって来る。授業が終わると疲れもたまり、早く家に帰って寝るようになる。すると翌朝早く眼が覚めるので、その流れの中で出勤する。職場、学校、家庭を繋ぐ一日のリズムが出来上がる。

ところが仕事を持っていないと、深夜まで起きていることが多くなり、翌日の起床も遅くなる。夕方になって登校しようとする頃に家を出るのは気乗りがしなくなるし、全日制高校に通学している友達などから遊びに連れ出されると、それを振り切ってまで学校へ行こうとする気が薄れて、ずるずるっと欠席を重ねてしまう。これがよく見られる形で、けっきょく仕事を持っていないと学校も続かず、途中で休学してしまう。湊川高校の進路指導が卒業時よりも、在校時の就職指導が重要視されたのは、こうした理由によった。

湊川高校の教師といっても、一斉糾弾直後とその数年間、また解放教育の潮流が引いていくと同時に現れるその反動期、パアソナルコンピュウタアの導入やスマアトフォンの普及に呑み込まれて、教師の思考が数表から出られなくなっていく昨今と、年々その様相が違っている。しかし湊川高校の教師はおおむね、会議はむろん喫茶店でコオヒイを飲んでいる時でも、ホルモン屋で酒を飲んでいる時でも、いつも熱い議論を交わしたものだ。たまには生徒の貌を忘れて、学校の話を一切しないでおこうと決めて安酒を飲み始めても、気がつけば、どの生徒がこうした、彼の生徒への係わり方は正しいのかなどと、中身はいつも生徒の話になり、時間が尽きることはなかった。

この熱い心を持っていることが、湊川高校教師の証しでもあったが、このような教師を作っていく力となったのは、まさしく湊川の生徒であった。こうした教師と生徒たちがいて、湊川は学校たりうることができたのである。

付録

湊川高校年表

一九二九年（昭和4年）

2／18　兵庫県告示第七十四号により、兵庫県第二神戸夜間中学講習所（定員四百名、各学年百名）を、県立第二神戸中学校に設置することが決まる（所長は第二神戸中学校長が兼任）。

4／1　兵庫県第二神戸夜間中学講習所開所。

一九三二年（昭和7年）

6／27　兵庫県告示第五百九十五号により、兵庫県立第二神戸夜間中学と改称、五年制となる（学長は、第二神戸夜間中学講習所長が引き継ぐ）。

一九三四年（昭和9年）

3／18　第一回卒業式（二十名卒業）。

一九三九年（昭和14年）

3／5　生徒定員二百五十名を三百名に増員。

一九四〇年（昭和15年）

9／1　校舎が改築され、新校舎での授業が始まる。

一九四三年（昭和18年）

4／1　県立湊川中学校と改称（校長は第二神戸中学校長が兼任）。

一九四五年（昭和20年）

3／31　第二神戸夜間中学は自然廃校となる。

4／1　戦時非常措置法により、修業年限が短縮され、三年制となる。専任教諭が一名となり、授業に行軍が実施される。

＊この年、空襲警報発令と同時に授業はしばしば中断

される。

一九四六年（昭和21年）

4／1　専任教諭が三名から五名になる。

一九四七年（昭和22年）

4／1　生徒定員三百名を四百名に増員し、三年制から四年制に改められる。

＊この年、生徒自治会が発足し、校内連絡会などの活動が始まる。

一九四八年（昭和23年）

4／1　新制高等学校が発足し、湊川高等学校と改称される（校長は第二神戸高校長が兼任）。

＊湊川中学校は、五〇年三月まで併設。

4／15　神戸市立北神、楠、兵庫三校に定時制課程を併設、定時制独立校として西神（現神戸西）を新設。

7／10　『湊高新聞（ＴＨＡ　ＳＯＫＯ）』創刊。

8／16　第二神戸高校、兵庫高校と改称。

＊この年、校章が制定され、校歌が作られる。

一九四九年（昭和24年）

＊この年、兵庫県夜間高等学校連盟（夜高連）が結成され、配電、三角定期、給食の三大運動を展開。湊川生徒会はその中心となって、夜間生の条件整備のために活動する。

一九五〇年（昭和25年）

1／16　丸山中学校西野分校開校。

3／25　『湊高新聞』を、第八号から『県立湊川高新聞』と改める。

4／1　生徒定員六百名に増員され、男女共学となる。

一九五一年（昭和26年）

5／25　兵庫県高等学校定時制通信教育振興会が結成される。

9／9　第一回県立定時制四校連合体育会が行われる（於東神戸）。

一九五二年（昭和27年）

2／2　生徒会規約作られる。

4／1　生徒定員八百名に増員される。

＊この年、兵庫県高等学校教職員組合（兵高教組）が結成される。
9／29 『兵庫県夜間高校連盟新聞』創刊。

一九五三年（昭和28年）

4／1 育友会、同窓会（仰星会）が結成される。
8／14 青年学級振興法が制定される。
8／18 高等学校の定時制教育及び通信教育振興法が制定される。

一九五四年（昭和29年）

5／20 生徒会、資金プールを創設する。
10／17 創立二十五周年記念式典が行われる。
12／ 高等学校の定時制教育及び通信教育振興法施行令が公布される。

一九五五年（昭和30年）

11／17 生徒会、生徒健康保険組合の設立を決議。

一九五六年（昭和31年）

6／20 夜間課程を置く高等学校における学校給食に関する法律が公布される。
6／29 県立四校生徒会代表、阪本勝知事に面会し、夜間高校生の実態改善を訴える。
9／10 神戸地区定時制高校健康保険組合設置促進委員会、阪本知事と懇談。

一九五七年（昭32年）

7／16 兵庫県定時制高等学校安全会が結成される。
9／1 学校給食開設準備委員会発足。
9／11 兵庫県高体連神戸定時制支部発足（四校連、夜高連ともに発展的解消）。

一九五八年（昭和33年）

3／25 給食室竣工。
4／1 財団法人兵庫県学校安全会発足。
4／8 完全給食が始まる（湊川のほか、城内でも実施）。

一九五九年（昭和34年）

12／1 部落解放兵庫県連合会が結成される。

一九六〇年（昭和35年）

4／1　日本学校安全会が発足し、兵庫県学校安全会、日本学校安全会兵庫県支部となる。

一九六一年（昭和36年）

1／3　部落問題研究会（部落研）活動が始まる（同好会）。六二年三月、部に昇格、『部落研の仲間たち』創刊。

9／10　部落解放同盟番町支部結成。

9／27　生徒総会、ストオブ設置要求を決議。

9／27　部落解放要求貫徹請願行進隊を神戸に迎える。

12／7　同和対策審議会発足。

一九六二年（昭和37年）

4／1　湊川のほか、神戸工、神崎工に専任校長が置かれる。

4／1　学校安全会、兵庫県定時制高等学校生徒互助会と改編される。

12／1　石油ストオブが設置され、使用が始まる。

一九六三年（昭和38年）

4／1　落第生教室発足。

5／23　狭山事件で、石川一雄逮捕される。

＊この年、チョゴリの会の活動が始まる。

一九六四年（昭和39年）

4／　兵庫県高等学校教育振興会発足。

4／　兵庫県高等学校部落問題研究部（高校部落研）連絡協議会発足。

11／22～23　第一回全国高校生部落問題研究集会（京都府）。

一九六五年（昭和40年）

2／28　落第生教室卒業式。

4／1　青雲高校（通信制）創立。

8／11　同和対策審議会答申。

9／11　校外生教室開講。

10／7　同和地区青少年に対する講座開設を県教委に陳情。

一九六六年（昭和41年）

3／7　校外生教室終了式。

4／1　神戸市特待奨学金創設。

4／1　兵庫県高等学校教育振興会設立。

8／23　同対審答申完全実施要求国民運動大行進隊、神戸市通過。

一九六七年（昭和42年）

4／1　一学級減となる。

6／24　兵庫高校教員、番町地区青年を差別。

一九六八年（昭和43年）

8／5　育友会費の不正流用が発覚（このあと、糾弾闘争に発展）。

9／16　県教委、全校生徒に謝罪。

9／20　教育長、七項目の要求に回答。

一九六九年（昭和44年）

3／13　矢田教育差別事件おこる。

3／22　県教委、不正流用分、総額八十六万円を返済。

4／1　生徒互助会、兵庫県定時制通信制高等学校生徒互助会と改称。

4／13　新入生オリエンテイションで、一学年主任が差別発言（いっせい糾弾が始まる）。

4／30　三次入試を実施。

6／19　県下初の同和加配教員が配当され、五名が着任する。

7／10　生徒の記事掲載をめぐって朝日新聞社に抗議。

7／10　同和対策事業特別措置法（十年間の時限立法）が公布施行される。

7／23　部落研夏の勉強会（～8／27）

7／25　教員集団、生徒逮捕は不当と長田署に抗議。

8／　朝鮮問題研究部（朝問研）同好会発足。

12／11　同和教育の実施をめぐって兵庫高校と協議。

一九七〇年（昭和45年）

1／7～10　日教組（岐阜）教研で「湊川高校事件そのあと」を報告。

1／8　教師集団、生徒による二学期末考査ボイコットに対する自己批判書を発表。

4／17　数学科、英語科が「補習」を試行（七一年度「特別授業」、七二年度「基礎授業」と改める）。

4/30　生徒集会室（別館三階建て）新築。
5/25　勤労青少年福祉法が制定される。
5/28〜29　兵高教組、第四十回定期大会で父母負担軽減、生徒の自主活動を支援する運動方針を採択。湊川分会提案の生徒を退学処分しない決議。
6/　朝鮮問題研究部（朝問研）同好会から部に昇格。
6/7　部落解放同盟正常化連合会が結成される。
10/28　神戸市職員採用試験で差別選考（のち、糾弾闘争が展開される）。
11/18　兵庫県職員採用試験で差別選考（のち、糾弾闘争が展開される）。

一九七一年（昭和46年）

4/1　上田平雄教頭、校長に登用されるも、分会による拒否闘争がおこる（〜9/1）。
4/1　数学科、英語科、「補習」を「特別授業」と改める。
4/1　定時制、通信制高校の授業料廃止される。
4/1　神戸市普通奨学金、国籍条項を撤廃する。
4/10　朝問研文集『無窮花』創刊。
7/13　兵庫県高等学校安全互助会発足。
7/17〜18　神戸部落解放青年集会（講演、上野英信）。
7/22　『部落研の仲間たち』を『あらかべ』と改題。
11/1　人事院、国家公務員試験で差別選考。のち、糾弾闘争が展開される（〜七二年）。
11/15　国語科、自主編成教科書『あらの』を作製する。
12/3　全校生徒講演会（講演、金石範）。
＊この年、就職差別事件頻発し、生徒の進路を保障する取り組みが連日行われる。

一九七二年（昭和47年）

2/25　芦屋市の高校進学保障をめぐる対県糾弾闘争が行われる。
4/1　兵庫県勤労生徒奨学金、国籍条項を撤廃する。
4/1　数学科、英語科、「特別授業」を「基礎授業」と改める。
4/8　国語科、自主編成教科書『佇立』を作製する（数学、英語、社会、理科もこれ以降、自主編成教科書、資料集、練習帳を作製）。
6/9　兵庫県進路保障協議会発足（〜七八年）。
11/6　人事院、就職差別を認め、戸籍抄本提出を求めないと回答。

11／17　兵庫県高校部落研連絡協議会が再開され、第一回定例会が行われる（12／14　機関誌『地下の火』創刊）。

一九七三年（昭和48年）

5／1　神戸地区県立学校同和教育協議会（県神戸同協）事務局を湊川高校におく。（のち県南庁舎）。

5／15　楠高校の就職指導に抗議。

5／17　神戸繊化工業に対する通学保障の取り組み始まる。

5／20　部落解放兵庫県連合会、部落解放同盟に加入、同盟兵庫県連となる。

5／23　神戸中央信用組合の内定後書類の改善を要求する。

6／26～27　第四十六回兵高教組定期大会、部落解放団体及び枠外入学の問題に議論集中し、継続審議となる。

7／1　兵庫県高等学校安全互助会、安全互助部として教育振興会に合併。

9／1　朝鮮語授業を開講。金時鐘が朝鮮人教員として着任する。

9／3　三木市民病院看護婦生徒の通学保障の取り組み始まる。

9／10　西宮市政糾弾闘争が始まる。

9／14～15　湊川分会、兵高教組婦人部学習会で解放教育をめぐって本部と対立。

11／2　第一〇二回兵高教組中央委員会、定期大会で保留となった項目をめぐって紛糾し、ふたたび継続審議となる。

一九七四年（昭和49年）

4／1　聴力障害者生徒の入学を受け入れる。

4／1　神戸市特待奨学金、神戸市同和奨学金給付制度に改正。

4／1　定時制通信制高校生の全学年に教科書の無償給付実施。

4／1　兵庫県高等学校職業指導研究会、進路指導研究会と改称。

6／12　社会保険神戸中央病院に対する公開行政指導で、部落出身生徒の高看受験内申をめぐる差別事件が判明し、糾弾闘争に発展。

6／25～26　第四十八回兵高教組定期大会、無期延期（流会）。
7／15～16　兵高教組定期大会再度開催、解放教育を認めない本部方針強行採決。
7／16　金時鐘、金芝河死刑判決抗議のハンガアストライキ（東京数寄屋橋公園）。
8／9～10　第一回兵庫解放教育研究大会。
8／23　兵庫県知事選に兵高教組委員長、吉富健二が立候補を表明。
8／31　兵庫県高等学校進路指導研究会定通部、『定通兵庫の進路保障』創刊。
9／15　給食室（別館）新築。
9／29　兵高教組に組合民主主義を回復する会、結成。
9／30　知事選革新統一候補に一谷定之焏前副知事を指名（吉富候補は辞退）。
11／3　坂井時忠、一谷を破り、県知事再選。
11／22　八鹿高校差別教育事件。
12／25　『赤旗』、看護婦生徒の通学保障を中傷。

一九七五年（昭和50年）

1／26　部落解放同盟正常化兵庫県連合会が結成される。
3／14　兵庫県教委、「同和教育の推進について」（三〇七号通知）を出し、運動と教育の分離を指示する。
4／1　日本育英会、奨学金の外国人への適用を開始。
4／1　夜間中学校卒業の年配者生徒の入学、本格化する。
5／　手話研究部同好会発足（八〇年六月、部昇格）。
6／25　神戸市外大、二部推薦入学制度の廃止を決定（以後、反対運動おこる）。
8／21　湊川分会、組合費納入留保を決議。
9／7　育成調理師学校差別事件、県政糾弾闘争に発展（～十一月）。
9／10　兵高教組、対県三者共闘から離脱。
9／10　兵庫県、県政資料を発表し、糾弾ルールを命じる。
11／10～16　学校祭（文化祭、体育祭を隔年ごととしたこれまでの行事を毎年実施とし、これに新たに公開討論会を設け、さらに生活体験発表を併せて一週間連続の行事とした）。

一九七六年（昭和51年）

2／20　学校給食法施行規則が一部改正され、米飯給食が認められる。
4／1　県立学校で主任制実施。
4／1　同和加配一名減。訪問部活動を開始。
4／1　兵庫中学校北分校開校。
4／12　米飯給食（週一、二回）開始。
4／12　兵庫県、窓口一本化を撤廃。
4／18　正常化兵庫県連、兵庫県部落解放運動連合会（全解連兵庫県連）に改組。
4／　部落解放同盟兵庫県連、（大西派・小西派）分裂。
6／4　兵同協、同和教育研究協議会（兵同教）と改称。
7／10　部落解放兵庫県民共闘会議結成。
9／11〜13　兵同教・神戸市同教合同研究中央大会。
12／4〜6　第二十八回全同教兵庫大会。

一九七七年（昭和52年）

1／7　分会会議で、校内公開研究授業と取り組むことを決議し、授業検討委員会の設置を決定する。
2／14　林竹二、「人間について」授業（林の授業はこののち、「開国」「創世記」「田中正造」などが八一年まで断続的に実施される）。
4／1　同和加配一名減。
4／12　進度別授業を廃止し、一斉授業に戻すなど、授業刷新の取り組みが本格化し、林竹二、竹内敏晴、斎藤喜博、高橋金三郎の公開授業が集中的に行われる（校内公開授業研究はこれ以降、八六年まで続けられる）。
6／6　兵高教組、能力別学級編成方針を打ち出す。
7／15　青雲高校事件がおこる。
8／10　第四回兵庫解放研大会で、湊川、尼工の生徒、林竹二の授業を受ける（芦屋ルナホール）。
11／8　竹内演劇スタジオ、劇「幻に心もそぞろ狂ほしのわれら将門」上演（竹内スタジオの劇公演はこれ以降、八六年まで行われる）。
11／29　三宅正一衆議院副議長ほか社会党議員が来校し、林竹二の授業を参観する。

一九七八年（昭和53年）

1／14　鬼太鼓座公演。
2／25　部落解放同盟兵庫県連、統一大会（姫路市）。
3／23　兵庫県教委、計画交流人事（県下四九名）を強行し、強制配転反対闘争が取り組まれる。

4／1　湊川、東神戸ともに一学級減、御影（定）募集停止。

4／1　進級留保生学級を三年一組として設置。

10／1　兵庫県進路保障協議会、進路対策連絡協議会となる。

10／30～11／3　創立五十年記念学校祭（竹内スタジオ「斬られの仙太」公演など）。

一九七九年（昭和54年）

1／20　校外生教室（のじぎく学級）開講式。

3／23　二名強配。

4／1　必修クラブとして総合表現活動（演劇、造船、造園など）を取り入れる。

4／1　同和対策事業特別措置法を三年間延長。

8／27～28　第一回兵庫授業を考える会。

11／8　創立五十周年記念式典（神戸文化小ホール）。記念誌『音高く流れぬ』同窓会『仰星会名簿』刊。

11／9～13　創立五十周年記念学校祭（竹内スタジオ「田中正造」公演など。公開討論会を討論集会と改め、勝ち抜き形式で全校生が参加するものとした）。

一九八〇年（昭和55年）

3／1　資金プール委員会再開。

4／1　定時制通信制高校授業料再徴収

8／4～10　長欠生徒の学校復帰のための取り組み（前期）を開始する（後期は8／24～30）。

一九八一年（昭和56年）

4／1　勤労体験学習指定校となる。

7／11　長欠生呼び戻しのための取り組みを開始し、夏季補習実施。

一九八二年（昭和57年）

4／1　地域改善対策特別措置法（五年間の時限立法）施行。

4／1　県教委、同和教育を地域改善対策としての教育に名称変更し、同和教育指導室を地域改善対策室と改称。

4／1　教育奨励金給付制度を改め、地域改善対策奨学資金と改称。大学、短大入学生には奨学金を貸与とする。

6／　日本学校健康会法が公布される（日本学校給食会

法、日本学校安全会法は廃止）。

10／7　ＮＨＫテレビ、朝鮮語授業を取材。

一九八三年（昭和58年）

＊この年、米飯給食が週五日、パン食が一日となる。

一九八五年（昭和60年）

12／6　日本体育・学校健康センター法が公布される。

一九八六年（昭和61年）

10／17　井野辰男県教育長視察（全校生に講話）。

一九八七年（昭和62年）

4／1　地域改善対策特定事業に係る国の財政上の特別措置に関する法律（地対財特法）が施行される。

4／1　神戸市同和奨学金、貸与制となる。

4／1　高校生のための中国語（湊川、神崎工、姫路北）、ハングル（湊川）講座開設（5／9　開講式）。

8／5　第九回兵庫授業を考える会（会はこの大会で解散）。

一九八八年（昭和63年）

11／　高校定通課程の修業年限弾力化（八九年四月施行）。

一九八九年（昭和64年・平成元年）

4／1　修業年限四年を三年以上に改める。

6／12　校舎改築問題浮上。

12／16　兵高教組が分裂し、兵庫高等学校教職員組合（兵高教）結成。湊川分会はそのいずれにも加入せず。

一九九二年（平成4年）

3／26　地対財特法、五年間延長。

4／1　朝鮮語担当教員の方政雄、常勤講師身分となる。

7／24　いきいきハイスクール創成事業（湊川は国際交流事業）が始まる。

9／1　第二土曜日が休日となる（識字教室を開始する）。

一九九三年（平成5年）

9／24　新校舎完成。

一九九四年（平成6年）

7／4　朝日新聞「天声人語」で、校内生活体験発表大会が紹介される。

一九九五年（平成7年）

1／17　阪神・淡路大震災（校舎が避難所となり、授業閉鎖される）。

2／9　授業再開。

4／1　文部省、教科書と夜食費の給与費の対象を有職生徒に限ると通知。

4／1　週休二日制に移行。

一九九七年（平成9年）

3／16　定時制課程の成人特例入学者選抜が実施される。

3／24　人権擁護施策推進法が施行される。

3／31　地対財特法、五年間再延長。

10／29　ソウル特別市立勤労者綜合福祉館生徒十八名、来校。

11／23　県立高等学校定時制通信制教育五十周年記念式典。

一九九九年（平成11年）

4／1　兵同教、兵庫県人権・同和教育研究協議会と改称。

6／19　創立七十周年記念式典開催。

12／19　給食室完成。

二〇〇〇年（平成12年）

1／12　食堂が新校舎三階に移される。

7／25　いきいきハイスクール創成事業、クリエイティブ21と改められる。

10／4〜7　修学旅行、韓国へ。

12／6　人権教育及び人権啓発の推進に関する法律が公布施行される。

二〇〇一年（平成13年）

2／1　故郷の家・神戸開設。

二〇〇二年（平成14年）

3／31　地対財特法、失効。

4／6　週休二日制、完全実施。全ての土曜日が休校となり、中国語・ハングル講座、二〇〇三年三月末までの実務を一年繰り上げ、三月末で終了（二〇〇二年度は開講せず）。

二〇〇四年（平成16年）

4／1　兵同教、兵庫県人権教育研究協議会（兵人教）と改称。

二〇〇五年（平成17年）

＊高認三年卒、八〇単位とする。

二〇〇六年（平成18年）

4／1　朝鮮語担当教員、方政雄が生徒指導部長を命ぜられる。

二〇〇八年（平成20年）

3／31　方政雄、生徒指導部長解任（のち、主任解任不当の運動が続けられる）。

二〇〇九年（平成21年）

6／19　創立八十周年記念式典。

7／29　全同教、全国人権教育研究協議会（全人教）と改称。

二〇一〇年（平成22年）

4／1　高校授業料無料化。

二〇一五年（平成27年）

1／24　いきいき識字教室終了。

二〇一六年（平成28年）

12／9　部落差別解消推進法成立。

㈺　本書に係わりのある事柄については、湊川高校以外の事項も書き入れた。

参考文献

・福地幸造『部落教師』（部落問題研究所、一九六五年。のち明治図書、一九七六年）
・兵庫県立湊川高校教師集団『ほえろ落第生たち』（部落問題研究所、一九六六年。のち明治図書、一九七六年）
・後藤和人『燃えろ青春！』（三一高校生新書、一九六六年）
・落合重信『神戸の未解放部落』（神戸部落史研究会、一九六八年）
・藤田雄三「マンモス部落番町の解放運動」（『朝日ジャーナル』一九六八年八月一八日号）
・福地幸造『落第生教室』（明治図書、一九六八年）
・玉本格『部落と学校と変革と』（明治図書、一九六九年）
・吉田弘「労働と部落と教育と」（解放教育研究会編『双書／解放教育の実践』第四巻、明治図書、一九六九年）
・湊川高校教師集団『湊川事件そのあと―』（湊川高校分会、一九七〇年）
・浅野峻「何が問われているか―教研集会の一つの感想」（『月刊総評』一九七〇年三月号）
・福地幸造『部落解放教育の思想』（明治図書、一九七〇年）
・福地幸造・西田秀秋編『在日朝鮮青年の証言』（三省堂新書、一九七〇年）
・兵庫県高等学校教職員組合解放教育専門委員会編『新訂版問われているもの』（明治図書、一九七二年）
・兵庫県立湊川高校教師集団『壁に挑む教師たち』（三省堂新書、一九七二年）
・金時鐘『さらされるものとさらすものと』（明治図書、一九七五年）
・西田秀秋『「おきみやげ」のはなし』（明治図書、一九七五年）
・兵庫解放教育研究会編『私の部落史』（明治図書、一九七五年、続編一九七七年）

・兵庫解放教育研究会編『就職差別反対闘争』（明治図書、上下巻、一九七五年）
・兵庫解放教育研究会編『はるかなる波濤』（明治図書、上巻一九七五年、下巻一九七七年）
・兵庫解放教育研究会編『どんだけ学校に出たいか』（明治図書、一九七五年）
・第二十八回全同教地元実行委員会編『村へ回帰しつつ超える』（実行委員会、一九七六年。「報告集」、一九七七年）
・長田区役所『ながたの歴史』（長田区役所広報相談課、一九七七年）
・古林健司『影とやさしさ』（明治図書、一九七七年）
・林竹二『教育の再生をもとめて―湊川でおこったこと』（筑摩書房、一九七七年）
・林竹二『学ぶこと変わること―写真集・教育の再生をもとめて』（筑摩書房、一九七八年）
・林竹二『林竹二・教師たちとの出会い』（国土社、一九七八年）
・小沢有作「経るべき歴史の通路にて」（小沢有作編『在日朝鮮人』（『近代民衆の記録』第十巻、新人物往来社、一九七八年）
・西田秀秋編『部落民』（『近代民衆の記録』第九巻、新人物往来社、一九七九年）
・林竹二・西田秀秋「対談・怨恨を超えて悲願へ」（『部落民』月報、一九七九年）
・兵庫県立湊川高等学校五十年史編纂委員会編『音高く流れぬ―湊川高等学校五十年史』（編纂委員会、一九七九年）
・東京都同和教育研究協議会『教育の塑型をきざむ』（社会評論社、一九七九年）
・林竹二・灰谷健次郎『対談・教えることと学ぶこと』（小学館、一九七九年。のち倫書房、一九九六年）
・林竹二・水上勉「特別対談・教育―人間の起源からの出発」（『総合教育技術』一九八〇年三月号）
・林竹二・小田実「教師として話そう」（『図書』一九八〇年七月号）
・林竹二・西田秀秋「授業とは何か」（朝日新聞学芸部編『教育対談』三修社、一九八〇年）
・林竹二『学校に教育をとりもどすために―尼工でおこったこと』（筑摩書房、一九八〇年）
・金時鐘『クレメンタインの歌』（文和書房、一九八〇年）
・灰谷健次郎『わたしの出会った子どもたち』（新潮社、

一九八一年）

・特集「林竹二の授業論をめぐって」（『現代教育科学』二九九号、明治図書、一九八一年）

・西田秀秋脚本集・上演の跡『輝き出る魂たちの記録』（兵庫・授業を考える会、一九八三年）

・竹内敏晴『子どものからだとことば』（晶文社、一九八三年）

・神戸新聞社会部編『差別の壁の前で』（解放出版社、一九八四年）

・国土社編集部編『林竹二・その思索と行動』（国土社、一九八五年）

・兵庫授業を考える会編『授業が生きる光となる』（国土社、一九八五年）

・兵庫授業を考える会編『学校に魂を入れる』（国土社、一九八五年）

・兵庫授業を考える会編『教育が甦る』（国土社、一九八五年）

・兵庫授業を考える会編『教育による人間の解放』（国土社、一九八六年）

・金時鐘『「在日」のはざまで』（立風書房、一九八六年。のち平凡社ライブラリー、二〇〇一年）

・松尾泰蔵『音のない世界』（草風館、一九八七年）

・竹内敏晴『からだ・演劇・教育』（岩波新書、一九八九年）

・湊川高校国際交流事業いきいきハイスクール『アジアをみじかに感じよう（第1集〜第13集）』（兵庫県立湊川高等学校、一九九三〜二〇〇五年）

・朝日新聞論説委員室『天声人語（94年7月〜12月）』（朝日新聞社、一九九五年）

・県神戸同教・阪神大震災調査委員会『天地砕けたれど人として生きる』（神戸地区県立学校同和教育研究協議会、一九九五年）

・登尾明彦『湊川、私の学校』（草風館、一九九九年）

・兵庫県立湊川高等学校編『創立七十周年記念誌』（兵庫県立湊川高等学校、一九九九年）

・登尾明彦『湊川を、歩く』（みずのわ出版、二〇〇一年）

・登尾明彦『それは、湊川から始まった』（みずのわ出版、二〇〇四年）

・内田洋一『あの日、突然遺族になった』（白水社、二〇〇四年）

・兵庫県立湊川高等学校『答辞集―第27回（一九七五年）〜第61回（二〇〇九年）』（山中勇編・発行、二〇一四年、

非売品）
・金時鐘『朝鮮と日本に生きる』（岩波新書、二〇一五年）
・登尾明彦「地域に開かれた学校を目指す―湊川高校の歩み」（『ひょうご部落解放』第一六二号、二〇一六年）
・方政雄「湊川高校の識字教室・いきいきハイスクール勉強会」（『ひょうご部落解放』第一六五・一六六合併号、二〇一七年）
・金時鐘・佐高信『「在日」を生きる』（集英社新書、二〇一八年）

＊

・兵庫県教育委員会『兵庫県教育史』（一九六三年版、一九九九年版）
・神戸市教育委員会『神戸市教育史』（一九六六年）
・尾形利雄・長田三男『夜間中学・定時制高校の研究』（校倉書房、一九六七年）
・第28回全国同和教育研究大会地元実行委員会『解放への歩み―兵庫の同和教育小史』（兵庫県同和教育研究協議会・神戸市同和教育研究協議会、一九七六年）
・兵庫県高等学校教職員組合『兵高教組三十年史』（兵高教組、一九八二年）
・部落解放研究所『部落問題事典』（解放出版社、一九八六年）
・兵庫県高等学校定時制通信制教育振興会『暁を信じて―兵庫の定通50年』（振興会、一九九七年）
・兵同教五十周年記念誌『兵同教五十年の歩み』（兵庫県人権・同和教育研究協議会、二〇〇〇年）
・小林哲夫『高校紛争1969-1970』（中公新書、二〇一二年）

＊

その他、湊川高校の内部資料では、職員研修・分会教研などの討議資料。県教委・組合への提出資料、同教、進指研・進保協・解放研・授業研などの外部機関・教育研究団体などへの実践報告。各年度の送辞・答辞、生活体験発表大会・公開討論集会資料（『わたしの生活・わたしの考えたこと』など）、部落研・朝問研、手話研の各文集、湊川高校のほか、兵庫県夜間高校連盟、部落解放同盟兵庫県連などの各新聞、資料も適宜参照した。

あとがき

湊川高校の概観をたどるのは、難しい仕事だった。
客観的に筆を進めようとしたのだが、私の置かれてきた立場や体験が前面に出てきて、どうしても一方的な見方から抜け切ることができない。そこで公平を期すために、卒業生や旧職員、元の同僚たちに聴き取りをすることも考えたが、こういうのは概ね自分の都合を押し出すことになったり、中には自慢話に終わる傾向も生じたりして、あきらめざるを得なかった。むろん、悪意に充ちた非難もないではなく、いずれの側にも寄らない論述の難しさを実感した。

湊川は小さな定時制高校だが、政治的な影響から免れることができない学校でもあった。八鹿高校差別教育事件がおこった時、北の八鹿に対する南の湊川と言われたくらい、湊川は権力の側からも、そうではない立場の人からも、偏見に包まれていたことは否めない。

本書の性格から、史料的な裏づけを要することはいうまでもないが、これも一様にはいかなかった。例えば、『兵庫県教育史』を繙けば、おおよその流れはつかめると思われるが、これもそれほど甘くはない。湊川高校のことは一切触れられていないのである。いっせい糾弾も朝鮮語授業の開講についても、抹殺されている。官発行の歴史叙述が湊川のことを書かないのは、ある意味で名誉なことではあるが、そういうごたいそうな理由からではない。粗雑なだけだ。

一例を挙げると、兵庫県定時制通信制高等学校生徒互助会があるが、これのいきさつにしてからが、湊川に発していたなどという記述はまったくない。そもそも生徒互助会の名前すら出てこないありさまで、私としては、兵庫の定時制高校教育史の真実が伝えられず、事実がねじ曲がっていくことを容認することはできない。

ところが、私が在職中に集めた資料が廃棄されるという事件がおこり、問題にした私が管理職を糾明すると、校長教頭とも無責任な対応を繰り返す始末。したがって資料的な裏付けがかなわなかったことが悔いられる。そのため、資料集の要素も加わった校史に偏した箇所もないではない。

というわけで、本書にしたところで、完璧なものではないことを告白しなければならない。むろん私が心掛けたのは、よくある正史、湊川高等学校史というくらいのものではなく、私が見た湊川高校物語というくらいでしかないと思っていただきたい。こののち、だれか本格的に湊川高校について研究する人があるとして、そのための道案内にでもなればというのが私の思っているところだ。

くしくも湊川高校は今年、創立九十周年を数える。そもそも、私がこの書に取り掛かったのは、九年前だった。だから八十年史のつもりで書き始めたが、そのかん退職して環境も変わったし、脳出血もして、思うような筆運びができなかったが、ようやく九十年を見通すところまで達せられた。初出は『パンの木』に連載したが、第七章以下の書き下ろし分は、それまでの章と違った書きぶりになっている。第七章以下は、詳述した嫌いがないでもないが、理由をさらに書き加えると、この期間の記録が今のところないので、資料的な面でも、事実関係を残しておく必要があると判断したためだ。

湊川九十年と括ると、学校が閉校したような感触を与えるかも知れないが、むろん湊川高校は健在だし、これからも続く。ただしかしそれは私の湊川ではない。湊川は遠くなったというのが私の実感だ。だから創立九十年までが私の書ける範囲である。

いずれにしても、自らの意志であると否とを問わず、湊川で学ぶことになった生徒に母校のことを知ってほしい、と思ったのが本書に向かう私の気持ちだったから、表現もできるだけ平易にし、込み入った事情は避けるよう心掛けたつもりだが、力不足は否めない。また人名、地名とも仮名にしていないものもあるが、これはすでに公刊された文献で実名が明らかになっているものは、それに従った。なお、人名は原則として敬称を略した。そのこともお断りしておきたい。

最後に、本書が日の目を見ることができたのはみずのわ出版の柳原一徳氏、装幀の林哲夫氏のご尽力によるところが大きい。あらためて御礼を申し上げます。

二〇一九年七月三十日

登尾明彦

著者
登尾明彦――のぼりお・あきひこ
一九四三年、京都府生まれ。立命館大学卒業。一九六九年より兵庫県立湊川高等学校勤務。二〇〇四年退職。一人雑誌『パンの木』(月刊)発行。詩集『パンと貝殻』(私家版)、『パンの木』(みずのわ出版)、単著『湊川、私の学校』(草風館)、『湊川を、歩く』『それは、湊川から始まった』(みずのわ出版)、共著『はるかなる波濤』(明治図書)、『授業が生きる光となる』(国土社)など。

原初の、学校――夜間定時制、湊川高校の九十年

二〇一九年十二月二十五日　初版第一刷発行

著　者　登尾明彦
発行者　柳原一徳
発行所　みずのわ出版
山口県大島郡周防大島町
西安下庄、庄北二八四五
庄区民館二軒上ル　〒七四二―二八〇六
電話　〇八二〇―七七―一七三九(F兼)
E-mail mizunowa@osk2.3web.ne.jp
URL http://www.mizunowa.com

印　刷　株式会社 山田写真製版所
製　本　株式会社 渋谷文泉閣
装　幀　林 哲夫
プリンティングディレクション　黒田典孝
(株)山田写真製版所

ISBN978-4-86426-039-8 C0037